电商设计

技巧修炼与实战应用

吴海龙　王冬　编著

人民邮电出版社
北京

图书在版编目（C I P）数据

电商设计技巧修炼与实战应用 / 吴海龙，王冬编著
. -- 北京 : 人民邮电出版社，2018.4（2022.9重印）
ISBN 978-7-115-47665-4

Ⅰ. ①电… Ⅱ. ①吴… ②王… Ⅲ. ①电子商务—商
业经营 Ⅳ. ①F713.365.2

中国版本图书馆CIP数据核字(2018)第029034号

内 容 提 要

本书围绕电商设计原则、技巧及实例进行了详细的讲解，全书共 7 章，第 1 章对电商设计的定义及电商设计未来的发展趋势进行了阐述；第 2 章介绍了电商设计的基础知识，对点线面的知识、视觉引导与排版设计、色彩搭配等方面进行了详细的讲解，可以使读者在学习中明确方向、把握重点；第 3 章对电商设计中的实用技巧进行了详细的讲解，对整合项目需求、丰富页面内容、重视首屏视觉等方面进行了阐述，用图文并茂的方式帮助读者对相关内容进行系统的学习和巩固；第 4~7 章讲解了各类专题页面的设计，向读者展示各类专题页面的设计制作方法，争取使用简单的方法制作出精彩的实例效果。本书对电商设计的技巧与案例应用进行了系统性的归纳与介绍，逻辑清楚，浅显易懂。

随书提供操作实例的素材文件及效果源文件，旨在为电商设计师、电商设计初学者提供实用的设计指导，使之能全面学习，少走弯路。同时，本书也可作为相关培训机构的参考资料。

◆ 编　　著　吴海龙　王　冬
责任编辑　张丹阳
责任印制　陈　犇
◆ 人民邮电出版社出版发行　　北京市丰台区成寿寺路 11 号
邮编　100164　　电子邮件　315@ptpress.com.cn
网址　http://www.ptpress.com.cn
北京虎彩文化传播有限公司印刷
◆ 开本：787×1092　1/16
印张：14　　　　2018 年 4 月第 1 版
字数：373 千字　　　　2022 年 9 月北京第 8 次印刷

定价：79.00 元

读者服务热线：(010) 81055410　印装质量热线：(010) 81055316
反盗版热线：(010) 81055315
广告经营许可证：京东市监广登字 20170147 号

Preface 前言

2012年我懵懂地进入了电商设计行业，到现在已经超过5年。依稀还记得当时自己一人要负责公司旗下4家淘宝店铺的装修设计，整天忙得晕头转向。每天的状态就是脚不离地，不是在去上班的路上，就是在加班中。就这样，我毅然开始了自己的第一份职业——淘宝店铺设计师。坚持了一年后，因为公司内的设计岗位很少，我感觉对自己的职业发展有所限制，考虑之后便决定离开这家对我很好的公司，之后便一直在电商平台做视觉设计师。

2016年年底，一个很偶然的机会，人民邮电出版社的编辑找到我，问我愿不愿意写一本关于电商设计类的教程。当时我考虑了许久，迟迟不敢回复。自己虽然有定期总结的习惯，但是从没有在公开场合发表过任何教程和文章，也不自信。但后来有幸与本书的另一位作者王冬（站酷ID：蒸个馒头；银泰网视觉主管）一起编写，就接受了这个对我来说蛮大的挑战。

起初，我对于写书并没有系统性的认识和研究，在写作过程中才发现之前零散的总结并不算是总结，充其量只能说是一种灵感的记录罢了。就拿目录来说，也是与编辑反复沟通和敲定后，才开始写具体内容的。

在编写本书之前，大多数从平面设计转到电商设计的朋友，对于平面和电商这两者之间在设计表现层面的区别存在诸多疑惑。所以，我们就以四大块内容展开讲解，从电商设计的发展到设计观点，再结合大量的实战案例来阐述电商设计中所需要的各种设计思维、设计方法和技巧。通过日常实战中积累的经验和对于电商这个以活动带动销售、以营销加深品牌曝光度的设计类别的理解，总结出了一些实用且高效的方法。

另外，本书附赠学习资源，包括书中所有案例的素材文件和效果源文件。读者扫描“资源下载”二维码，即可获得下载方法。

资源下载

总之，我觉得电商设计可以说是平面设计和网页设计的一个分支，它既继承了平面设计的设计理论，又与平面设计有不同之处。无论是设计意图 、展示方式还是设计方法都有所不同。

最后，希望能在我们老去的时候，拿起这本书时都有一份沉甸甸的回忆。

吴海龙

推荐 Recommend

这是一本从分析需求、整理灵感到实际案例展示的图书。本书为从事电商设计的新人提供了真实且可复用的工作技巧。

站酷网主编 纪晓亮

海龙一直是优设网的专栏作者，这本书是他从事电商设计多年的经验合集，包括大量不同风格的设计方法和实战案例，非常适合新人阅读学习。

优设网主编 程远

海龙是许多年前我刚接触电商时就认识的一位设计师，当时他就已经在个人网站上收集和分享了国内外许多优秀的设计类文章，我也或多或少地从一些文章里得到了营养，以至于在第一次见面之前误以为海龙是比我大很多的长者。多年以后的他已经成长为一位资深的电商行业设计理论研究者和践行者。

这本书的许多内容视角独特，很有启发性，想“充电”的读者赶紧入手吧。

前凡客V+、民生电商设计总监，“视享集”创始人 王文辉

我跟海龙是朋友，当得知海龙有出书的想法时，我看到的是他对于设计的热爱及投入的程度依然不减，也看到了他在设计领域取得的成绩。这是一本有良心、有温度的书，无论对于刚刚踏入设计领域的小白还是从事设计工作许久的设计师，都是一本非常重要的参考书。

实际上，读过本书的人都能够从书中有所收获。

酒仙网视觉设计部总监 句春亮

我与海龙第一次见面是2011年原研哉的北京展览，回忆起来已有6年光景。他在这一路的自学中形成了一套自己对于视觉设计的认识。现在总结成文，与热爱设计、从事设计的你一同分享他的理论支撑和实际项目创意与执行的思考过程，是一本值得入手的图书。

三人形思企划设计总监 胡思

海龙是国内为数不多的极具责任感的设计交流者和分享者。他总能从一些不一样的角度切入、剖析、解决设计上的疑难杂症。授人以鱼不如授人以渔，非常开心能看到他把自己的经验编著成书，与更多的设计者分享。好书，不容错过。

山岩文化传媒创始人，站酷推荐设计师 山岩

王冬是我在银泰时的同事，他是我工作10年来遇到的极少数在设计上真正有想法的人。他不仅在设计上有着非常深厚的功力，在公司内的人缘也非常好。前阵子他对我说准备出一本电商设计方面的书，我并没有在意；但当他把书的内容整理好发给我后，我才发现这本书的内容非常细致，条理清晰，简单易懂，图文解说的方式让人更易读懂，特别适合正在从事电商设计和准备从事设计的读者阅读。如果你负责的是电商运营或电商产品，也推荐你读一读，我相信读完之后大家都会有不一样的收获，对设计会有新的理解。

原银泰网设计总监，“我的医药网”UI设计总监 石媛媛

“电商设计”这个词语既让我感觉有点陌生，又让我充满回忆！我为什么感觉到陌生呢？最近我在公司招聘的过程中发现两个特点：求职的人员大多是“90后”；他们都比较浮躁。在面试的过程中，我不知道他们做电商设计最后是为了能做什么。能做到品牌？能做到上游供应链？其实我觉得他们还需要沉淀下来做到向上和向下的延展。所以，让我感觉真的很陌生，害怕他们做不到、做不好。而为什么又让我充满回忆？因为我算是一个电商的“老兵”了，这么多年的经历给我留下了很多的回忆。不管是自己管理品牌还是运营渠道，电商设计都需要融入两个维度，那就是品牌和产品。只有你理解这个，才能更好地呵护和服务于“他”。电商设计不光是色彩和布局的变化，还需要做用户和产品的连接，懂得用最佳的视觉表现把产品和品牌表达出来。这样的一本书希望对新一代电商设计师、拼搏在一线的年轻设计师有所帮助。回到我想对你们说的：不要这么浮躁，坚持释放自己喜欢的东西！加油！

电商老兵 刘宁 jeRRy.Lee

本书精彩案例展示

P86

中国传统风格——元旦活动专题页面

P139

卡通戏曲风格——情人节活动专题页面

P120

新颖简洁风格——圣诞节活动专题页面

本书精彩案例展示

P106

简单清新风格——3周年店庆专题页面

P114

夸张夺目风格——淘宝“双11”专题页面

P149

几何切面风格——圣诞节活动专题页面

本书精彩案例展示

P160

水彩水墨风格——烟雨江南专题页面

P168

宏伟大气风格——银泰“双12”专题页面

P178

暗黑金属风格——3周年店庆专题页面

P190

高贵奢华风格——夏日婚礼专题页面

本书精彩案例展示

P195

优雅妩媚风格——品牌内衣专题页面

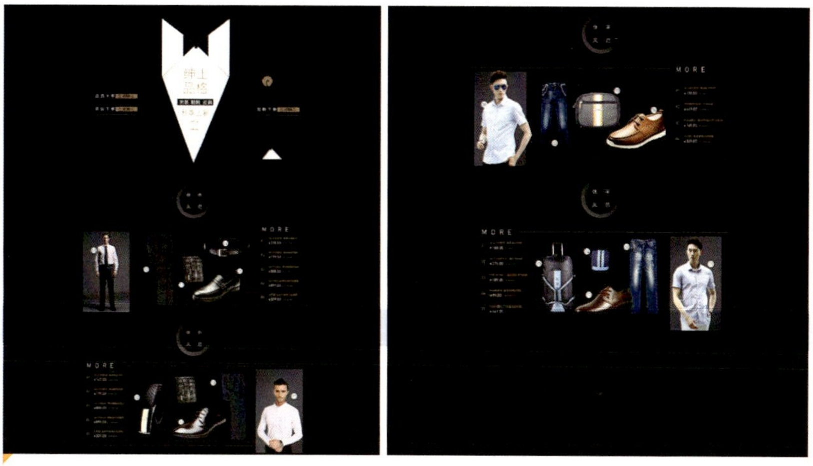

P204

沉稳儒雅风格——绅士男装专题页面

P218

时尚简约风格——名品服饰专题页面

P212

动感炫酷风格——户外服饰专题页面

目录 Contents

第 1 章

浅谈电商设计

1.1 电商设计与平面、网页设计的区别

电商设计作为一个新兴的设计门类，在现在的互联网社会中占据着非常重要的地位。但作为设计的一个门类，究其根源它是从平面设计发展而来的。而现在的平面设计包括了很多分支，例如，书籍设计、包装设计、网页设计、电商设计，甚至UI设计也离不开平面设计的基础理论。下面我们就来分别谈谈它们的区别。

1.1.1 平面设计

平面设计也称为视觉传达设计，是以“视觉”作为沟通和表现的方式，通过多种方式来创造和结合符号、图片、文字，借此做出用来传达想法或信息的视觉表现。平面设计主要包括VI企业形象设计、书籍装帧设计、平面广告设计、海报设计和包装设计等，如图1-1所示。就业趋向：报纸、杂志、图书等大众传播媒体和广告公司等相关行业。其中VI、广告、包装是平面设计最主要的几个分类，也是应用最为广泛的领域。

图1-1

图1-2所示是书籍装帧设计的效果展示。其实，作为平面设计师需要懂得的知识和网页设计师不太一样，其中最主要的区别是要懂得印刷知识，包括纸张的种类和特性、油墨印刷的方式和特种印刷的种类等。因此，平面设计师在完成设计后往往需要去印刷厂与印刷人员当面沟通，尤其是选纸和小样校色的时候。由于印刷品出来后不可修改的特性，设计师必须反复检查设计稿和印刷小样。

图1-2

图 1-3 所示是包装设计的效果展示。在软件的使用上，平面设计师也与网页设计师和电商设计师不同，最常用的软件是 Photoshop、Illustrator 和 CorelDRAW（一般来说，这两种矢量软件北方用 Illustrator 的居多，南方用 CorelDRAW 居多。但是随着 Adobe 公司的发展，现在越来越多的设计师开始用 Illustrator，主要还是因为 Illustrator 与 Photoshop 的兼容性和稳定性是 CorelDRAW 替代不了的），除此之外，还需要熟悉排版软件 InDesign，这个软件学起来非常简单，也很专业，如果是画册或图书的排版，它是再合适不过的了。

图1-3

平面设计已经发展了 400 多年（不只是做名片和宣传册），所有电商设计能用到的技术、理念、方法其实就是平面设计中的一小部分，所以，把电商设计当成平面设计的一个应用方向，就会有无限放大的可能。掌握好平面设计基础，会发现电商设计中每次用到的排版方式、字体、颜色和布局在茫茫平面设计史中都能找到源头。

1.1.2 网页设计

图 1-4 所示是网页设计的效果展示。网页设计的涉及范围非常广，包括 Web 设计、APP 设计、界面设计和交互设计等。最开始的互联网设计大多局限于企业官方网站的业务宣传和品牌宣传，随着大平台装修后台越来越开放和品牌商城、APP 之类自营平台的发展，互联网技术会更加融入电商。

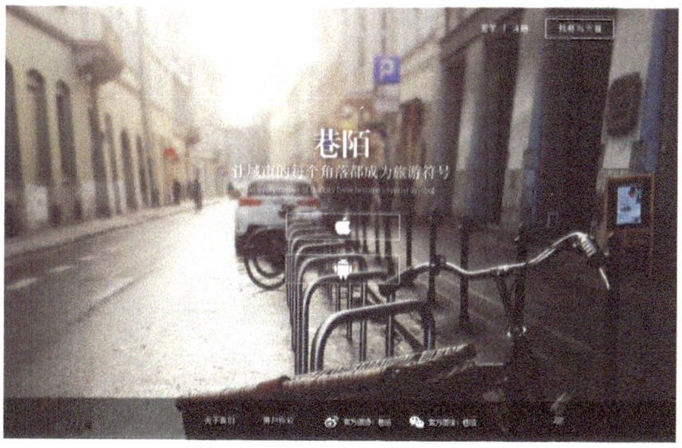

图1-4

网页设计是技术与艺术的紧密结合，具体表现在以下几个方面。

1.交互性与持续性

即时的交互性是Web成为热点的主要原因，是网页不同于传统媒体之处，也是网页设计时必须考虑的问题。

2.多维性

多维性主要体现在网页设计中对导航的设计上。由于超级链接的呈现，多维性源于超级链接，网页的组织结构更加丰富，浏览者可以在各种主题之间自由跳转，从而打破了以前人们接收信息的线性方式。

3.媒体的综合性

随着网络宽带的增加、芯片处置速度的提高及跨平台的多媒体文件格式的推广，目前网页中使用的多媒体视听元素主要有文字、图片、声音和视频等。

4.版式的灵活性

随着技术的发展，响应式的网页逐渐增多，这也为设计师的排版和交互设计提供了新的思路，如图 1–5 和图 1–6 所示。

图1–5

图1–6

网页设计师不仅需要了解设计的相关知识，还需要了解前端类的知识。例如，页面布局、DIV、CSS和H5等，这些知识看似与设计没什么关系，但是了解它们对设计师的工作会有非常大的帮助。而页面的交互设计更需要设计师对前端知识有所了解。当然，如果你是一个纯粹的视觉设计师，可以不用掌握这些知识，但是必须了解。从软件上看，除了 Photoshop、Illustrator，还需要掌握 Dreamweaver 和 Flash 的使用。

1.1.3 电商设计

电商设计是 UI（User Interface）设计中的一个分支，它是传统平面设计和网页设计的结合体，是具有互联网属性的设计，是互联网时代的产物。它最大的特点就是“快”，这也是电商设计与平面设计最大的区别。例如，平面设计中完成地产公司的一个广告设计时间需要 3~6 个月，而电商的专题页面设计时间是 7 天，最长时间是 14 天，更新频率非常快，一些专题页面如图 1–7 和图 1–8 所示。

图1-7

图1-8

电商设计主要分为网站及详情页设计、活动专题页面设计和 Banner 设计。这样的结构也与平面设计和网页设计不同，因为电商设计的主要目的就是“卖产品”，而让客户更加清晰地看到商品细节和尽可能多地浏览网站商品，尽可能长时间地让客户停留观看才是电商设计的最终目的。电商设计的另一个特色就是“快、准、狠”，按传统的平面设计的思考过程肯定来不及，其商业目标单一明确，产品促销成为重点，兼顾品牌，表现需要更加直白和更强的冲击力。专题页面设计如图 1-9 所示，Banner 设计如图 1-10 所示。

图1-9

图1-10

电商设计也应该随着互联网的发展而有新的突破，不能只停留于单一画面内的技术，可以放眼到整个网页、整个店铺、购物体验等的设计。从早期的 Flash 到响应式设计、动效设计，计算机的技术创新使设计更加生动有趣、富有创意，整个购物体验也会更加丰富友好。所以，电商设计如果跟上互联网技术的步伐，也会有无限的可能。响应式网页设计如图 1-11 所示。

图1-11

1.2 电商设计未来的发展趋势

如果设计师认为他的设计很完美，那并不是因为没有什么可添加的了，而是没有什么可减少了。

——Antoine de Saint-Exupery

1.2.1 专题单页化

单页化的设计，顾名思义可简单地将其比喻为一页纸的设计。单页化的页面存在于平面设计和网页设计中，平面设计中的单页设计，是指在纸的正反面上设计，主要用于折页、宣传单的场合中。专题中的单页设计，更像是平面设计中单页的翻版，只不过它可以加入跳转、视差滚动、H5 动态效果设计等。相对于整体网站页面来说，单页化的页面设计在结构上比较简单、链接深度最多不超过两层。它的用途主要有专题活动页、店铺首页形象、产品介绍页。

1.纸媒单页与网页单页的区别

提起单页设计，不得不说其在线下纸媒中的样子，像折页、卡片、宣传单等的设计，都是充分利用了材质的可感知性让设计有了触觉，通过另类的工艺处理有效地发挥设计创意。而网页媒体中的单页设计更多的是用于发挥促销的直接性，提升平台的整体形象，通过利用新技术，如视差滚动、动效设计等，让网页的单页设计的可表现形式更为多样化。纸媒中的单页设计是利用仅有的单张纸的正反面去进行设计的表现，网页中的单页设计是利用大小的屏幕空间去进行需求的表现。如图 1-12 所示，左图为网页单页，右图为海报单页。

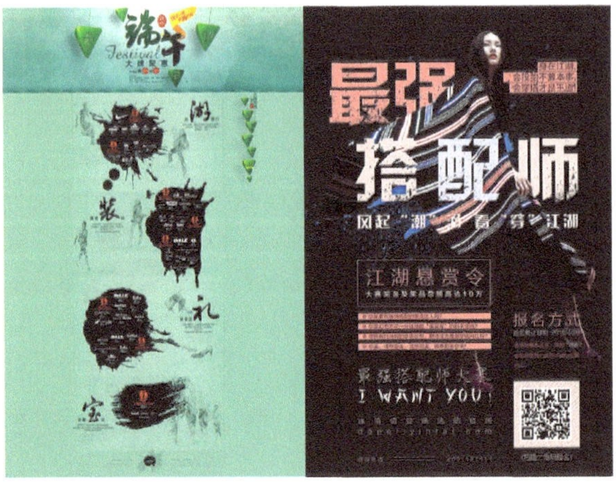

图1-12

2.单页化设计的优势

网页单页设计的好处有很多，一是能快速地让访客直观地看到要传达的内容，无须频繁跳转页面进行浏览；二是没有庞杂的导航菜单和子菜单，所有内容都可在一页上呈现。制作成本少，效率高，比较适用于信息量中等的页面设计。

3.单页设计的四大趋势

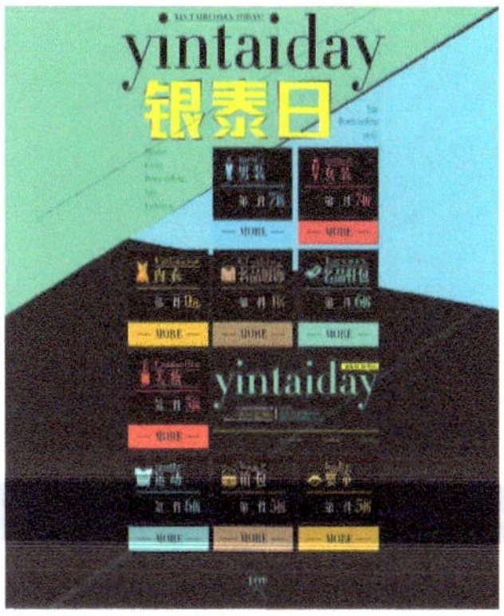

图1-13

» 大图加大字

随着现在扁平设计趋势的蔓延，电商设计也更趋向于平面版式中的风格。大图加上大字的设计形式，已然成了一种扁平化极简的表达。让传达的产品和文案更直接，第一时间让图片去说话，让文字去发声，如图 1-13 所示。

» 固定尺寸内的视差滚动

在单页的设计中，页面的呈现形式并非传统式的垂直或者水平滚动浏览，它可以利用视差滚动、H5+CSS 技术，充分把页面内容更灵活地展示出来，让用户通过与鼠标交互的过程，慢慢地消化单页中信息。

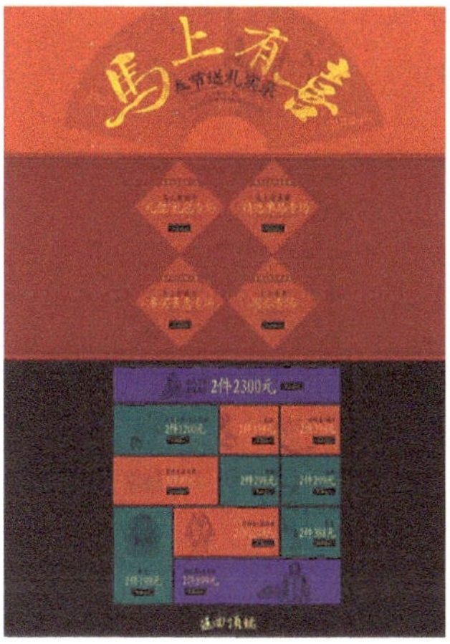

图1-14

» 充满创意的布局

在网页的单页化设计中，形式可以多种多样，因单页化设计更偏向于平面媒体中的海报、单折页等的视觉表现，所以，在专题的单页中，版式的尝试可以灵活多变，如图 1-14 所示。

图1-15

» 单页的多样性与平台的整体性

虽然说单页的设计在形式上可以不拘一格，但是单页的专题是寄存在整体平台、店铺和网站中的，所以，在设计时要站在平台调性的大背景中去进行单页的设计，如图 1-15 所示。

提示

这里提到的单页化设计并不是新的设计趋势，只不过笔者在设计整理中更倾向于把这一类设计如专题页、活动页、店铺首页统称为单页化的页面设计。它的设计感还是存在于对基本的点线面和色彩的理解中的，它更像是平面中的海报设计或者宣传单页的设计形式，都是为主题和需求而服务，也更像是一种设计的“快消品”。

1.2.2 扁平化设计的崛起

扁平化设计是相对于拟物化设计（Skeuomorphic Design）而提出的。拟物化的用户界面设计看起来就像是真实的物体，如图 1-16 所示，在用户界面中能反映出真实世界中音频压缩器的外观和功能。在初期，这样的设计可以让人们更快地接受和明白设计的用途。

图1-16

拟物化设计起始于 20 世纪 80 年代，其初衷是帮助用户从真实世界向计算机界面平滑过渡。直到最近，作为拟物化设计忠实的拥护者，苹果公司把这种设计理念运用在了公司所有用户界面和界面设计指南中。从 iOS 7 开始全部换成扁平化设计，尽管当时有很多人批评。苹果公司的拟物化设计与扁平化设计的对比如图 1-17 所示。

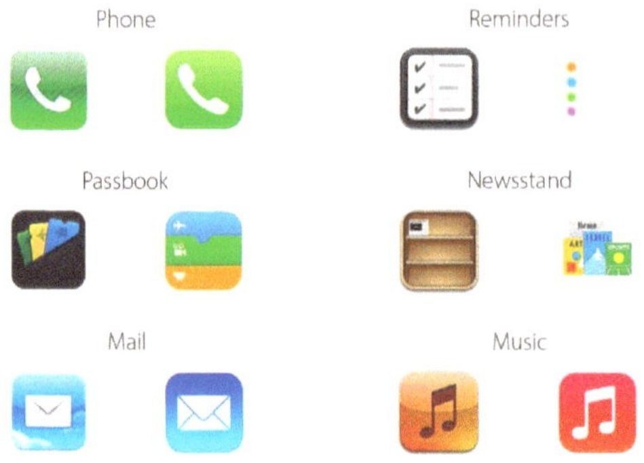

图1-17

其实笔者认为扁平化设计是设计发展的必然规律，就如几千年来文字的发展。最初人们用图画文字（象形字）来记录，这是一种最原始的造字方法，把想要表达的物体的外形特征描绘出来，慢慢地演化到繁体，再到现在的简体。现在的扁平化设计也正在遵循这样一个从繁到简的发展规律，从写实拟物到抽象扁平。

1.扁平化设计的三大特点

图1-18

» 做减法

同样是镜头的设计，在扁平化中去除了渐变、阴影、质感等修饰手法，仅用简单的形体来表达，显得干净利落。做减法这一步应该是最容易的，如图 1-18 所示。

因为扁平化设计有着鲜明的视觉效果，它所使用的元素之间有清晰的层次和布局，这使得用户能直观地了解每个元素的作用及交互方式。如今从网页到手机应用无不在使用扁平化的设计风格，尤其在手机上，因为屏幕尺寸的限制，使得这一风格在用户体验上更有优势，更少的按钮和选项使得界面干净、整齐，使用起来格外简单。

图1-19

» 精致的颜色

扁平化设计中，配色貌似是最重要的一环，扁平化设计通常采用比其他风格更明亮、炫丽的颜色。同时，扁平化设计中的配色还意味着更多的色调，例如，其他设计最多只包含两三种主要颜色，但是扁平化设计中平均会使用 6~8 种。而且扁平化设计中，往往倾向于使用单色调，尤其是纯色，并且不做任何淡化或柔化处理（最受欢迎的颜色是纯色和二次色），另外还有一些颜色也比较受欢迎，如复古色（浅橙、紫色、绿色、蓝色等），如图 1-19~ 图 1-21 所示。

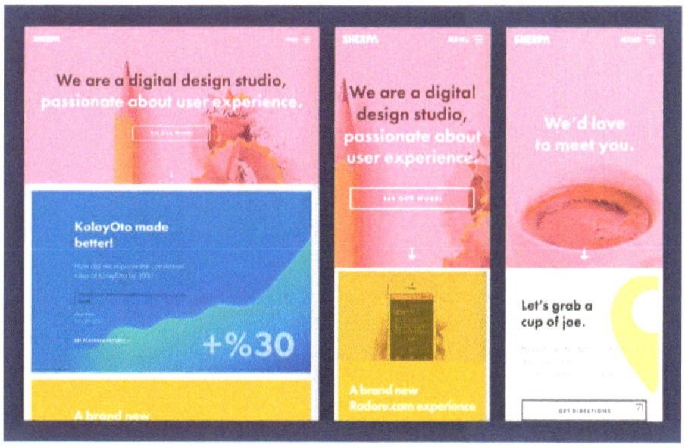

图1-20

图1-21

图1-22

» 极简的排版

由于扁平化设计使用的是特别简单的元素，排版就成了很重要的一环，排版的好坏直接影响视觉效果，甚至可能间接影响用户体验。

字体是排版中很重要的一部分，它和其他元素相辅相成。想想看，一款花体字在扁平化的界面中是非常突兀的。图 1-22~ 图 1-24 所示是一些扁平化网站使用无衬线字体的例子。无衬线字体家族庞大，分支众多，其中有些字体会在特殊的情景下产生意想不到的效果，但注意，过犹不及，不要使用那些极为生僻的字体，不能因为字体的新奇而影响了信息的传达。

图1-23

图1-24

2.扁平化设计的未来

作为一名普通的设计师，可能不能去预测乃至引导设计的趋势和方向，但可以从设计的发展史中找到一些答案。建筑设计和平面设计作为设计的分支，都经历过类似从拟物化设计到扁平化设计的发展，也许可以为我们提供一些参考。

用版式设计来举例，版式设计的发展大概分为 5 个阶段。

第 1 阶段：西方历史中最早的排版出现在古巴比伦，基本没有排版的概念只需要字排列整齐、方便阅读即可。

第 2 阶段：在古埃及，这时候已经有图文绕排的概念，也有了装饰的尝试。

第 3 阶段：到中世纪欧洲文艺复兴时期，华丽装饰达到极致，无论是文字还是配图都非常精致，甚至一个句号都装饰得相当华丽。

第 4 阶段：包豪斯设计兴起，也是现代主义的诞生，网格法排版出现，人们察觉到内容才是根本，设计或排版是为内容服务的，所有的装饰性元素统统被去掉，图案变得扁平，跟 Metro 的想法一样，用内容装饰内容是这个时期的一大特点。

第 5 阶段：人们对千篇一律的简洁设计感到乏味，版式设计向着多元的方向发展，既有简洁、以内容为中心的版式设计，也有华丽装饰、渲染气氛的版式设计出现。版式设计完全取决于需求方的需求。

从版式设计的发展史来看，现在的扁平风格大概属于第 4 个阶段，而网页设计或 UI 设计将会像版式设计一样，向多元的方向发展，也就是第 5 个阶段。市场上既会有简洁、扁平化的风格，又会有拟物、精致的风格，以及更多意想不到的风格出现。每一种风格都会有自己的市场，每个人都能在市场上找到符合自己审美和习惯的风格，这种多元化的萌芽已经开始出现，例如，锤子手机，如图 1-25 所示。

图1-25

1.2.3 移动端设计体验的入侵

互联网领域的加速效应如今正在颠覆着传统的互联网 PC 端电商，正如此前 PC 端电商领域对线下传统贸易的颠覆一样，如今的移动互联网正在以前所未有的速度改变着人们的购物和生活体验。2015 年“双 11”的购物狂欢中，主要电商除了在“双 11”上架商品和商户开发力度上不断加大之外，还在无线端进行了充分的资源匹配和市场预热。

无线领域的购物狂欢，已然在这次“双 11”中得到了印证。

天猫无线业务快速增长，屡创新高。从 5200 万元、9.36 亿元、33.6 亿元、191 亿元、362 亿元到 571.12 亿元，“双 11”购物狂欢节在第 7 年的总交易额最终锁定在 912.17 亿元。其中移动端交易 626.42 亿元，占比 68.67%，如图 1-26 所示。“双 11”结束后的零点，中国互联网世界被天猫“刷屏”的盛况却仍未结束。

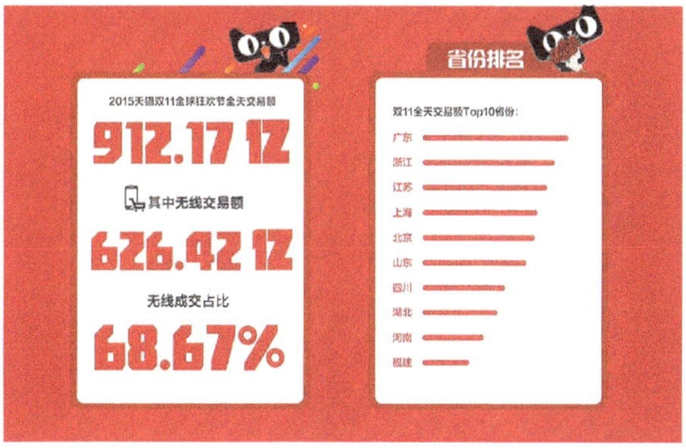

图1-26

可见，电商平台在保持了平台业务快速增长的同时，无线端的数据也十分抢眼，基本上占到了整体购物成交额的 50% 以上，移动端购物和支付体验的蔓延，成了如今电商化转型和开拓新网购入口的新趋势。

为什么移动端的购物这几年发展这么迅速，甚至比传统的电商 PC 端购物颠覆线下的商品交易的速度还快？ 2015 年主要的两个平台天猫和京东在“双 11”期间移动端的购物比例都在 50% 以上，这说明越是在购物的集中爆发期，用户在购物渠道的选择上更青睐移动端的渠道，并且在未来的几年，移动端的比例还会进一步上升，如图 1–27 所示。

图1–27

之所以会出现这种现象，有以下几个原因。

原因 1：移动端更便于支付。

原因 2：各大电商的有意引导。

原因 3：线下的可接入网络 Wi–Fi，以及便捷的上网区域的增多。

对于电商设计师来说又有哪些需要了解的呢？

其实移动端产品最难的地方是要在小屏幕上展示出所有的业务。虽然现在的大屏幕手机比比皆是，但是还是与 Web 端有着很大的不同，屏幕限制，加上移动端的客户碎片化阅读的习惯和高流失率，特别是电商类 APP 更难展示出来，所以，才会有像列表式的 icon 展示方式。但是电商的标准配置的首页都会将 Banner 保留下来，因为它是运营推广最重要的手段之一，而电商 APP 是要展示内容最多的，也是最难做的一类 APP。既要保证业务首页展示的完整性，还要保证用户体验，所以，在进行每一个页面设计时都要讲究一些技巧和思考维度。

1.首屏页面需要展示的内容

图1–28

» Banner

因为电商促销活动是拉动消费的最大动力，而 Banner 是很好展示活动页面的地方，几个 Banner 就能牢牢抓住用户追求便宜的心理，如图 1–28 所示。

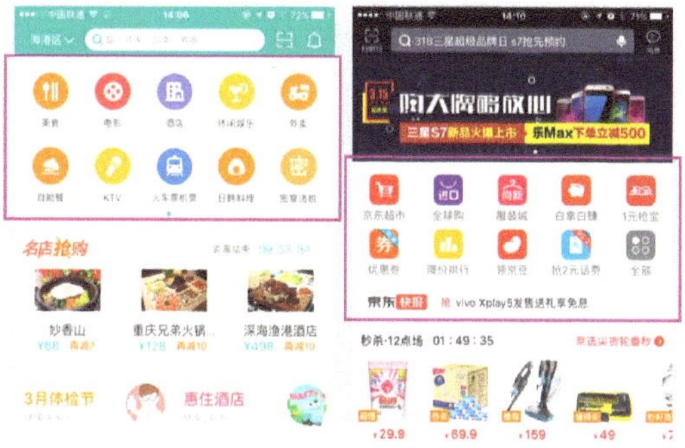

图1-29

» 1~2 排的 icon 分类

这与 Web 端的分类类目列表作用一样，起到了让用户知道你卖哪些东西和提供哪些服务的作用。当然像淘宝和京东这类的就是一个大业务，而小电商网站的 icon 往往是一个分类，如图 1-29 所示。

图1-30

» 流量品

有了流量品才有了盈利品一说，大量流量进入 APP，才会产生盈利。之后往下的页面都是超出一个屏幕的，用来对每个细分类别中最好的商品进行展示，用大量的品类和优惠价格吸引用户进入并进行消费，如图 1-30 所示。

设计思路：

① 从上往下通过 Banner 活动拉动流量（产品拉新活跃用户，让用户进来），展示全部服务类别（用户知道产品有哪些商品和服务）。

② 秒杀用流量品带动购买量（让用户知道该商品和服务在我这里很便宜）。

③ 首屏后的页面展示各大类别（方便用户进入沉浸式浏览方式）。

2.底部导航栏的展示

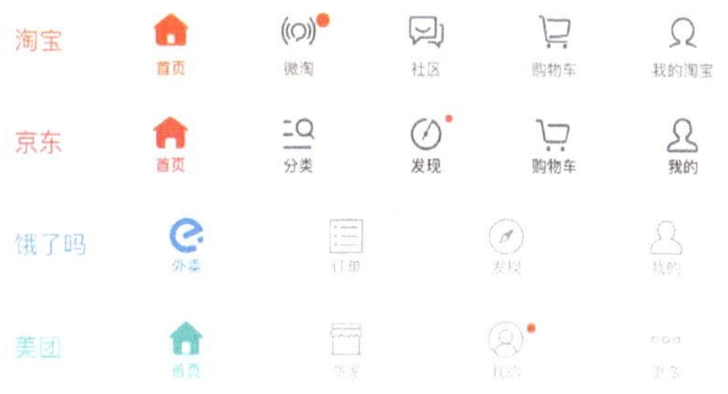

图1-31

底部导航一般分为 4~5 栏。电商最基本的底部导航栏设置是首页、分类、购物车、我的页面，如图 1-31 所示。底部导航这样安排的用意如下。

» 首页

首页的作用是告诉用户我们是卖什么的，用户可以在我这里得到什么，然后通过第 2~6 屏幕的浏览，让用户彻底明白这里能买到什么，顺便让用户进入心智模型里，彻底进行逛街浏览的行为。

» 分类页

用户已经知道是卖什么的了，他就要找自己最需要的东西了。分类页面起到搜索的作用，但这里的搜索与首页顶部的搜索框不一样。因为分类的搜索带有比价心理和一定的不确定性，但是却是让用户导流进入的商品页面最好且更直接的方式。

» 购物车

作为电商现在最基本的 Tab 类目，当用户把想要买的东西都加入购物车的时候，符合用户在逛超市时想要付钱的心理。购物车不仅起到提示用户想要购买的心理，也不断提醒用户要付钱的过程。

» 我的页面

“我的页面”起到个人后台的作用，管理自己购物后的一系列状态，所以，整个 Tab 底部导航从左到右的安排就是用户购买过程的一个心理写照。

3.设计上的差异

如图 1-32 所示，当前的设计手法在各个平台、各种形态上都有融合的趋势，在 Web 端的设计也越来越客户端化，因此，在设计手法上的差异会越来越小。

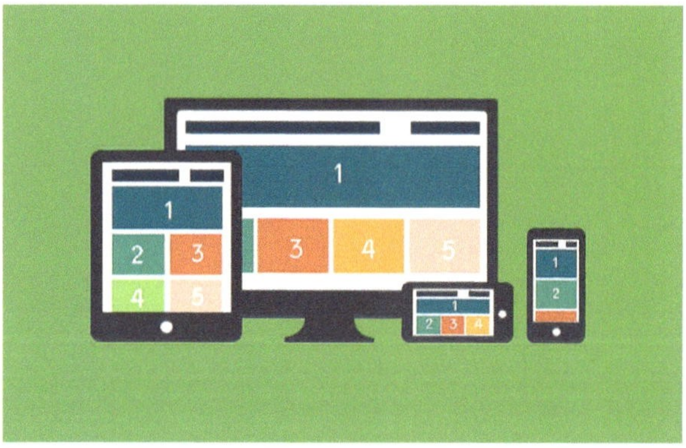

图1-32

然而，基于 PC、Pad、iPhone 的设备特性有较大的差异，PC 的指点操作与 Pad、iPhone 的触摸操作有很大的不同，触摸优先的设计原则对移动端的设计有较大的帮助。用户的设备的性能和网络特征千差万别，在设计时需要思考各个用户使用的环境，例如，现在 Android 和 iOS 两大主流操作系统。多设备用户在使用产品时，怎样进行设备间的切换，如何衔接不同设备的操作而不被丢弃都是设计师需要考虑的问题。

从 PC 端到移动端的 Web 设计，响应式设计是提得最多的方法。响应式的设计在一淘网、淘宝搜索等许多产品上都有实践，对用户体验起到了积极的作用。然而，我们看到的响应式做得好的网站往往是结构相对简单的博客类、新闻类网站，这些网站页面结构简单，响应规则容易定制，前端实现也不复杂。而对于复杂的网页的响应式设计，则会遇到不少挑战。

最后，移动互联网的时代已经来临，移动用户的体量也会逐渐超越 PC 端，在进行产品设计时，思考移动平台是必然的，如何能进行更好的全平台设计，还有待业内人士更多地探讨。记得几年前，笔者非常信奉移动端的产品应该是 PC 端的补充，现在看来完全不靠谱，像微信这样的产品，PC 端的设计纯粹是移动端的补充，更多产品则根本没有 PC 端的产品。因此，如何能进行全平台的设计，也需要根据各自的产品特征、用户特征、情景特征来决定，最大限度地发挥产品的核心价值给目标用户，这就成功了。

第2章

电商设计的基础知识

2.1 什么是点、线、面

要想做好电商设计，需从了解点、线、面开始。那么，要想了解点、线、面，就需要了解一个哲学性的观点——点、线、面在我们的世界里既是真实存在的，又不是真实的。点、线、面不是绝对的，而是相对的。可能大家觉得很拗口或很难理解，下面着重讲解一下。

首先，在现实生活中有些点、线、面是可以通过我们的眼睛观察到的，而有些是观察不到的。如图 2-1 所示，我们可以清楚地看到走廊扶手是以线的形式存在的。

图 2-2 所示的红色的桥其实就是一条隐形的线。

图2-1

图2-2

那么，为什么又说点、线、面不是绝对的，而是相对的呢？如图 2-3 所示。

图2-3

从图 2-3 中可以看到，左边的 3 个红色的圆是以点的形式存在的，而右边的圆是以面的形式存在的，而决定它们是点还是面的因素是相对于面积来说的。其实像这样的例子，主要是想让大家对于设计中的问题思考角度有一个新的认识。

理性地理解点、线、面——平面构成，说到点、线、面，就不得不说平面构成。平面构成是网页设计中最基础的设计理论。平面构成、色彩构成和立体构成在中国艺术教育界被统称为“三大构成”课程，它们起源于 1919 年德国包豪斯学院的设计课程改革。

提示

包豪斯学院（Dasstatiiches Bauhaus）是世界著名建筑师瓦尔特·格罗佩斯在德国魏玛城创立的第一所设计学校。35 岁的格罗佩斯大胆地在包豪斯学院进行了教学改革，而在当时其他的艺术学院的教学理念仍是 19 世纪的传统与唯美的艺术古典主义。包豪斯设计学院以鲜明的功能主义，提出了“艺术与技术相结合”的教育口号，开创并设计了整套崭新的艺术教学计划和理论体系，通过改革将新的教学计划和理论体系贯彻到日常的教学中，使学生的艺术视觉感知度达到了理性的水平。

图2-4

图 2-4 所示的海报是当时包豪斯学院非常著名的一款海报，从海报上可以看出，其中充满了点、线、面的元素，它们之间的关系是不断变化的。

2.2 点、线、面的关系

通过观察图 2-5 可以看出，点、线、面之间的关系是不断变化的。图 2-6 和图 2-7 所示是点、线、面在实际应用中的案例，大家可以感受一下。

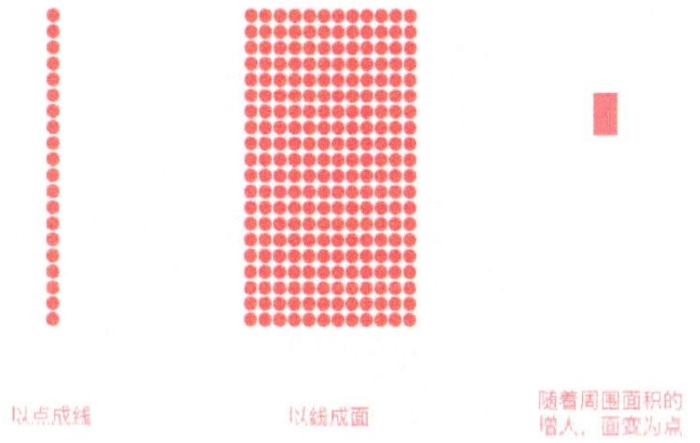

图2-5

图2-6

图2-7

2.3 点、线、面在网页中的应用

2.3.1 点的应用

点是画面中最重要的形式单元之一，点没有特定的形式或形状，但当众多的点汇聚在一起时就会产生新的形状或图形，有时会成为点，有时会成为线，有时会成为面。康定斯基认为从内在性的角度来看，点是最简洁的形态。图 2-8 所示是一个日本传统的二十四节气网站，其用非常简约的线条和少量元素组合成了一种空灵的美感。

图2-8

图2-9

如图 2-9 所示，进入某个节气页面后首先映入眼帘的是正中央的节气信息，第一时间让用户看到最想知道的内容。正中央圆角矩形的设计，隐喻传统印章，安静且舒适。而内容相对而言在视线偏上方的位置，从纯色背景到高清大图背景，在设计上非常有层次感，不会让人觉得枯燥。其中点、线、面的元素运用得相当精致。

2.3.2 线的应用

在几何学中，线是没有宽窄、粗细、长短和方向之分的，但是在设计中线是有宽窄、粗细之分的。线是点的延伸，是点运动的轨迹，所以，运动和方向是线的一个特性。不同的线条可以表达出不同的情感和性格，线有很强的心理暗示作用：直线就像男人，刚强有力量；曲线好比女人，柔和并且性感。不同方向的线条和不同的线条排列方式会对用户起到不同的引导作用。

用直线和曲线构造出一个立体图形，加上大小不同的彩色的点，虽然是静态画面，却让人产生旋转、运动的感觉，这就是线的运动原理，如图 2-10 所示。

图 2-11 利用了方向性的设计，让观看者跟着曲线一个接一个地向下浏览，这样不仅使画面生动、丰富，更可以让浏览者不间断地浏览页面的信息。

图2-10

图2-11

2.3.3 面的应用

面是线移动至终结而形成的，面有长度、宽度，没有厚度。面的形态是多种多样的，不同形态的面，在视觉上可以表现不同的情感。

直线形的面具有安定、秩序感，像男性的性格，如图 2-12 所示。

曲线形的面具有柔软、轻松、饱满感，是女性的象征，如图 2-13 所示。

图2-12

图2-13

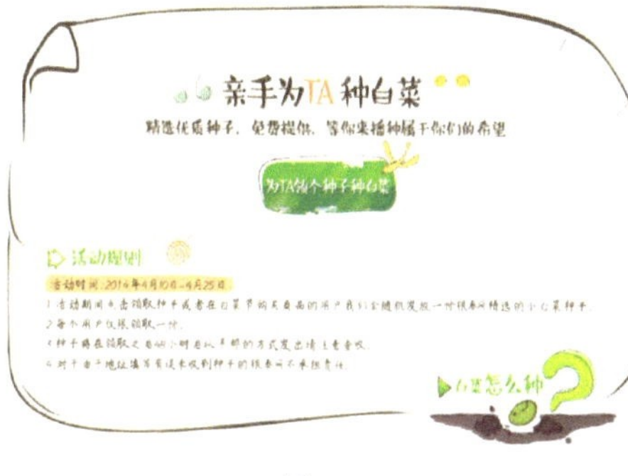

图2-14

不规则的面，如水和油墨，或是水墨喷洒产生的偶然形状等，比较自然生动，有人情味，如图 2-14 所示。

提示

点、线、面在网页设计和专题设计中的作用如下。

点：打造画面气氛，点缀画面，增加层次感，零散信息的排版。

线：页面和信息的方向性引导，信息的展示。

面：画面整体背景的打造，版面的分割。

2.4 视觉引导与排版设计

视觉引导就是给用户的眼睛“引路”，有意识地将要传达的主要信息根据人眼视线的移动规律，合理地把信息安排在页面的“热点区域”中，然后用户通过浏览获取信息。也可以说，有效地安排元素和信息是一种主动式的引导方式。

2.4.1 F形视觉

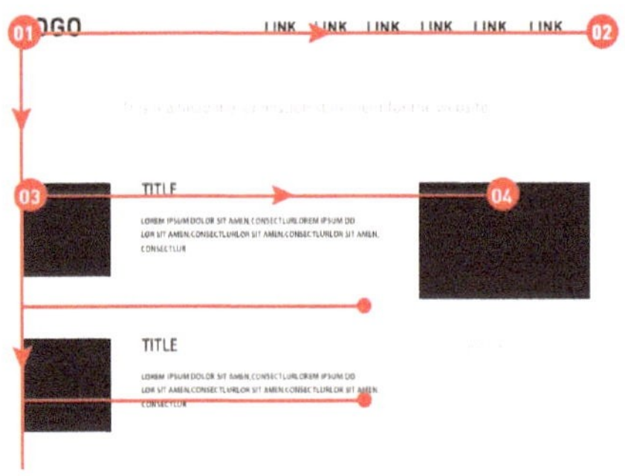

图2-15

F 形视觉通常用在电商类的平台网站中，开始时用户的眼睛会由左向右浏览，当用户找到了喜欢的信息，就开始仔细阅读，构成水平线。如果没有找到喜欢的信息，就继续垂直向下浏览，然后向右浏览，从每条视觉路径中寻找感兴趣的内容，如图 2-15 所示。

2.4.2 Z形视觉

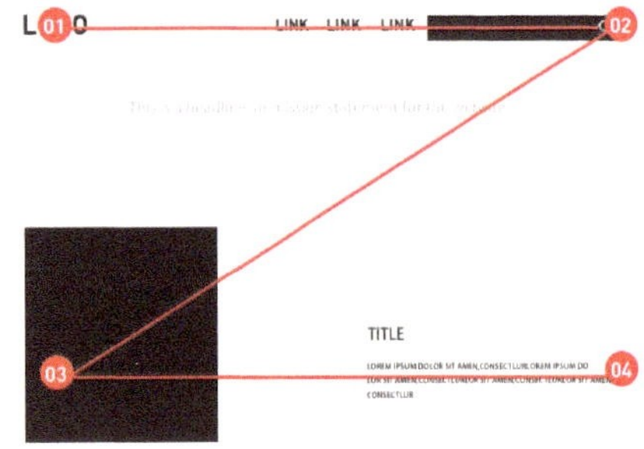

图2-16

Z 形浏览的形式主要用在一些产品介绍型的专题中，用户视线首先会从左到右，在页面顶部形成一条横线，当视线到达最右侧时，会向左下移动（这也是出于阅读习惯），在页面下方部分重复水平方向上的搜寻，如图 2-16 所示。

上述介绍的是两种常见的视觉引导的基本规律。在实际设计过程中，通过色彩聚焦、人物视线指向等设计技巧，也能起到引导用户视线的作用。

2.4.3 焦点视觉

图2-17

图 2-17 所示是将设计元素摆在页面的中间，减少两侧的空间，可以让读者的视觉更集中。

2.4.4 S形视觉

图2-18

如图 2-18 所示，S 形视觉使页面更具韵律感，画面的主体是用线条或者图形、元素摆出的具有S形或Z形的引导轨迹，设计时可以在关键位置上安排主要的信息，引导用户跟着线条的走向去阅读相关信息。设计时注意不要出现断断续续的不连贯性。

2.4.5 斜线视觉

图2-19

当想要在画面中表现出速度和不平衡感时，斜线的处理方式是网页设计师惯用的一招，如图 2-19 所示。

下面介绍几种利用设计元素引导用户视线的常用方法。

图2-20

1.颜色引导

同一画面中可以利用色块间的大小对比、位置对比、色彩对比等，对用户的视线进行引导。可以将每个不同的色块看成设计中的点与线、线与面的视觉关系，当不同颜色、不同大小的点在画面中出现时，人眼的视线轨迹也会做出相应的移动，从而让整体画面更灵动、更时尚，这也是让页面变得不常规的处理方法之一，如图 2-20 所示。

图2-21

2.数字引导

如图 2-21 所示，数字具有指向性和敏感性，许多设计在需要进行视线牵引的时候，常会使用数字去充当设计中点的元素，指引用户在数字间阅读和查看，这也是一种引导用户视线的常用设计方法。

图2-22

3.动作引导

如图 2-22 所示，人物的动作（包括手势、眼神、肢体的）、元素所示的方向，都可以很好地暗示用户，朝所指的方向看过去。

图2-23

4.线条引导

如图 2-23 所示，线条具有明确的指向性，水平的直线容易使人联想到地平线。直线具有男性的特征，它有力度、相对稳定；曲线则具有女性化的特点，具有柔软、优雅的感觉。

图2-24

5.眼神引导

如图 2-24 所示，眼神指向可以暗示用户朝着模特眼睛所注视的方向去寻找信息。

以上几种技巧是利用页面的设计元素对视线引导的处理方法，它强调的是细节的元素在整体页面中的不同作用。

无论采用何种引导形式，设计的基本点都不能出现错误，都是以传达信息为主。一幅画面中不能同时出现好几个不同方向的元素，否则，用户的视线会因为关注某一个点而忘了接收其他重要内容。设计要有层次，引导要有规律，可以借助元素的动作、颜色的位置等合理构思，让设计更有条理。

提示

视觉引导就是通过合理的设计方式，让信息出现在合理的位置，用设计师掌握的基本理论知识去引导用户的视线轨迹，让用户根据从左至右、从上到下的阅读习惯，去接受设计师和需求方所要呈现给目标受众的内容。

2.4.6 版式类型

版面设计的目的在于“通过舒适而有趣的方式，向观看者准确清晰地传达信息”。我们可以把这句话分为 3 点来理解。

第 1 点：让观看者感觉舒适；第 2 点：让观看者感觉有趣；第 3 点：准确、清晰地向观看者传递信息。其中首要目标是准确、清晰地向观看者传递信息，所以，设计师在设计前，首先要整理信息，把需要让用户接收的信息进行理解和提炼，然后分清主次、层次清晰地把信息视觉化地表现出来。但是，如果你的设计不能将信息清晰、准确地传达给用户，那么即使设计得再漂亮、再有创意，这个作品也是失败的，尤其是在电商设计中，清晰、准确地传达信息是最重要的。

图 2-25 中的所有信息都堆砌在一起，主次不清，没有层次感，虽然信息很直观地展示了出来，但是阅读起来没有条理，很不方便。

如图 2-26 所示，经过对信息的分类，把信息分为 3 个部分，分别是主标题、内容和具体说明，这样主次分明的排列，让观看者一眼便能看到主要的信息，加上对版面视觉的丰富，会让观看者愿意多“欣赏”一会儿。

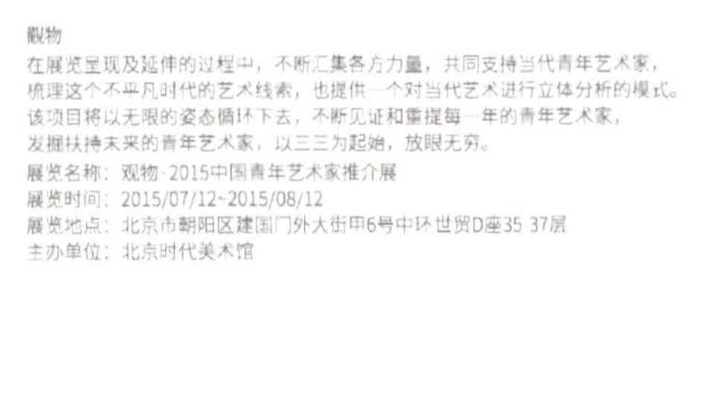

图2-25

在准确、清晰传达信息的基础上，设计师的任务是用让用户感觉舒适的方式去传达信息。如果你传达的信息很干瘪、毫无感情，那么即使信息被准确而清晰地传达了，但是观看者并不会主动去接收这些信息，甚至会因为排版的粗陋而反感这些信息。例如，排列整齐的文字，看上去让人感觉很有条理且整洁，感觉容易被理解；而散乱的文字则意味着没有条理，感觉不易被理解。看到一段排版杂乱而导致不易理解的文字，受众在阅读的过程中当然会觉得不舒适。如果可以把设计做的让人感觉非常舒适，人们在清晰地接受信息后往往会感觉心情愉悦。

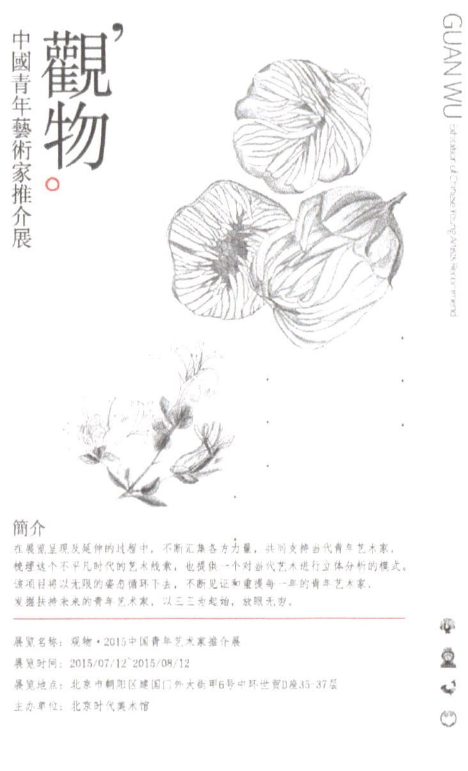

图2-26

下面介绍版式设计中最重要的两点——对齐和对比。

1.对齐类型

对齐对于新人来说是最容易被忽略的操作，而且是很多人不屑去做的一个细节，但恰恰是这个细节决定了作品的耐看度。

如图 2-27 所示，这个排版任何人看了都会抓狂吧，所有信息混乱不堪，阅读体验非常差。

图 2-28 所示是横版左对齐和竖版上对齐，标题和内容让人一目了然。

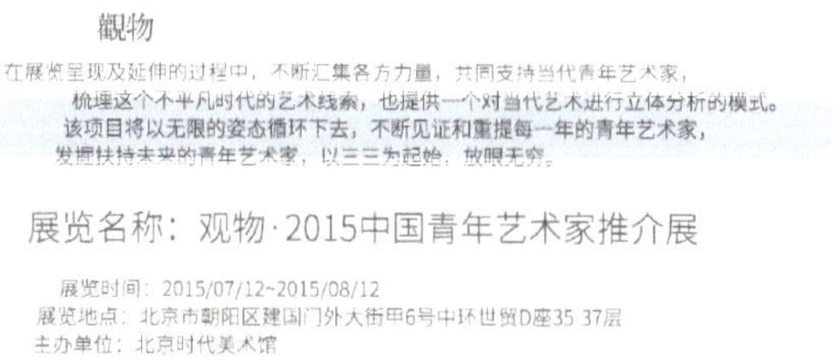

图2-27

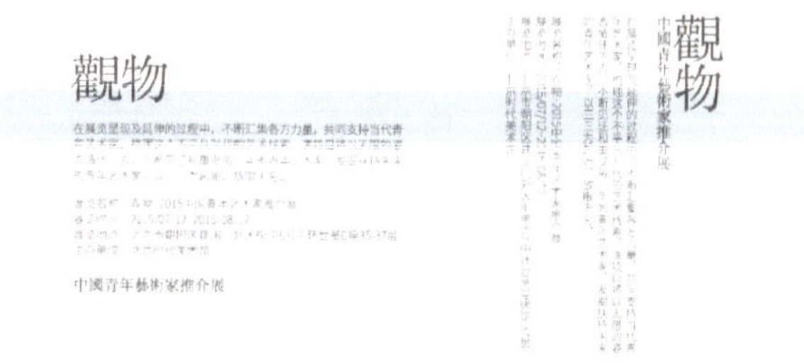

图2-28

另外，还有一种视觉性的对齐，这种对齐并非是完全对齐，而是以人看上去的视觉平衡感为标准进行对齐，如图 2-29 和图 2-30 所示。

图2-29

图2-30

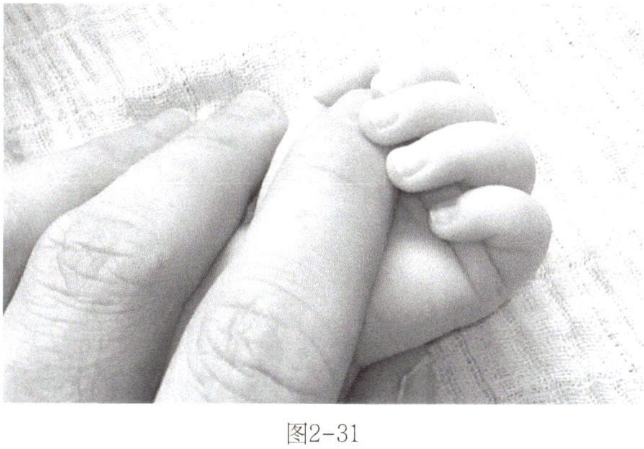

图2-31

2.对比类型

版式设计中的对比大致分为大小对比、形状对比、位置对比、颜色对比等，如图 2-31~ 图 2-33 所示。

图2-32

图2-33

看完图例后再来看一个 Banner 的实例，如图 2-34 所示，首先要对文字信息进行整理，分清楚主标题、副标题或内容。

然后针对整理出来的信息进行最基本的排版，如图 2-35 所示。

图2-34

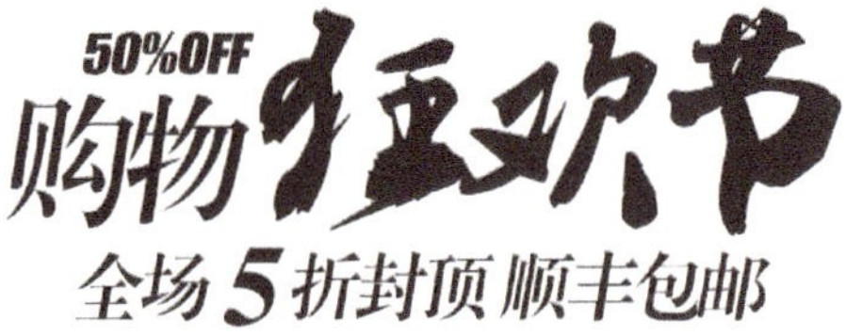

图2-35

图2-36

最后让画面更加精彩，增加颜色对比并添加细节，如图 2-36 所示。在这个 Banner 中用到了字体的大小对比、颜色对比、粗细对比和空间的留白对比。在做设计的时候，尤其是电商类的设计，首先要读懂信息，然后整理信息，再利用对比、对齐等技法来进行深入的排版和设计。

让观看者感觉到有趣的设计属于更高阶段的“情感性设计”，怎么样才算有趣呢？可能每个人的回答都不一样，但我们还是可以从中找到一些共同点。例如，有变化的、不呆板的、不常见的、有游戏性等，如图 2-37 和图 2-38 所示。

图2-37

图2-38

2.5 怎么选色彩

颜色分为两种：彩色和无彩色。黑白色属于无彩色的一种，它也是一种颜色。

2.5.1 色彩属性

色彩有 3 个属性，分别是色相、饱和度和明度。这 3 个属性相互作用，相互影响。确定颜色后，在颜色中加入白色会使颜色的明度变高，但是饱和度会变低。

色相：色相就是各种色彩的名字。色相环中的颜色只是概括性地展示了自然界的基本颜色外貌。

饱和度：饱和度指色彩的鲜艳度。例如，一望无际的天空蓝和一望无边的雾霾灰蓝，同样是蓝色，前者在蓝色中提高了颜色的饱和度，减少了黑色的成分；后者在蓝色中减少了颜色的饱和度，增加了各种污染物的灰色。任何一种色彩，加上白色、黑色或灰色，都会降低它的纯度。

明度：即颜色的亮度，明暗的出现存在于有光线中。

色彩的明度有两种：加入白色，会使颜色的明度变高；色彩的鲜艳度越低，明度越高，给人的感觉越干净，但会给人颜色不纯正、不鲜艳的感觉。

同一色相不同明度：加黑色或白色掺和以后也能产生各种不同的明暗层次。

不同颜色不同明度：每一种颜色都有与其对应的明度。黄色明度最高，蓝紫色明度最低，红、绿色为中间明度。色彩的明度变化往往会影响纯度，如红色中加入黑色后明度会降低，同时纯度也会降低；如果红色中加入白色则明度会提高，但纯度却会降低。

2.5.2 整理色彩

按照日本设计大师佐藤可士和超整理术的思维，配色其实也可以通过整理术，一层层地解开用什么色、怎么用的问题。在开始学色彩、用色彩之前，在脑海中建立一个色彩库很重要。其实在我们的生活中、自然界中，色彩无处不在，通过眼睛去看、在脑海中多思考配色的过程来让大脑对颜色的用法有一些基本的了解。

1.建立色彩记忆库

色彩是一种记忆，也是一种视觉符号，是人们长期在生活中接触的景象和物体，共同作用于大脑意识碎片中的感觉和视觉体验。不同的色彩能够赋予人们不同的视觉感受，而这种感受又会引起我们的某种色彩情境、氛围和感觉。例如，我们常用季节的变化来形容颜色、感知物体，如冬天的冷色系就会给人以寒冷、平静的视觉感受，而夏天的暖色系给人以燥热、活跃的视觉感受。

给自己的大脑多加入一些有关色彩的记忆碎片，让我们在面对各种色彩需求时，可以灵活快速地调取相应的存储记忆来设计不同目的的色彩。

字意与色彩记忆如图 2-39 所示。

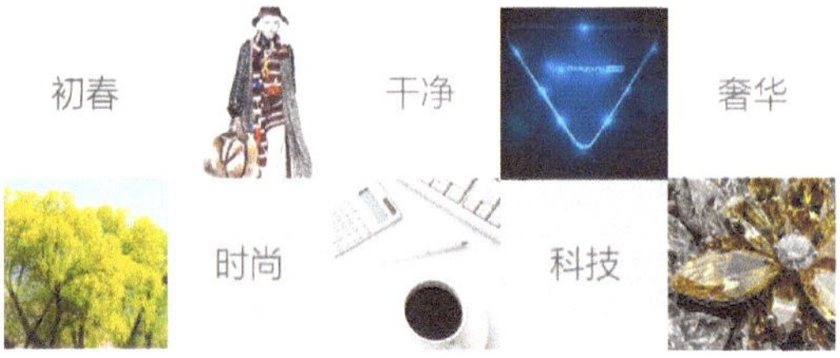

图2-39

接收到基本的设计需求后，从字的表面其实可以看出大概的感觉。例如，它是低调奢华还是文艺清新，是喜庆热闹还是时尚新潮等。每一个文字都对应着一种色彩，对应着一种色彩的感觉，可以指出配色大的方向。

（1）主题与色彩

不同的色彩会给人不同的印象，在做主题设计时，设计师应该掌握基本的配色知识，对不同的类目风格、受众颜色喜好、主题氛围等都要有所了解。

（2）色彩的“男女有别”

确定目标受众（考虑性别、职业、阶级、种族、文化喜好和个性），然后参考这些信息对色彩心理的影响。确定这些信息对布局设计是至关重要的，因为它是图形的一部分，也是设计中不可或缺的信息。

2.通过工具采集配色

最常用到的就是 Adobe 公司的 Kuler 取色软件。在这个网页版的调色器中，可以选择不同的配色方案，如单色、互补色、相近色等，系统会根据你的选择进行相对应的匹配设计，如图 2-40 所示。

图2-40

上面介绍的方式是通过已有的色彩方案进行对应的调试，在这个网页中还可以通过单击右上角的摄像头图标，载入任意图片进行选色。单击图片之后，Kuler 将立即打开文件管理器，我们可以从中挑选出心仪的图片，然后生成配色方案。

如图 2-41 所示，Kuler 生成了一套不错的配色方案。笔者尤其喜欢 Kuler 中的圆圈拾色器，当在图片中拖动它的时候，调色板会实时调整整套配色方案。单击想要调整的单个颜色时，拾色器将会绕过明亮的白边，选取更符合整体风格的颜色。

图2-41

上面推荐的是以软件自己调试为主的配色工具，而在 Photoshop 中可以通过“文件”菜单下的“存储为 Web 所用格式”命令，从选择的图片中取色，如图 2-42 所示。

图2-42

将图片的格式调为 gif，颜色值越高色彩越丰富，可以看到的细节色彩就越多。当然也可以将这套色彩方案存储到计算机中，在 Photoshop 中通过色板面板找到，并且载入这组颜色方案。

每当笔者看到漂亮的图片和配色不错的照片时，都会截图并保存下来。当需要寻求配色方案时，我会在图片库中寻找灵感，这时总能找到符合需求的方案。图 2-43 所示是笔者搜集的部分素材图片。

图2-43

提示

配色小技巧：利用工具配色；从自然中学配色。

大自然是色彩最全的“色盘”，当我们抬头仰望蔚蓝的天空时，身处绿意盎然、繁花似锦的公园时，都会发现自然界的色彩里有着无限的色彩组合。每一片叶子、每一朵花儿都有着令人惊艳的色彩，我们可以从这些自然的东西中寻找灵感。

3.颜色的搭配

在设计中，颜色搭配无疑是非常重要的，我们平常总是听说这个颜色不好看、那个颜色有点脏等问题，其实颜色是没有所谓的好看与不好看、脏与不脏之说的，每个颜色都是独一无二的，只有搭配不好颜色才会出现不好看或脏的感觉。在生活中，我们可以观察到，没有所谓的单一颜色，所有色彩都是搭配出来的。而颜色的搭配也是需要有主次关系的，也就是主色和副色。下面看几个例子。

在图 2-44 中，红色为主色，绿色、黄色为副色，如图 2-45 所示。红色占了图片面积的一半以上，而绿色和黄色仅仅作为对比色，占了很小的面积，这样既给人颜色干净的感觉，又让人觉得图片的色彩十分丰富。

图2-44

图2-45

同样是主色和副色，在图 2-46 所示的这张图中，黄色和蓝色面积相似，但是黄色的饱和度和明度更加高，会让人一眼就看见黄色，因此，黄色为主色，蓝色为副色。另外，黄色和蓝色为对比色，有着很高的视觉冲击力。

图2-46

图 2-47 以黑白灰色调为主，红色的面积很小，但恰恰是这一点红色把人的视线吸引过去了。黑白灰为主色调，红色为副色，从这一点上来看副色的配色是绝对不能被忽视的。另外，这种黑白灰色调加一种亮色的配色方法也是非常常用的色彩搭配方法，很容易凸显效果，在灵感枯竭的时候不妨试试。

图2-47

提示

色彩设计的学问很多，但由于篇幅有限，只能从基本的几个方面去介绍一下关于色彩的一小部分知识。在此推荐行业内一直致力于色彩研究的梁景红老师编写的《写给大家看的色彩书》一书，其中的内容很实用。

第3章

电商设计中的实用技巧

3.1 整合项目需求

对于不同需求而言，侧重点和切入点也是不同的。设计师在接收需求时，不应该被动地以消化需求为目的进行设计，而应走在需求前参与每一次的需求探讨。但在以快消品为主的电商领域，从需求到执行的时间可能非常短，给设计师的时间甚至不到一天或者更少。那么，在短时间内，如何“快、准、狠”地完成需求？一是通过有条理的分析对需求进行一步步的拆解，从而得出解决需求的方案；二是需要我们在日常的学习总结中记住不同需求和主题的表现方法。

3.1.1 整理需求和找准切入点

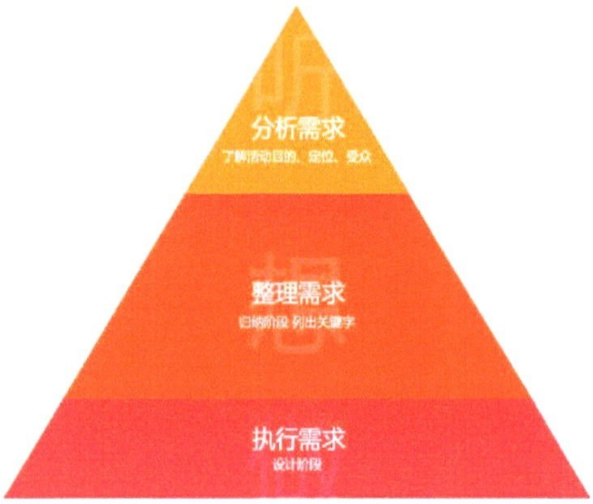

图3-1

分析需求是整个设计过程的开始，不同的用户、行业、产品在设计的表现形式上都有着不同的方法。整理需求就是在整理思维、整理有效的信息。整理需求需要先与需求方进行实质性的沟通，明确地知道要做的事情是什么、目的是什么，对将要执行的需求做到心中有数（了解清楚活动性质、风格、目标人群、投放场景、活动类型等）。合理安排自己的执行时间，接着再把需求方提供的各种无序的信息进行归纳，整理出关键词，梳理出适当的切入点，进行整体构思和设计。

整理需求就是整理问题、整理方法，也是对思维的一种再整理，如图 3-1 所示。

从分析到整理再到执行，最终的目的是通过对需求的筛选，用适合的、准确的切入点对设计风格进行恰当的表现。

3.1.2 分析需求

接到任务需求后，首先需要和需求方进行前期的面对面沟通，明确活动目的、活动方案、受众群、活动规模和上线时间等相关内容。在前期沟通时，尽量做到一听、二问、三想。沟通时有不明白的地方要及时与需求方进行互动，把不明确的点说出来当面解决。这样做的好处是避免因理解得不到位导致后期重做。

在需求方介绍有关设计风格和形式的内容时，可以先了解需求方的潜在需求并明确需求点。如果有条件的话，尽量与需求方在沟通时一起发散思维，各抒己见，并及时将想到的、沟通的内容以关键词的方式记录下来，作为前期收集到的第一手资源，如图 3-2 所示。

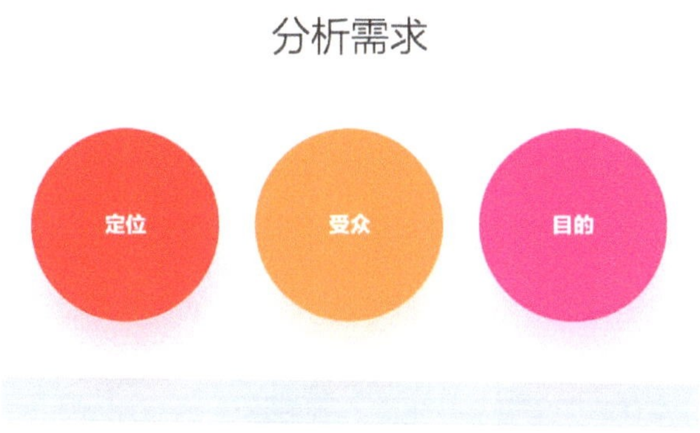

图3-2

3.1.3 了解需求

需求定位指确定需求的大概方向，如活动定位、商品定位、目标群体定位、色彩定位和设计定位等。需求定位的目的只有一个，就是准确地向用户传达信息，并且给用户留下深刻印象。

对于活动的定位更多是利用新鲜、奇特、独到的策划来吸引用户参与，引爆活动。如每年火爆的“双11”，它不仅满足了一群追求时尚个性、懒得逛街、爱网购青年的消费需求，更是把这一天变成了一场年度购物狂欢节。

如果说活动定位是对“玩”法的创新，那么，色彩定位就是对“看”法的关注，它是用户打开页面后首先接收到的色彩，直接反映出需求的定位、视觉的调性等。

如每年的店庆、“双 11”“双 12”等大型活动，风格上都会比较倾向于热闹、喜庆的感觉，视觉表现上用高纯度的对比色或者互补色进行色彩的设计，以此来烘托节日人促的热闹气氛，如图 3-3 所示。

图3-3

需求定位的准确与否，最终会直接反映在设计成品中，设计的表现会随着需求侧重的不同而不同。一个定位为高端奢侈品的网站，肯定和一个以卖清仓产品为主的网站定位不同，设计效果上也有天壤之别。

3.1.4 了解目标受众

了解受众需要先明白什么样的用户会来买网站的产品，网站的产品是否符合这类人群的需求。

1.活动做给谁看

先要搞清楚需求接收者的基本信息，如年龄、性别等。如图 3-4 所示，内衣商品的目标群体是女性客户，在色调中可以用一些神秘、妩媚的女性色彩，元素的选取上突出商品的特征，整体感觉上更女性化，贴近女性的视觉审美。

图3-4

2.产品适合谁用

不同的产品受众也不相同，他们的喜好、年龄等都会影响后期设计的视觉呈现。图 3-5 所示的美妆活动，商品都是推荐给时尚的、爱美的女性，那么在设计上就要找一些时尚的模特、活泼的排版、俏皮的文字来表现主题，以符合这部分人的审美习惯。

图3-5

3.1.5 消化需求

设计的风格是否适合，直接反映出先前对需求的消化、整理是否到位。在前期沟通中，从需求方处挖掘到的信息越多，在整理信息时就会有更多的执行参考。设计时，在基本的风格感觉出来后，应该与需求方进行初次沟通，并及时跟进，反馈、调整方案。

怎么找一个适当的切入点去执行设计，是大家在工作中常遇到的难题之一。

当遇到了下面的问题时，可能就是在对需求方给出的信息进行整理时，消化需求中出现了偏离中心的情况。

① 做出来的成品和需求方想要的出入过大。

② 做需求时脑子中有很多小想法，但是做完后直接被否定。

那么，或许下面的几招方法可以帮你更好地与需求方沟通。

1.关键词法

整理需求就是整理信息，消化之前分析的信息，对内容进行归纳。明确了活动目的后，需要把需求方给出的各种信息都在纸上罗列出来，提炼出关键词。

这个阶段称为归纳阶段，主要是将先前沟通中的零散信息进行系统的梳理。例如，有整体构思的、颜色的、元素的、细节等的信息，在整理出这些关键词之后，就要去消化内容，并对提炼出的关键词进行再整理，把抽象的文字整理成具象的画面，如图 3-6 和图 3-7 所示。

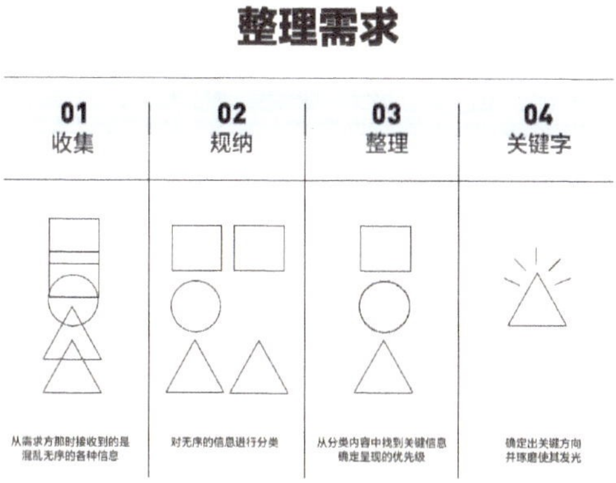

图3-6

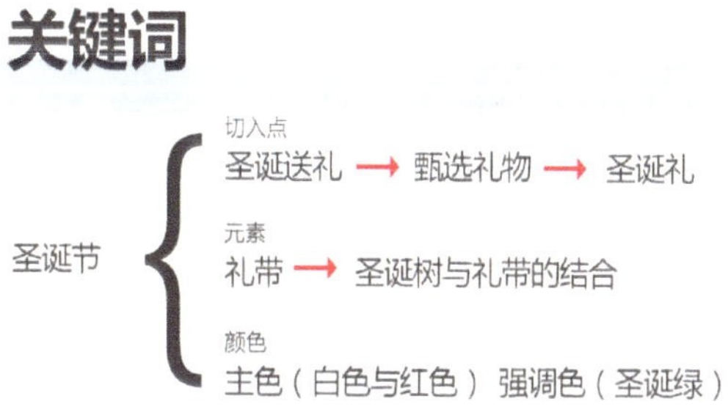

图3-7

2.参考法

大多数需求方并不注重前期的信息沟通，他们只看成品的效果是否符合自己的预期要求。遇到需求不明确的客户，可以根据自身的经验进行引导，找一些类似的参考图发给需求方，看看哪种风格是他们喜欢的，从而判断出客户的大概喜好，这样可以很好地避免设计成品与需求方的要求脱离太远的情况。

其实读者可以在完全了解了基本需求后，快速找一些素材或者图像拼凑出想要的感觉，并与需求方进行初期的风格讨论。这样做的好处是，整体的风格是建立在与需求方共同认知的基础上，可以明确做出符合或高于此类需求的设计效果。

3.1.6 跟进需求

做完设计工作并不意味着就完成了整个需求的设计。一套完整的大型活动的需求设计，从设计到执行，再到最后和前端、交互的配合跟进也是非常必要的。对于执行不同的需求设计，前期有效地与需求方进行实质性的沟通，是做好每个需求的第一步，也是最关键的一步。

电商视觉设计中考虑最多的是表达什么、怎么表达和表达给谁看这 3 个方面。在电商视觉设计中，视觉是一个广义的东西，主要看你做什么产品、产品的特点是什么、你要怎样去用图片解说你的产品、你的受众是怎样的，然后再来决定怎么传达你的视觉。所以，电商视觉更注重的是传达的功效。

3.2 丰富页面内容

讲故事的页面视觉是独特的、有生命力的。一个成熟的设计师不仅要有对作品完成后的解释能力，还要有能让设计作品讲故事的能力。当我们前期做创意发散的时候，有时总感觉做出来的作品没有亮点，表现手法和形式过于常规，那么，可以试着在整理需求的最开始，结合活动的本质和目的，给设计作品融入一个适合需求的切入点，让页面视觉去引导用户的视线、触发用户心理上的体验，试着给整体的页面设计一个关于需求和目的的故事。

这种设计方法不仅是让用户被动地去接受信息，而是通过视觉元素和形式的体现，把文案表现得恰如其分，把元素处理得恰到好处，勾起用户对设计情景的感知与回忆。

那么，怎么让作品讲故事呢？下面整理了 5 种方法。

3.2.1 图文配合

图3-8

好的文案就像是在特定场合对特定人群说的一句台词。它会让顾客看到后，眼前立刻浮现出“视觉感”，而后就是在脑海中出现的各种构思。

图 3-8 利用“剪刀”元素与满“减”的减字形成视觉上的带入感、听觉上的谐音，让用户感受到促销的力度之大。

3.2.2 内外统一

图3-9

如果说视觉是贴身帅气的外在，那么文案就是形容内涵的内在。合适的元素运用让文案和元素有整体的统一感。

图 3-9 所示是一个有关户外探险类的专题首屏设计，主元素是一双沾满泥土的户外登山鞋，表示探险的惊险和刺激，再通过后期在登山鞋上添加的泥土细节处理，使得元素与文案、画面与产品间的联系更加统一。

3.2.3 有情有景

图3-10

如图 3–10 所示，让故事在场景中发生。用生活中人们熟悉的场景元素所做出的设计，更容易被理解和接受，这是一种常见的讲故事的叙事手法，用户不需要花费时间与精力从头去熟悉故事环节，当视觉中呈现出某些经常出现的元素时，用户就有一种置身其中的熟悉感，直接提升了用户的感知、视觉记忆。

此方法简单来说就是用图说事，它消除了用户的深度阅读，减少了用户理性思考的时间，直接把人们的感受方式引向了对视觉元素的直接反应中。

现在是读图时代，很少有人会耐心地去仔细阅读大段文字。

3.2.4 有声有色

图3-11

如图 3–11 所示，声与色在讲故事的页面设计中，更像是对具体场景、具体事件的“再点播”。它结合了用户已知的熟悉场景，通过拟人化、夸张性、叙事性等表现方法，把用户引导至相应的氛围中，从而使用户在浏览时，有一种置身于此情此景的感觉。

资源下载验证码：71486

3.2.5 悬念迭生

图3-12

如图 3-12 所示，在以猜想、神秘为主的活动中，通过给整体视觉表现出一个“不能说的秘密”，就可以勾起用户对页面内容的关注和猜想，继而使用户持续关注。

3.2.6 处处有事

细节的表现也是博取用户眼球的一个重要因素，看似不经意的细节表现，有时却起到了画龙点睛的作用。

如图 3-13 所示，小白菜的表情细节透露出一对小白菜之间浓浓的爱意，通过对这样的细节刻画，给页面增加了更多的可看性。

图3-13

提示

电商靠低价的促销策略现在已经有些过时了。用户不再只把价格放在第一位，而是更关注产品的品质、品牌的独特性。给产品讲故事，为每个品牌发声，让设计为产品服务。当每个视觉页面都具有与众不同的外表时，其实也在间接提升着用户的停留时长、访问深度等数据指标。而这些数据的占比也可以反映出视觉风格、表现形式的可行性。

会讲故事的页面设计更像是设计师导演的一场戏，先要让自己“入戏”，沉醉其中（包括对需求的理解、对文案的叫好），这就好比演员在开拍之前去体验生活一样，快速地把自己带入剧中的角色，把自己当作故事中的某人，提前进入角色内心。会讲故事的页面可以很好地区别于常见页面中的立意，它更多的是通过深挖需求的本质，以最适合的视觉表现创作出来的作品，当然，这样设计出来的视觉作品肯定是有灵魂的作品。

3.3 重视首屏视觉

首屏是对页面空间的充分利用。首屏指的是用户在打开网页后不用向下滑动屏幕就可以直接看到的第一眼视觉信息。

首屏的概念最早出现在出版领域，被称为“头版”，是指报纸折叠售卖时，要把头版头条的内容放到最上面，读者会根据头版的信息来决定是否购买。任何设计都需要用媒介来呈现，杂志的设计需要考虑纸张大小、材质、修订方式及读者的阅读习惯等。网页设计同样也需要通过媒介去呈现，即各种分辨率及大小不同的显示器。

显示器的分辨率和大小直接关系到页面首屏的体验和大小。当用户点开页面，发现感兴趣的内容时，在相应的区域中，人眼视线的停留时间最多不超过 1 分钟。如果在较短的时间内，设计师没有把主要信息第一时间传达给最终用户，从信息传达的有效性来说，即使设计得再好、再酷炫，也会因为没有及时传递信息，而使活动的目的大打折扣。

图3-14

电商设计领域非常重视首屏的设计，原因是用户在浏览网页信息时，根据视觉习惯会按照从上到下，从左到右的顺序去阅读内容。当看到网站的第一眼时，用户首先会优先关注首屏的信息，因为它是整个页面中的第一层级，是重中之重，比起要拖动滚动条才会出现的第 2、第 3 屏的内容，首屏的重要性要更大，如图 3-14 所示。

3.3.1 首屏到底多高才合适

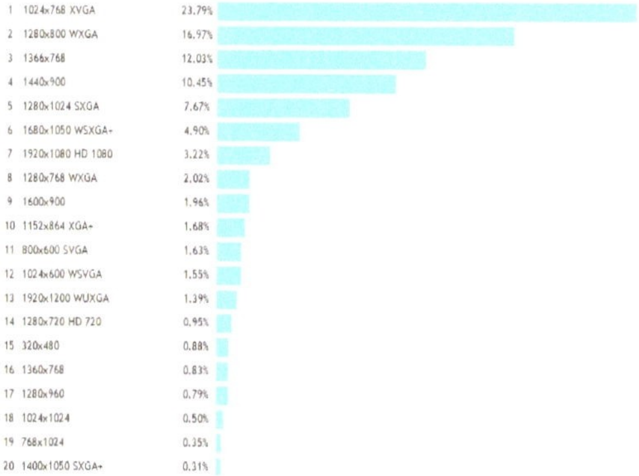

图3-15

首屏到底多高才合适？这个暂时没有具体的界定值（高度值尽量控制在 650 像素以内）。要了解首屏的高度是多少，首先要知道各种用户浏览的客观条件，如显示器大小、浏览器界面的默认显示等。要确定首屏的高度，就要结合一些用户计算机分辨率的统计数据来分析出大概的参考数值，如图 3-15 所示（仅供参考）。

与出版业的“头版”不同，互联网的首屏内容不是固定不变的，互联网用户复杂的屏幕分辨率环境，导致他们看到的首屏内容有很大差距。

由于用户使用的屏幕分辨率、屏幕大小不同，首屏的高度会有差别。根据相关数据显示，目前分辨率高度为 768 像素的占多数，所以，设计时会以 768 像素的高度为基准，除去浏览器本身包括的界面元素（菜单栏、工具栏、收藏栏等）所占用的高度，实际上，第 1 屏展示给用户的高度为 450~550 像素。当然这个数据不是一成不变的，它会根据用户屏幕分辨率的变化而做相应的调整。在设计时可将这个数值作为首屏的参考。

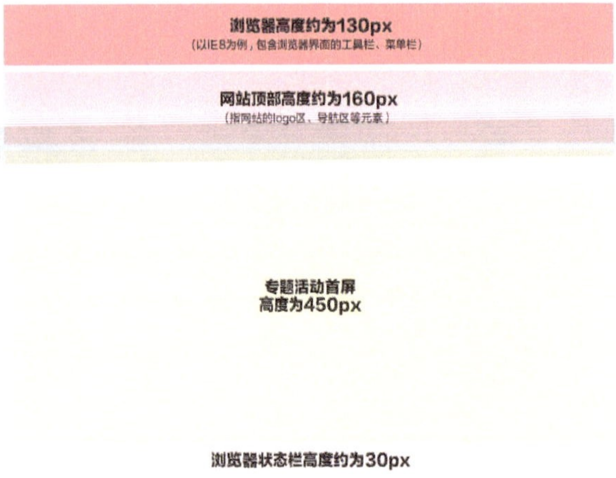

图3-16

根据现有主流屏幕分辨率的大小，结合浏览器界面中默认存在的状态栏、任务栏等的高度，首屏的计算方法如图 3-16 所示。

3.3.2 首屏是影响客户是否关注的要点

在以销量、点击量为主的电商专题设计中，用户通过入口打开页面后所看到的第一眼信息，能够吸引他们关注的有以下两种情况。

第 1 种：商品很诱人，是我想要购买的。

第 2 种：折扣力度很大，商品价格让我心动。

有些设计师可能会认为首屏设计并没有那么重要，他们认为用户会一直滚动屏幕直到找到他们所期望看到的内容。

如果你有这样乐观的想法就错了，建议你看一下雅各布·尼尔森（Jakob Nielsen）的研究报告。

雅各布·尼尔森是一位著名的研究网页易用性的专家，被誉为可用性测试的鼻祖。他在报告中指出，假使用户一直在滚动屏幕浏览的前提下，用户的注意力分布占比（首屏以上的内容关注度为 80.3%，首屏以下的内容关注度仅有 19.7%）差距仍然相当悬殊的。

3.3.3 首屏设计的重要性

首屏以上的内容关注度为 80.3%，首屏以下的关注度仅为 19.7%。首屏设计对每个需要提高转化率、商品销量的电商或网站都是极为重要的。首屏设计得是否引人关注，直接关系到用户对活动专题的第一印象，同时也在瞬间决定着用户是否愿意继续浏览并挑选商品。

所以，首屏设计的好坏，对设计师来说是一个很大的挑战，重视首屏的设计，在首屏设计上多花时间去揣摩，去表现，其实也是为整体视觉做出的一次前期风格的铺垫。

如图 3-17 所示，首屏设计的首要任务是把重要的活动信息直接呈现出来，让用户第一时间就能获取活动信息，第一眼就知道这个活动页面是做什么的，有助于用户购买商品。

图3-17

3.3.4 如何做好首屏设计

首屏设计既是第一屏呈现的内容也是页面整体风格的体现，当然，重视首屏设计并不意味着在设计过程中只要做好首屏的设计就够了。而是要让首屏的元素、形式、风格更好地融入整体页面，使页面更加具有整体性。

笔者刚开始接触电商设计时，总是缺少整体性的设计思维，每次都习惯仅做好首屏的设计，导致首屏与内容区有着明显的界限感，给人的感觉是互相没有联系，那时以为这样就算完成了需求。通过日后的学习和观察，笔者发现很多“大神”对于单页的设计讲究最多的还是整体性的设计思维，如整体性的创意思路、整体的元素共用等。

下面总结了 3 个首屏的设计规律。

图3-18

1.图文的精彩性

如图 3-18 所示，一个好的文案加上好的设计表达会让画面联系得更为紧密，更具看点，能起到 1+1 > 2 的效果。在本例中用抽象夸张的手法将土豪的阔气表现得淋漓尽致，插画式的风格使画面更具趣味性。

图3-19

2.折扣的吸引性

如图 3-19 所示，首屏设计是否吸引用户，其实还包括了运营活动的折扣是否能让用户感觉到实惠，毕竟在电商促销策略中，折扣仍是用户最关注的问题之一。

图3-20

3.首屏的非独立性

如图 3-20 所示，首屏的视觉元素以整束康乃馨为主，打破了首屏与次屏设计在色彩、线条上的中规中矩表现，让用户的视觉浏览体验更连贯和流畅。这样破屏的处理方式也会使视觉的形式更加灵活、自由。

图3-21

如图 3-21 所示，以攀爬用的绳子元素为主，将其贯穿首屏与次屏，打破首屏与专题内容之间的界限，使画面的冲击力更强。其中在画面中出现的绳子元素，更好地起到了引导用户视觉的作用。

3.3.5 首屏设计的基本点

图3-22

1.看全信息

既然首屏中是用户第一眼看到的信息，那么在设计的呈现中，就应当在第一时间把主要的信息、活动放在有限的屏幕高度中。

如图 3-22 所示，首屏的高度为 620 像素，超出了首屏设计的均值 600 像素。假设用户的使用场景是 13 寸的小屏幕电脑，那么 620 像素的屏幕高度意味着用户要拖动滚动条才能看全第一屏的信息。对于讲究高效的电商设计来说，要尽量避免这种情况，如图 3-22 所示。

2.吸引用户

首屏的设计不仅要注意屏高的因素，更要通过有意思的、有冲击力的画面去吸引用户并使用户停留，停留的时间越长，首屏的吸引度就越高，如图 3-23 所示。

图3-23

提示

首屏设计的高度并不是一成不变的，而是根据不同的设计需求和活动目的，可以灵活进行调整。最大化地利用好首屏设计的优势，发挥出"寸土寸金"的特点，也就最有效地突出了活动和需求的目的。首屏设计不应成为束缚整体构思的枷锁，而是在感性以外的理性化表达。

首屏设计是对空间的合理利用，就像麻雀虽小，五脏俱全；看起来不起眼，其实很全面；小而精致，且功能齐全。

3.4 让字体更多变

字体设计，让文字更多变。文字对于人类的发展来说是非常重要的一个载体，它不仅是信息传播的工具，也逐步有了艺术的气质，如书法。现代的平面设计中，字体的选择、排版和字体的设计都是比较重要的一环，它们在很大程度上决定着你的创意成功与否，有时字体的设计本身就是创意的过程。

3.4.1 字体的选择

中文字体大致分为 3 类，分别是古代字体、现代字体和变形字体：古代字体包括宋体、楷体、隶书、行书、草书等；现代字体包括黑体、微软雅黑等；变形字体包括造字工房劲黑、造字工房丁丁等艺术字体，如图 3-24 所示。

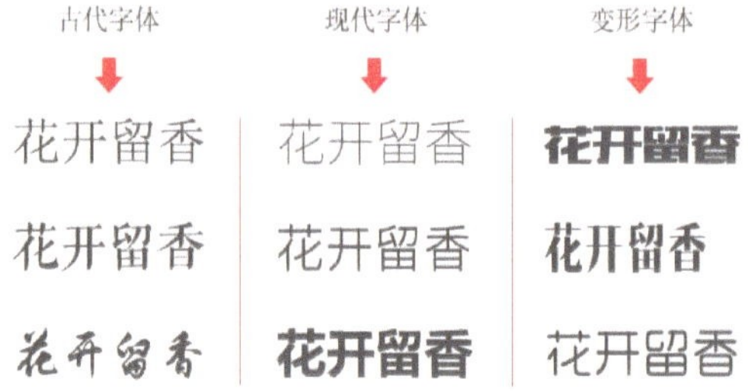

图3-24

英文字体与中文字体的分类一样，也分为古代字体、现代字体和变形字体：古代字体就是罗马体，又称衬线体；现代字体是以微软和苹果公司为代表的黑体；变形字体就是在英文字母的基础上进行艺术处理，与中文的变形字体相似，如图 3-25 所示。

图3-25

3.4.2 字体的性格

字体与颜色、形状一样也有自己的性格。根据字体的字形、大小就可以感觉出该字体的性格，如图 3-26 所示。

图3-26

字体在网页和专题设计中的应用可以为设计的风格提供辅助作用。如图 3-27 所示，英文的字体让人感觉很纤细、俏皮，搭配可爱、俏皮的少女，让整个画面更加协调且让人印象深刻。

图3-27

如图 3-28 所示，中文的标宋字体在这幅画面中用得恰到好处，让设计感十足的眼镜有种中国风，加上中文特有的竖排版和工笔式的花卉装饰，给人很传统的感觉，但又不缺乏时尚感。

图3-28

3.4.3 字体的规则

字体与颜色一样，在选择和排版上有一定的规则。在整幅画面中，字体最好不超过 3 种，因为字体字形是相对复杂的，如果字体过多，会扰乱画面的整体感，也对信息的传达造成阻碍。另外，有些字体是有历史背景的，不可以乱用，如隶书。同时，在排版上也需要设计师注意。

如图 3-29 所示，标题可以用粗体，也可以用细体，但正文不能用粗体，因为正文通常字号较小，而且内容较多，如果用粗体不利于用户进行快速的阅读和识别。

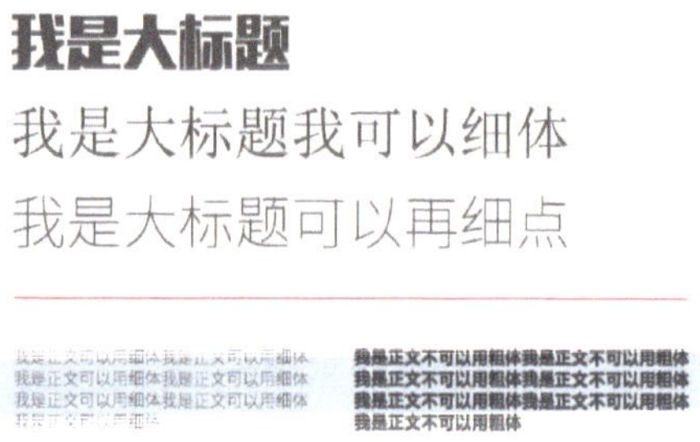

图3-29

3.4.4 字体的设计

对于网页设计师来说，字体设计主要使用两种方法：一种是完全从最基础、最原始的笔画开始设计，这样做的好处是可以设计得非常有设计感，并且独一无二，劣势是使用时间较长，笔画结构相对难把握；另一种是用现有字体进行修改，好处是能够很快速地进行设计，劣势是很难使你的设计给人眼前一亮的感觉。具体用哪种方法需要根据项目的综合需求来做决定。

下面介绍关于字体设计的几种方法。

1.结构变形法

结构变形法主要是重新构造字的结构，而不是用字库中现有的字体来修改。这种方法设计出的字体设计感强，内部笔画可以根据自己的想法进行灵活变化，如图 3-30 所示。

图3-30

2.笔画替代法

笔画替代法主要是在原有字体的基础上进行笔画修改替代，就像果树嫁接一样，用其他的字体笔画或图形来嫁接到选定的基础字体上，这样做出的字体速度快，艺术感较强，如图 3-31 和图 3-32 所示。

图3-31

图3-32

3.细节添加法

细节添加法是根据设计的主题进行细节修饰和装饰，最常见的做法是在笔画（横、竖、撇、捺）的端点进行添加细节元素，来达到让字体样式与设计主题一致的目的，如图 3-33 所示。

图3-33

4.笔画连接法

笔画连接法是字体设计中最常用的方法之一，适合初学者学习。首先需要找到一种符合设计主题的字体，然后在现有的字体上进行笔画的连接，这样做可以使词语形成一种图案式的整体，装饰性很强，如图 3-34 所示。

图3-34

字体的设计和再设计近些年发展比较快，也有一些专门从事字体设计的设计师在这个行业奋斗。其实，个人认为字体设计是平面设计中比较难的一项，因为设计师不仅要有自己独特的审美，而且还要有对结构的敏感性，另外，还需要研究一些著名字体的历史背景和设计过程。而对于网页设计师来说，字体设计虽然可以不用做得那么专业，但是也需要做到设计感和识别性兼具的程度。所以，做好字体的设计会给作品加分，也会提高设计的可读性。

3.5 留白也是一种艺术

3.5.1 什么是留白

留白的“白”指的不是颜色的“白”，而是空白的“白”，针对的是版式，如图 3-35 所示。

图3-35

留白指的是某个区域内无多余元素、四周空白的状态。从整体的视觉上看，如果没有给画面中“留出余地”，那么页面就会给人密不透风的感觉，让阅读和接收信息的人感到视觉压抑，最终导致信息传达的舒适度降低。

3.5.2 留白与简洁

简洁并不是简单，简洁的设计需要设计师仔细思考，把一些不必要、不重要的元素去掉，只保留必要的元素进行细致的刻画。

留白是把画面的主元素和其他次要元素间隔开，做到信息有主有次。没有做留白的页面通常存在的问题在于元素、板块间没有足够的呼吸空间。

留白，并不是刻意为之，这样会使画面显得空洞。留白，更多的是要注意元素与元素间的联系性。如果留白用得好，既能保持页面的联系性、一致性，又能使设计通俗易懂。

3.5.3 留白的6种方法

刚开始做设计的时候，笔者为了让页面更具“设计感”，总是在画面上添加各种各样多余的元素，结果导致画面视觉焦点过多、视觉很散，而且画面特别拥挤；需求方也不满意设计出来的效果，导致无休止地改来改去。后来，我从国内外优秀的设计作品中发现，它们都会留白，充分利用了纸张的空间、色彩的留白、边距的大小、字体的行距与版式等，只刻画一个视觉焦点，吸引用户的注意力。

1.留出来的主角

如果把留白比喻为一个舞台的话，那么相对空出来的便是画面的主角。对主角进行细节的刻画，对配角进行必要的弱化，是留白设计的必要过程。

如果整个画面塞得严严实实、密不透风的话，会让画面主次不分，并且显得拥挤和呆板，让人喘不过气来。图 3-36 所示是 Nike 的旗舰店铺页面设计，主角是 Nike 的标志，配角是用于烘托氛围的斑驳的墙面。

图3-36

2.留白即是留空

大面积的留白能让画面充满透气感，“空”无一物的画面更容易让人产生联想，就像大海的宽广、草原的辽阔一样，能给人无限的想象空间。假设画面中出现某个物体，人们就会立刻关注到它。

如图 3-37 所示，人物四周没有任何多余的装饰，主动留出空白可以让页面有精练、高雅的感觉。例如，在化妆品、奢侈品、服装类中常常会使用留白，传达出产品高级奢华、简洁时尚的概念。

图3-37

3.留出来的层次

如图 3-38 所示，留白有助于引导用户的视线，为设计建立层次感。

当主角元素的周围留出大面积的空白时，用户的视线会马上移到被留白包围的元素中，从而使主要内容更好地被用户关注到。

图3-38

4.留出来的颜色

留白，还可以用于突出颜色本身具有的色彩情感，让颜色更纯粹。利用有颜色的留白，可以带给页面均衡感，也可以使页面更加丰富。

如图 3-39 所示，番茄红的主题文案在松石绿的衬托下显得格外醒目，让人感到时尚而富于活力。中国传统纹理和颜色的运用，使得专题的中国风更为浓烈。

图3-39

5.留出来的风格

电商页面中的空间是昂贵的，给页面或主要视觉元素增加留白并不是所有需求方都能接受的一种设计方法。留白设计更多是建立在以追求“高大上”感觉为主的品类和活动目的中，大面积的留白处理能更好地突出品牌的调性和商品的特性。

图 3-40 所示的服装类目的专题设计中，整体以简洁的元素为主，没有其他多余的颜色，画面很干净。大幅面的留白处理，使得页面的整体风格更加突出，人物服饰颜色与绿色的对比更加明显，信息展示更加简洁。

图3-40

6.留出来的大气

敢留白：大量留白会使页面有空间感，不会因为页面内容密密麻麻而让人产生厌恶感。

尽量少用颜色：太多的颜色如果控制不好，很容易失去页面的整体平衡感。在设计前需要确定一个主色系和辅助色系。

使用最精简的元素：不添加无谓的设计元素，以免给用户造成视觉干扰，只保留核心和必要的关键元素，并且对关键元素进行细节刻画，如图 3-41 所示。

图3-41

3.5.4 留白在摄影中的运用

如图 3-42 所示，右侧大幅的空白，使得这幅照片中的男人被留白所包围，观者的视线都会被他所吸引。

图3-42

如图 3-43 所示，大面积的留白使观者的视线聚集于画面的左下方，留白的运用让观者联想到云峰的一望无际。

图3-43

3.5.5 留白在电商设计中的运用

越来越多的电商页面设计，对于留白的运用已是处处可见了。留白的设计已然成了提升店铺形象、强调产品特质的一种流行手法了。在电商专题“寸土寸金”的有限空间中，留白的应用也要协调好需求方的要求，适当运用。

例如，名品类、奢侈品类的电商专题中，因为推荐的商品大多是国际品牌，价格比较昂贵，所以在设计这类专题时，要敢于留白，用留白去提升页面和品牌的档次，如图 3-44 所示。

图3-44

在电商大平台的重点节日中，如天猫 2016 年的“双 11”主会场页面设计，大胆地运用了留白处理。整体页面中的主元素“50%OFF”四周留白很多。虽然是一场紧张的促销大战，但是设计师通过巧妙的颜色对比处理、合适的留白处理，给人传达出一种紧张之外喘口气的心理感受，如图 3-45 所示。

图3-45

总之，要根据活动目的、类目特性、活动规模等因素综合考虑留白的设计。

提示

留白是有力的设计手法之一，它使文字清晰易读，将观者的注意力吸引至某个部分，并且有助于打造整体氛围。

留白是艺术处理的表现手法之一，主要为了充分表现主角、形成视觉集聚点而有意识地留出“空白”。它能更好地突出主体、平衡布局，使元素能够更清晰地表达，更能吸引用户的关注。

过度留白会适得其反，使页面元素分散、画面不连贯。

3.6 不做“差不多先生”

对一个设计师来说，如何设计出“高端大气上档次”的专题，不仅是视觉上的呈现，还是产品的品质、文案的精准等诸多因素的完美结合。但作为一个视觉设计师来说，首先是让浏览者注意到我们的专题，然后浏览专题，进而有购买产品的欲望和冲动。因此，作为设计师来说，要做的第一件事就是如何让专题有足够的视觉冲击力。

3.6.1 文字中的细节

文字是页面中不可缺少的部分，是页面上最重要的部分，所以这部分细节是最基础的，也是最不可忽视的。网页上 80% 的信息是以文字形式传达的，任何网页元素都无法替代文字的作用。网页中文字设计的好坏会直接影响整个页面的视觉传达效果。

字号的选择是根据功能的需要而定的，字号越大给浏览者的视觉冲击力越强，大字号一般用于标题或其他需要强调的地方。小字号整体性强，页面易产生多个中心，缺乏美感，浏览时间略长易让人产生视觉疲劳。适合网页文字内容的字号大小为 12 磅，在一些特殊用途的时候可以设置为 14 磅，并且需要选择“宋体 Regular”字体，消除锯齿方法为“无”。因为过大或过小都会产生文字的变形，原因是文字是由一个个方形的像素块组成的，如图 3-46~ 图 3-49 所示。

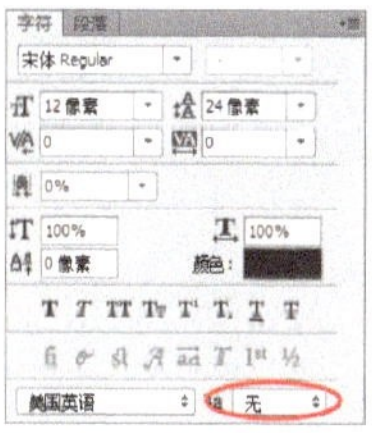

图3-46

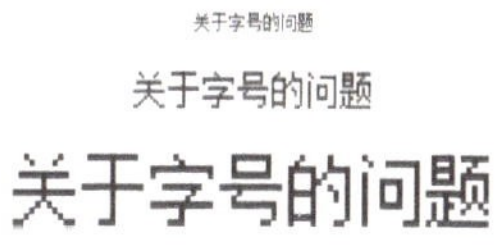

图3-47 12磅字的样式

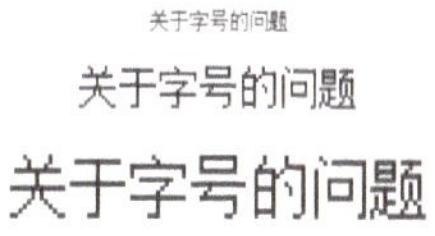

图3-48 14磅字的样式

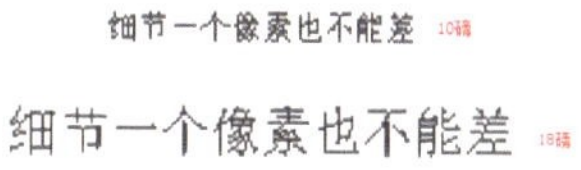

图3-49 10磅和18磅字的样式

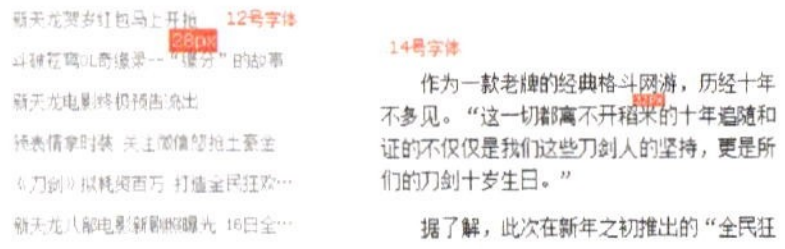

图3-50

文字的间距分为横向间距和纵向间距，即“字距”与“行距”。

正文与标题的字距应该通篇保持一致，字距太大或太小都会使可读性受到影响。行距的常规比例为 10 ∶ 12，即用字若为 10 点，则行距为 12 点。除了对可读性有影响，行距本身也是具有很强表现力的设计语言。有意识地加宽或缩窄行距，能够体现独特的审美意趣，如图 3-50 所示。

3.6.2 文字的对齐细节

文字的对齐方式一般分为 4 种：左对齐、右对齐、居中对齐和两端对齐。其中左对齐和两端对齐最为常用，因为这两种对齐方式比较符合人们的阅读习惯。

文字的排布方向主要有 3 种：横排、竖排和斜排。其中以横排为主，因为横排文字比较符合人们的阅读习惯。

如图 3-51 和图 3-52 所示的文字排列，大家可以看到红线标注的对齐方式。错落式排列并不是随便排，而是有对齐规则的，是在不规则中找规则，这样看起来的直观感受很舒服。

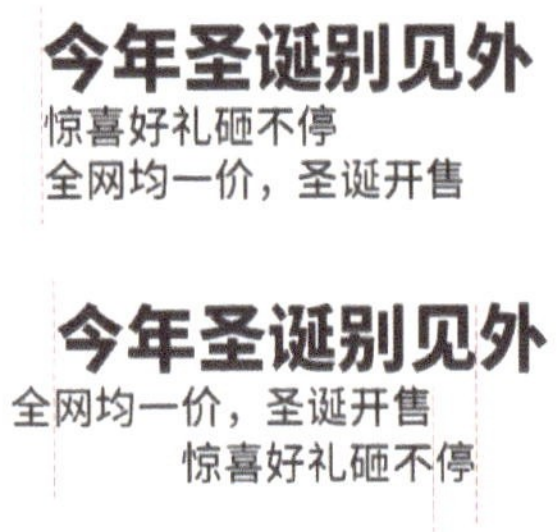

图3-51

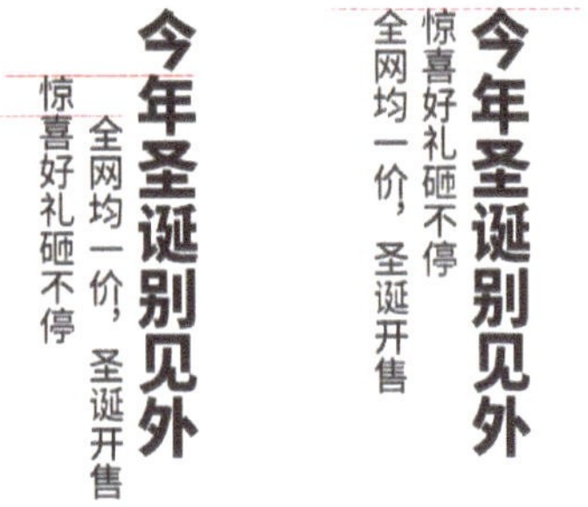

图3-52

3.6.3 字体的数量

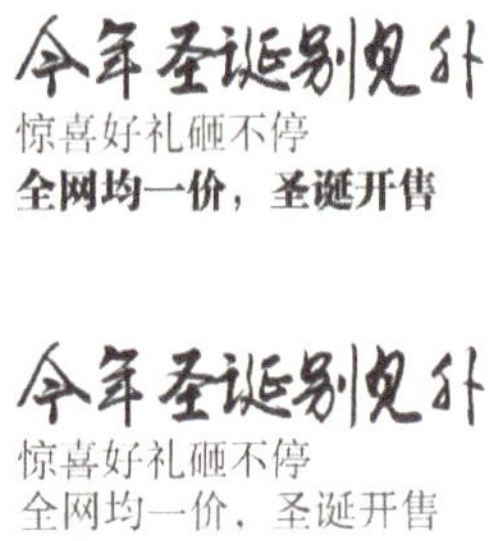

图3-53

在页面的排版中，字体的选择不要超过 3 种。大家对比一下图 3-53 中的上下两段文字，是不是觉得上面的文字主题不明显，而下面的就好一些？这里仅用了 3 种字体，如果是 4 种、5 种，给人的感觉则会更乱。

3.6.4 缩放后的图片细节

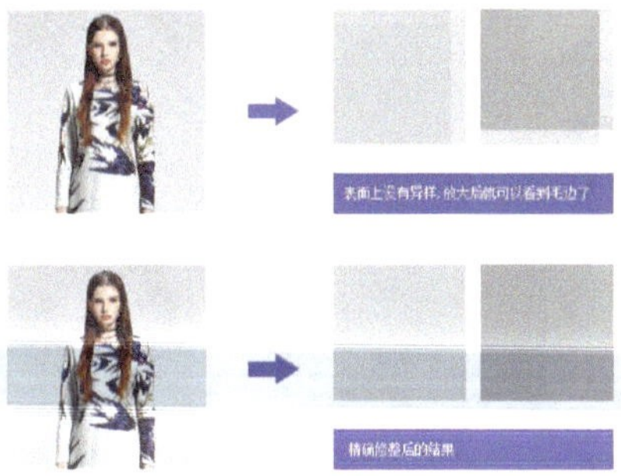

图3-54

对一个位图的大小进行调整后，正常情况下会留下 1 像素的毛边（如果细心的话），边界会变得模糊。如果继续调整，模糊度会加大。这个问题太不起眼了，以至于无法用肉眼看到，如图 3-54 所示。

3.6.5 关于边距与对齐

图3-55

设计师寻找灵感时，偶尔会随意、自由地拖拉或摆放区块、填色、绘制等，直到满意为止，在这个过程中会出现与“经验”挂钩的细小漏洞，如图 3-55 所示。

图 3-55 表面看上去没有问题，细看之下有点小别扭，放大后就可以看得清楚了。导航条中文字偏高、搜索框与导航条的边界没有对齐、搜索框中 Button 图标的距离也有问题，如图 3-56 和图 3-57 所示。

图3-56

图3-57

调整之后的效果如图 3-58 和图 3-59 所示。

图3-58

图3-59

3.6.6 善用软件的对齐工具和参考线

以上所说的一些细节问题虽然并不全面，却是网页设计中遇到的最多的问题。因此，大家在日常的工作中还需要多积累，利用好软件中的对齐工具和参考线，逐渐让自己的作品变得更完美，如图 3-60 所示。

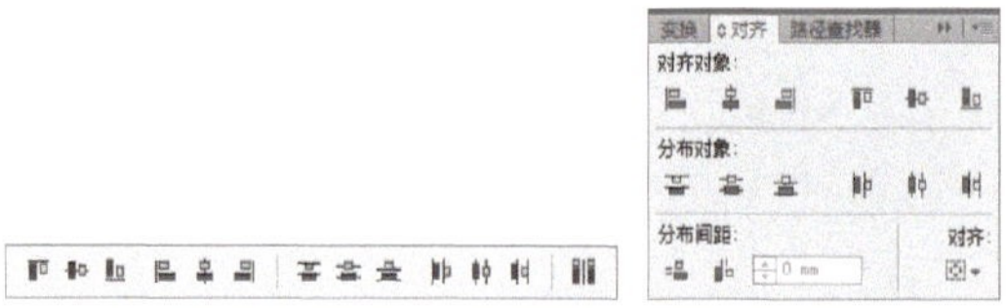

图3-60

3.7 做“适合”的设计

简单的东西往往能带给人们更多的享受，正如德国著名建筑师密斯所说的“less is more”，极简主义意味着用平静的思想带出自我的本真。

令人印象深刻的东西也许不需要过多的修饰和堆砌，这让我们顺其自然地将极简与留白联系在了一起。其实也不尽然。极简不等于什么都没有，而是恰到好处。

3.7.1 简洁的版式

一些设计师在设计时往往会出现设计过度的现象。更好的方式是像一个“懒人”一样去思考，图片放在这里，文字放在那里，让每一个元素都简单清晰，让两者的互相影响减至最低即可；而且这种设计手法可以让你一再使用，永不过时。下面看具体的例子，如图 3-61 和图 3-62 所示。

图3-61 修改前

图3-62 修改后

上图是一家室内家居专业摄影工作室的 Banner，修改前的设计是一种费力不讨好的设计。设计师选择了与内容毫不相关的字体及颜色，然后又加上背景及线条，希望使其成为一个有机的整体。其实，设计没必要搞得这么复杂。修改后的设计，图片异常抢眼，元素与版面风格配合，名称的文字同样醒目张扬，效果漂亮清晰。这是因为首先把一些不必要的元素“扔掉”了，如圆角矩形、横线、背景色等，只留下了有用的信息，使观者能够轻易地聚焦到设计者想让他们看到的信息上。另外还做了一些细微的调整，如图 3-63 所示。

图3-63

3.7.2 简洁的颜色

如图 3-64 所示，从画面中可以看到，颜色的种类非常多。

图3-64

图 3-65 所示的 8 种颜色只是从图 3-64 中提取的一部分，而且整个画面有 5 种色系，看起来很乱，让人不知道应该先关注哪里。

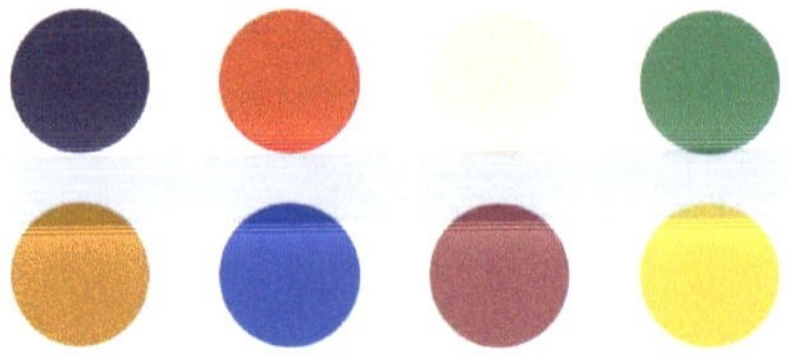

图3-65

这种配色无疑是不合理的，因此需要做减法。做设计其实与画画是一样的，有时候画得非常多，但是却没有重点。设计也是一样的，当我们做到一定程度的时候就要“扔掉”一些无用的、干扰人们读取信息的元素。所以，在一般情况下，色系不要超过 3 种。当然，如果你已经能做到很好地控制颜色的整体性，那么可以不用遵守这个规则。否则，颜色太多会对你的设计产生不良影响，因为人对颜色的感知是非常敏感的，过多的颜色会分散观者的注意力。

下面看几个优秀的作品，如图3-66~图3-68所示。

图3-66

图3-67

图3-68

上述几个作品的颜色都没有超过两个色系，但是画面中又不是只有两个简单的颜色，有的是色系中的深浅变化，有的是两个色系之间的渐变变化，这种变化非常微妙。而恰恰是这种微妙又让色彩变得富于变化。

3.7.3 简洁的质感设计

随着扁平化风格的崛起，设计中的质感表现也逐渐简洁起来，但这并不意味着没有质感，而是在质感的表现上越来越精致和扁平化了。如图 3-69 所示，图中的金属按钮在拟物化的设计风格中是比较常用的。

现在的扁平化风格使按钮更加清晰、简洁，如图 3-70 所示。这可以让用户在使用的时候目的性更清晰，操作更简单。

图3-69

图3-70

3.8 9招教你做好专题页——冰糖葫芦原则

单页设计，简单地将其比喻为在一张纸上进行的创作和设计。电商中的专题设计都是单页设计的一种应用。单页最早出现在平面设计中，设计师通过使用不同尺寸、材质的纸张，在仅有的正面和反面上进行自由设计，主要用在折页、宣传单、海报中。电商领域的单页设计，更像是对平面单页在使用环境上的升级，它不仅拥有平面设计中的所有设计规律，更有着网站设计的很多特点。例如，可以利用新的视差滚动和 H5 技术，使页面与人的交互更密切，也使用户在浏览页面时更像是在阅读一个故事，主要用于促销的活动页、产品介绍页、店铺首页等需求中。

单页的点，指切入点；单页的线，用于引出故事的情节；单页的面，指的是对整张页面的完成度。整体专题的设计，更像是对点、线、面的穿连。在设计单页的专题时，为了让首屏到次屏再到内容区间的视觉更加连贯和流畅，就要充分利用好局部对比和整体关系来使页面效果更加完整，如图 3-71 所示。

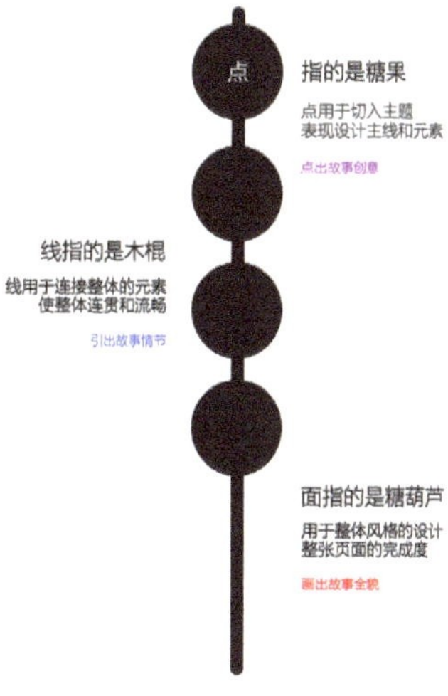

图3-71

那么，怎么才能做好一张专题页面呢？下面是笔者总结的 9 种方法，帮助大家梳理一下做专题的思路。

3.8.1 从头开始

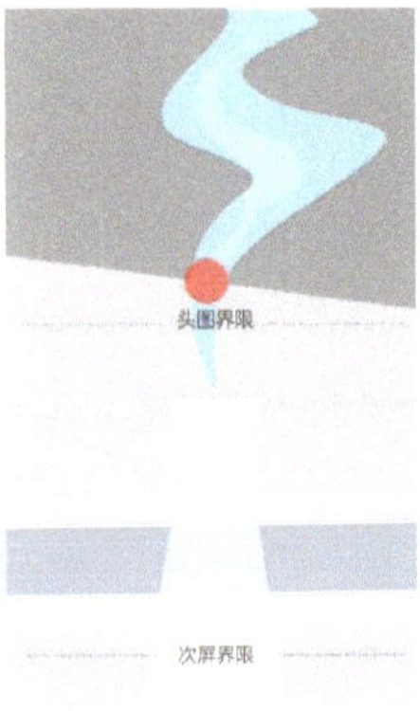

图3-72

专题的头图往往贯穿着整体风格，要让头图视觉元素和下面的内容有必要的关联。中规中矩的头图往往显得死板，要在实际设计中学会利用设计元素打破首屏（就是俗称的“头图”）与次屏的分隔，如形式分隔、线分隔等。

如图 3-72 所示，首屏的水流与次屏的瓶体形成鲜明的对比，巧妙利用首屏的水流元素（红圆部分），把两屏之间的视觉连通了起来。

3.8.2 让页面头尾呼应

图3-73

所谓承上启下，就是说页面中要有一个贯穿整体的主要元素去构成整张页面的视觉焦点，让元素头尾呼应、上下连贯，如图 3-73 所示。

专题中贯穿整体的元素，一定要在整体页面中一笔直下，一气呵成，否则就会出现断点的感觉。如果在实际需求应用中无法做到整体设计的表现，那么也应该尽量在局部或者某些元素的运用上做到这一点。

3.8.3 慎用多色背景

图3-74

对于平台型的活动单页来讲，经常会看到一些用不同色块分区的设计。当然，这样的处理方式是为了更好地分出不同的活动内容，也是设计的表现形式。对品类专题、店铺首页来说，多色块的分隔显然整体性会差一些。整体的单页设计大多用的是单一颜色的背景，尽量不要用色块进行页面内容的分区，如图 3-74 所示。

3.8.4 元素的统一

前文讲到，元素的重复出现是为了更好地连接由点到面的整体感。但是如果出现在整体中的元素是东拼西凑或风格千奇百变的话，那么单页的整体性会大打折扣。无论是排版、字体选择，还是按钮样式、色彩等方面都要做到一致性，这样的单页才是整体的。

3.8.5 高度与留白

图3-75

单页因把所有信息和元素都集中表现在一整张页面中，所以，单页设计注定是能超过 3 屏以上的页面设计。既然是长版的整体页面，信息量又都很大，那就应该对每屏的高度进行适当控制，保持屏与屏之间的可呼吸性和留白，给人们放松和喘息的空间，如图 3-75 所示。

3.8.6 整体性思考

页面设计强调的是整体从点到线、再到面的构思和表现，它不只是一个首屏视觉（头图）和内容区各自独立的体现，更多的是要求我们在设计中采用放大局部看细节、缩小页面看整体页面的方法去完成一个高超的、具有创意和实用平衡的页面设计。

3.8.7 注重形式感

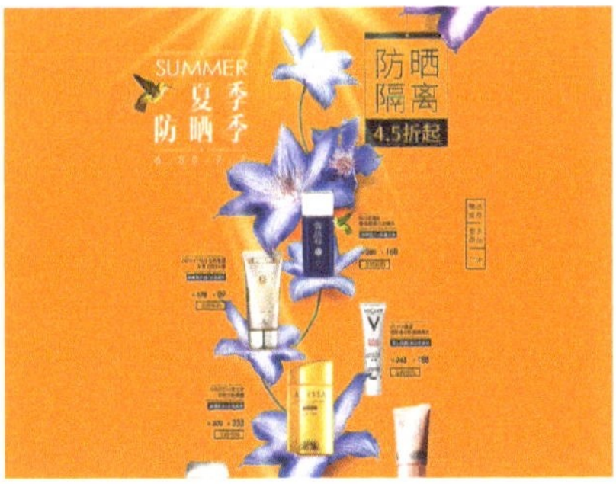

图3-76

单页设计的最大特点就是强调对整体形式感的表达。正是因为过分强调形式感的东西，所以，整张页面的效果就要具有十足的特色和精巧的创意性，才能避免流于普通的单页设计，从而吸引用户的眼球，让用户跟随整体的设计去感受完整的页面信息，形成对整张页面较完整的用户体验和视觉认识，如图 3-76 所示。

3.8.8 让页面故事化

设计单页页面时，在构思之初先给整体页面设定一个故事，让页面具有新颖的主题性，这样的单页给予用户的视觉体验会更好，如图 3-77 所示。

图3-77

3.8.9 单页发展新潮流

在页面中加入滚屏动画是单页发展的新潮流。滚屏动画的特点如下：它是用来循序渐进地讲故事，利用完美、顺滑的浏览体验，将各个内容无缝且精巧地连接起来；为局部的某些元素做分层的动画特效，使极简的、扁平的页面设计有了点睛之处。

3.9 7招高效工作的方式

3.9.1 设计沟通的3个原则

沟通的首要原则是准确而有礼貌地表达出自己想与对方沟通的意愿。

在工作中，很多时候因为一些原因，会用职位来称呼一个人。但是，做设计的人很不愿意别人称呼他们为“美工”。如果有人叫你“美工”，对做设计的人来说，那真是没法愉快地聊天了。若是遇到情商高的设计师也就一笑了之，但沟通兴致绝对受损。

很不幸的是，我们不得不承认，大多数从事技术或艺术工作的人都是智商高于情商。很多时候，也许你只是延续别人的叫法，说“美工，我觉得你做的图……”或许还没等说完，很有可能对方已经不高兴了，如何还能愉快地聊下去呢？对于其他职位的人来说也是如此。为了更好地沟通，对运营、策划、前端等都需要了解其最基本的禁忌。

1.分工明确

分工明确是为了明确自己的职责。这里介绍相关职位的叫法。

负责设计界面的，称为 UI 设计师，简称“UI”。

负责视觉设计的，称为视觉设计师或平面设计师，简称“平面”。

负责静态页面制作的，称为前端开发工程师，简称“前端”。

负责 Android 或 iOS 开发的，称为 Android 开发工程师或 iOS 开发工程师，简称“开发”。

负责软件 Bug 测试的，称为测试工程师，简称“测试”。

负责交互设计的，称为 UE（国内叫法）或 UX（国外叫法），简称“交互”。

由以上这些设计师组成的团队就称为 UED（用户体验设计）团队，如图 3-78 所示。

图3-78

2.明确沟通目的

明确沟通目的是为了更快、更好地完成项目。

对专题页设计师来说，主要是针对两个方向进行沟通。一是针对需求方，也就是运营、策划、产品经理等，因为专题内容、文案或项目原型都是由他们来完成的。有时设计师会完全按照需求方提出的要求进行设计，如风格、色彩、文案等。其实这是不对的，在我们看完策划或产品框架后，应该提出自己发现的问题，双方进行充分的沟通。例如，需求方为什么想要那种风格？对于这个策划，设计师是否可以提出更适合策划风格的设计？根据这种风格，色彩上产生了哪些变化，为什么这样设计？即便是文案上的语句顺序、促销语言，我们都可以与其探讨。二是针对前端。当我们完成设计后，需要前端的工程师制作页面，其中包括静态页面的切图、加链接等，还有就是实现页面的交互。在前端制作完成后，我们也应该对其进行检查，看看制作出来的页面是否与设计相符或链接有没有问题等，如果发现问题，要及时进行沟通、修改。

3.关于沟通的态度

关于沟通的态度，这里举 3 个案例进行说明。

案例 1：今天要交最终视觉稿，视觉设计师一直在调整，但直到中午还没有完成。这时，产品经理插入了一个紧急需求——“必须下午提交”。

A 同学：从看到这个插入需求就开始抓狂了，先是说：“老大怎么能同意插这样的紧急需求呢！”再接着吐槽之前的设计稿一直改来改去的，现在做不完了。抱怨的结果就是产品、技术和设计都站在后面听设计师的吐槽，然后由别人来解决。

B 同学：先评估了一下工作量，两个需求分别需要多少时间、今天是否都能完成，如果完成不了，再找产品经理确定优先级，最后将自己的评估结果与相关负责人沟通。结果就是，技术 Leader 同意把本该今天提交的需求延长到明天。

案例 2：项目组有一个微信群，其中有产品技术和设计师，大约 15 个人。大家习惯把需求想法都发到群里，设计师通常也会把设计稿放到群里审查。

A 同学：每次就把设计稿放到群里，让大家提建议，如果没人说话，就当完成了。这样的结果是设计稿被其他人的聊天岔开，或者是隔了很久，群里的产品经理或者技术才向设计师咨询设计稿的情况。

B 同学：把设计稿放群里后，会在群里介绍一下设计想法。如果群里没有人说话或者主要负责人没有说话，会重新 @ 他们。当大家讨论得差不多了，会发一封完整的设计邮件给大家。

案例 3：在项目组微信群里，负责远程的设计 Leader 让设计师提供一个 Banner 的 3 个不同尺寸。

A 同学：不理解要尺寸做什么，但是还是直接在群里报了 3 个尺寸数字。

B 同学：先打电话问 Leader 要 3 个尺寸的原因，原来是要给外包一个标准。于是 B 同学就把现有 Banner 做了一个规范图示，包括 3 个尺寸分别的用途及每个用处的注意事项和建议，然后附上多个示例。

以上 3 个案例分别说明了 3 个道理。

①让对方理解自己，找到解决方案。而不是一味地抱怨，工作中最无效的就是抱怨。

②让自己的成果有效地展示出来。

③理解对方的想法，多方面考虑，做出超出预期的方案。

面对同样的需求，不同的处理方式产生的结果不同，也会让自己在团队中的影响力不同。

3.9.2 巧用图层整理术

图层整理也是一种设计，是对图层结构的一种思考，它不仅有利于清理设计完稿后多余的设计元素和图层，还可以提高文件共享流程中协同修改的效率。

整理图层就像是整理生活中的衣柜，如果乱七八糟地堆放各种东西，那么在下次找东西时肯定无从下手，一是浪费时间，二是不知所措。

在设计工作中，你会遇到这样的情况吗?

当你拿到同事的文件，被眼前井井有条的图层结构所吸引，并且立马能找到相关的元素，这时你会感叹“哇，好专业的 psd 文件”。

但是，当你在遇到下面几种情况时，就会抓狂。

①在很多个图层中，找到 1 像素的小细节。

②打开 psd 文件时，运行速度特别慢。

③图层杂乱无章，没有分组整理。

如果你有图层不分组的坏习惯，那么就有必要从现在开始，好好整理一下自己的图层结构，以便让团队协作更快速和高效。

图层整理术的优点如下：提高团队协作能力；快速找到相关图层；文件更专业。

1.三招图层的整理方法

» 用前端开发中的代码对图层命名

分组时可参考网页代码的结构定义来对图层进行命名。这种定义分组的方式常用于网站界面设计中，根据前端代码的书写基础结构来对页面元素进行分组，可以更方便地与前端工作人员进行对接，如图3-79所示。

图3-79

» 按页面内容对图层命名

这种方式常用于电商类的专题促销中，以不同的区块进行命名，如头图区、内容推荐区、返回区等，如图3-80所示。当然，命名的方式不一定局限于此，重点是培养自己图层整理的习惯，利于自己，方便他人。

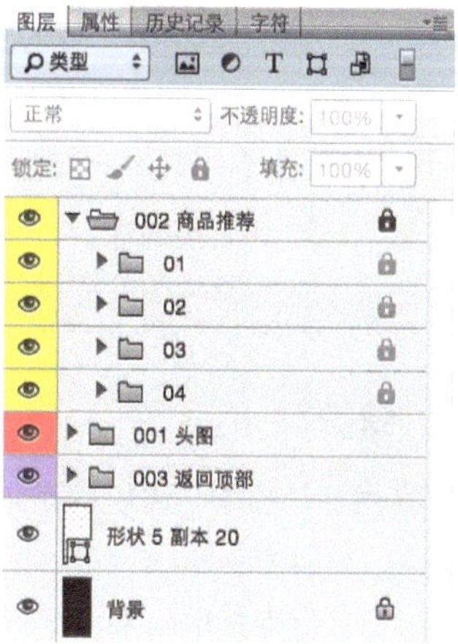

图3-80

» 对图层组添加颜色的区分

利用 Photoshop 的图层分组颜色属性，快速整理相应的图层。例如，红色组用于重点图层，蓝色用于区别次要图层等。

2.图层整理的两大好处

» 让每个图层都有用处

设计出稿前的最后一步就是梳理设计并删除多余元素。在最终完稿中，要对该文件中的图层进行必要的梳理和分组，分组建立图层组的最大意义在于逐一删除页面中多余的图层，使呈现在页面上的设计更简洁、实用。

在梳理图层时，可以发现在设计过程中有意或无意添加了许多重复的、无用的元素或图层，删除它们就是对设计作品的简洁化整理，不留多余的图层，让每个图层都有存在的意义。

» 提高工作的效率

图层分组的最大目的就是为了可以很快速地找到需要的图层，方便前端和其他合作人快速了解图层结构，找到相关的内容。同时，让自己更有逻辑性，更高效的工作。对图层的整理，更像是设计中感性与理性的思维碰撞，前者用于创造内容，后者用于整理内容。

养成良好的整理习惯有利与合作者和同事之间的协作，工作效率会相当明显。

3.9.3 工作中要保持的9个习惯

1.养成随改随存的好习惯

谁能保证自己的计算机不会卡机或死机？所以，建议大家经常进行保存。

2.对图层进行整理

对主要的图层进行命名及建立图层组，将源文件整理得“干净”“整洁”是每个设计师应该养成的良好习惯，这样在过了很久之后再回来修改文件时，才不会浪费时间。

3.画矢量图形就用形状和路径工具

通常大家是怎样绘制矩形的呢？其实有很多种方法，个人觉得使用“形状工具”是最好的选择。使用“路径工具”和“形状工具”绘图的好处在于设计稿经历了各种修改之后，图的质量依然不会受损。

4.记住常用的快捷键

记住一些常用的快捷键，可以提高工作效率。

Cmd/Ctrl + T：自由变换。

Cmd/Ctrl + S：保存文件。

Cmd/Ctrl + A：选择全部。

Cmd/Ctrl + D：取消选择。

Cmd/Ctrl + I：颜色反相。

Cmd/Ctrl + Shift + I：选区反相。

Cmd/Ctrl + 单击图层缩略图：选择所选图层的选区。

Cmd/Ctrl + Option/Alt + A：选择所有图层。

Option/Alt + 单击两个图层之间：剪贴蒙版。

Cmd/Ctrl + G：图层编组。

Cmd/Ctrl + Shift + G：取消图层编组。

5.备份好设计初稿和过程稿

设计师经常会遇到这样的情况：先前按照需求设计出的作品被修改了很多次，改到最后甚至会自问一句“这是我做的？”这里建议将自己的设计初稿、过程稿、确定稿、最终定稿文件都单独保存起来，以后可以留作对比，观察每个文件细节和处理的进步。如果当你遇到这样的客户：“确实不怎么样，还是用以前的吧！”备份好的文件就会帮到你。

6.将Photoshop的历史记录数值设置得大一点

Photoshop 中的历史记录数值一般都会设置为 100，以方便想回头重做的情况。尤其是在用过了“橡皮擦工具”之后，更会发现这样操作的好处。

7.习惯保存并整理参考资料

很多设计师都是从不断的学习和不断的临摹中成长起来的，设计一个作品前要看一些参考资料，这时有一个自己整理的网页设计图库将会更节约时间。这就得靠我们平时的积累了，看到好的网站建议使用浏览器的“整个网页保存为图片”功能将网页保存为无损 png 格式。整理时建议按照行业、颜色、风格分类保存，以便于日后查找参考。

8.使用智能对象

很多设计师明知智能对象很有用，但是不会常用，甚至是不用。智能对象的优点，在于它可以保留图像的源内容及其所有的原始特性，从而让你能够做出各种调整，同时不会损坏原始图像，并且可以恢复之前的对象。

使用智能对象会保留像素图像的特性。当图层中的内容表现效果最佳（质量最棒）时，非常适宜转换为智能对象，就算经过了大小调整，画质也不会损失。

9.使用调整图层

图层中的调整图层相对独立，混合模式、不透明度、设置都可以修改，比原图层直接修改更有效。不使用调整图层是个很不好的习惯。如果有一天客户说“我觉得还是上次那个颜色效果更好”，这时候你就知道不用调整图层的坏处了。如果直接在原图层内修改，是破坏性的编辑，以后修改起来很不方便。而调整图层则解决了这个问题，而且要记住，调整图层会影响位于它下面的所有图层。

3.9.4 找准素材和做好设计

做设计和做饭很像，做饭前需要准备好不同的食材；然后烹饪、出锅；最后整理厨房灶台。做设计也是同理，也需要先积累素材，然后构思、画草图、上手、完稿等。只有做好充分的准备，设计才能做得又快又好。

1.设计师脑容量的潜意识

所谓“工欲善其事，必先利其器”，做设计也是一样，前期素材的积累非常重要，一种是脑中素材的沉淀，另一种是脑中素材的积累。

一个设计师在没有好的思路时可以去看看优秀的作品，看得多了，总结的多了，脑中自然就会把看到的形式和亮点存储在潜意识里，积累得多了就会有意无意地将看到的东西表达出来。

2.开发脑洞很有必要

设计师要想提升设计效率，一个庞大的素材库是必不可少的。通过不断的素材收集去激发脑容量，开阔眼界，是设计师提高设计能力的一种学习过程。收集的素材可以在设计前期的分析和发散思路的过程中，以及救急逼稿的过程中起到很大的作用。

3.素材的整理方法

面对成千上万张图片时，如何对图片进行分类以便更高效地找到对应的素材，就显得格外重要了。首先，需要建立属于自己的素材库，把各种素材分门别类地整理出来，其中可以包括任何方面，如感兴趣的和所做的行业设计等。其次，需要明确存放位置，如硬盘、网盘或者是各种设计站点的个人账户中。

4.素材的分类方法

按设计类型分类，将平时收集的素材、作品按设计的类别去分类，如字体类、海报类等。

可以参考花瓣网的画板的方式去归类，一个文件夹对应一个类型。图 3-81 所示是笔者的素材库。

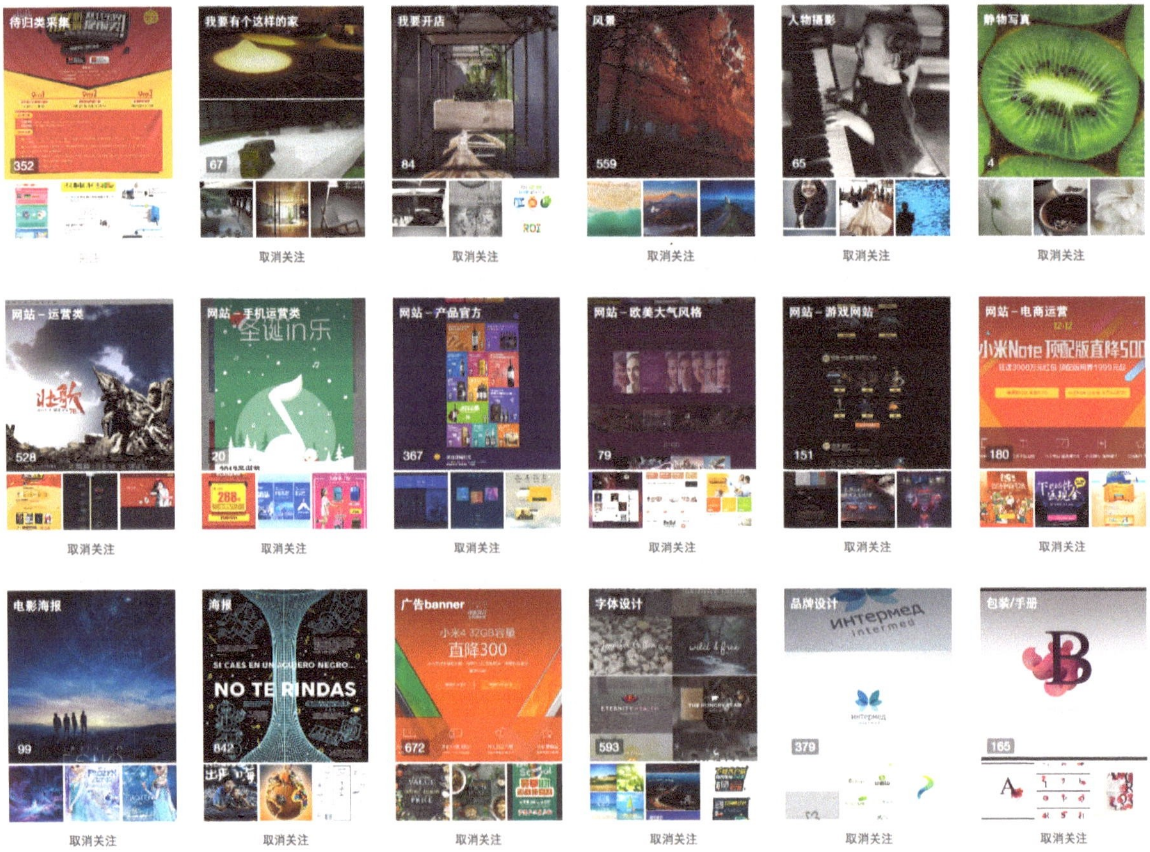

图3-81

总之，收集的素材要经常翻看，从中不断吸取新鲜的营养。每一次翻看和欣赏都会有不同的发现，有可能当时你不能理解的设计点，现在正在你的脑中植入。

5.逛好的网站

每个设计师或多或少都知道几个行业性的大站点，例如，视觉中国、红动中国、UI 中国等网站都是比较老牌的网站，适合从事平面设计类工作的设计师去逛。下面分享的几个网站在全球的传播力和影响力或多或少会更新、更全一些。

Behance（全球领先的创意设计类聚合平台）

dribbble （设计师必备站点，国内顶尖的设计师都在上面）

awwwards（精挑细选世界各地的最佳网站！并对其打分颁奖）

cssdesignawards（展示世界上最好的网站，激励全球的网页设计师）

pinterest（一个受世界瞩目的网站，全球最大的创意灵感图片分享）

uisdc（优设网）

zcool（设计师很多的国内网站）

6.没有想法就先停下来

做设计经常会遇到瓶颈期，这在某一阶段很正常，适当放松自己的身体和心态很有必要。当你遇到某个棘手的需求，苦于没有想法时，最好的解决方法就是让自己停下来，换个角度思考。

以下几招是笔者个人惯用的方法。

①离开你的电脑。

②去卫生间思考。

③和同事聊天。

④找个空闲的地方看本杂志。

⑤周末的时候去看展览。

⑥找个公司或者安静的马路放空。

⑦干点除了设计以外的其他事情。

3.9.5 4句设计箴言

笔者总结了一些自己的学习方法，总体围绕着多看（看素材图）、多想（想很多）、多做（做设计）的思路来进行。

1.要看理论

学习一些专业的理论知识，对设计师来说是非常重要的。用理论去支撑设计，反推设计，在理论中可以了解到不同规律和表现形式的要点。一个设计不仅要做对需求分析，解决好问题，更重要的是在做好形式的同时，慎用设计元素，让信息传达得更准确。

2.要看作品

平面作品中，需要仔细观察的是作品中的点线面、色彩构成等基础应用。广告作品中更多的是创意和概念的渗透；网页作品中要考虑到更多的交互性和布局的合理性；时尚摄影中可以看到更多时尚元素的使用、大牌感觉的调性把控等。也就是说，在每种设计中都有可学习和借鉴的地方。

首先，要去质量高的网站去吸收好的、养分足的知识，如综合类的 Behance、全球网页精选 awwwards，它们毕竟是国际性的设计站点，可学习的内容很多。通过观察和收集顶尖设计站点的作品，从中发现每个作品的亮点和新颖点，以及独特构思和设计手法的运用等，一定要善于把这些记在脑中。当时看到此作品时是哪些方面吸引住你？如版式、色彩、构思、手法等，然后赶紧截图保存。

在思考的过程中，要试着学会跳出设计看问题，可以把自己假想成需求方，站在他们的立场上去考虑设计，并且试想出不同需求方遇到的核心问题。例如，领导要把 Logo 做得大一些，用意在于突出品牌，但是在后期的设计中不一定非要把 Logo 做得很大，而是可以尝试给 Logo 添加辅助元素、色块等，从侧面来达到需求方的要求。

3.多做设计

进步最快的方式是在实际项目中去学习经验、验证理论、反思设计。

业余时间给自己定出阶段性的目标，然后以此为方向补足自己的短板部分。例如，想要让自己作品中的字体更有设计感，那么就可以通过后期的字体设计学习来增加在这部分的专业度，然后在合适的需求上消化这部分的成果。

4.多听意见

年轻的设计师在进步的过程中，会遇到很多优秀的同事和厉害的前辈，经常和他们沟通对年轻设计师的成长价值非常大，有时你走过的路、遇到的设计难题，那些优秀的同事或许已经早已遇到过。所以，经常与同行交流，积极参加各种类型的分享会是很有用的。听，就是要做到虚心倾听别人的经验、过程和想法。从中获取对自己有价值的部分，仔细思考，看如何能应用到自己身上，符合自己的特性，再去一一验证。

最后列举“十多”自学秘籍，仅供大家参考。

①多看：看好的作品和文章。

②多想：多琢磨别人的作品为什么好，分析细节，看作品不是“蜻蜓点水”。

③多练：软件要多练，设计要多练。

④多抄：看到好的设计、色彩、版式等，可以试着先模仿，但是要注意不是纯粹的照搬过来，还应该加入自己的想法。

⑤多说：多沟通，与别人交流设计想法，交换意见，善于表达自己的设计，善于向别人阐述自己的设计观，用语言总结自己的设计。

⑥多问：遇到不懂的问题多向同事和前辈请教，遇到一个消灭一个。

⑦多跳：这里指的是跳槽，一旦这个公司没有比你强的，就可以考虑跳槽了，“宁为凤尾、不做鸡头”。

⑧多听：听讲座，听客户的意见，听别人的建议。

⑨多走：有机会出去旅游，去大城市或者较远的地方走走。

⑩多藏：好的图书、画册，哪怕一个好看的烟盒，都可以收藏；好的网站、素材等统统收藏。

第4章

节日活动类案例

分析与制作

4.1 中国传统风格——元旦活动专题页面

元旦时，策划们要做一个以全品类为主的大活动，风格上想要一种与众不同而且带有中国风的感觉。因为活动正值元旦，策划给的建议是尽量让页面有内涵、有寓意，效果如图 4-1 所示。

图4-1

4.1.1 设计思路

1.分析术

明白了客户的基本诉求和活动目标后，通常会先看一下活动的框架图，了解专题页面的板块及区域的划分等。这么做的目的是让自己对需求的难易度和设计时间做到心中有数。一般来说，对于大型主站的活动，会给设计师安排出一周的时间，但是要在两天内把主体风格定下来，与策划确认大概风格是否匹配，然后剩余的时间进行整体及细节的刻画。

2.整理术

» 切入点

元旦，新一年的开始，它在中国传统里也有“一元复始、万象更新”的寓意。说到中国风，首先会想到水墨、书法、印章、国画、墨迹等设计元素。

» 关键词

脑海中突然闪现出“新的一天”这个概念，感觉很贴合“元旦来银泰”购物的感觉。有了一个切入点后，剩下的就是如何一步步地去执行了，关键词如图 4-2 所示。

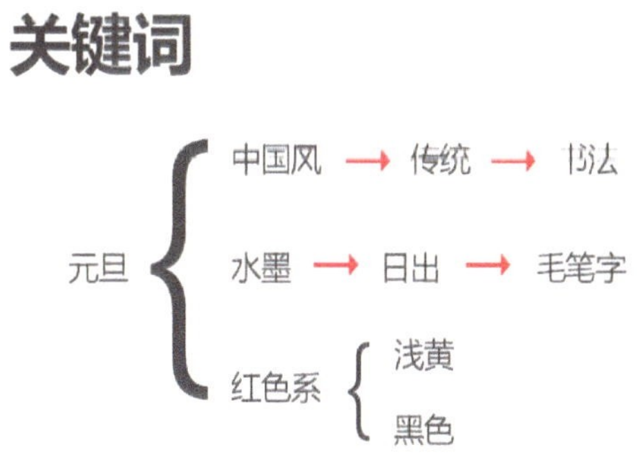

图4-2

提示

首先去琢磨需求方在与你的沟通中，给你的各种信息点，各种形容词。接着在脑中进行思考，先整理出各种你能想到的关键点，有比喻的、有颜色的、有元素的、有形象的，再去逐个筛选分析，逐个整理，把杂乱无章的分析，整理得井井有条。最后使用草图大概画出当时的构思布局、版式元素等。

整理出来的草图如图 4-3 所示。

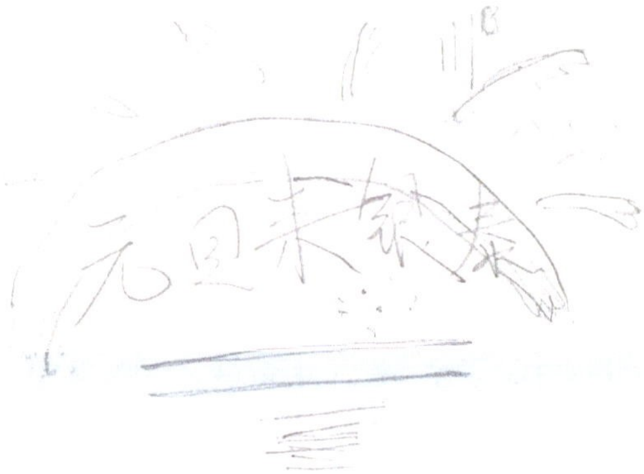

图4-3

提示

由于电商专题页面具有营销和生存周期短的属性（长则一周，短则一天），所以，设计的时候仅靠那些正规图库有时根本解决不了自己原创的需求，于是我们要从一些其他渠道找一些设计使用的素材。

4.1.2 页面分析

1.配色方案

如图 4-4 所示，主色用纯度和明度都不高的浅米黄色突出宣纸的材质感，同时用浅米黄色铺满整个页面，给人整体中国风式的古色感觉；辅色用比主色明度深的棕色，强调页面中的活动板块；突出色以纯度较高的中红色为主，作为点缀元素应用。

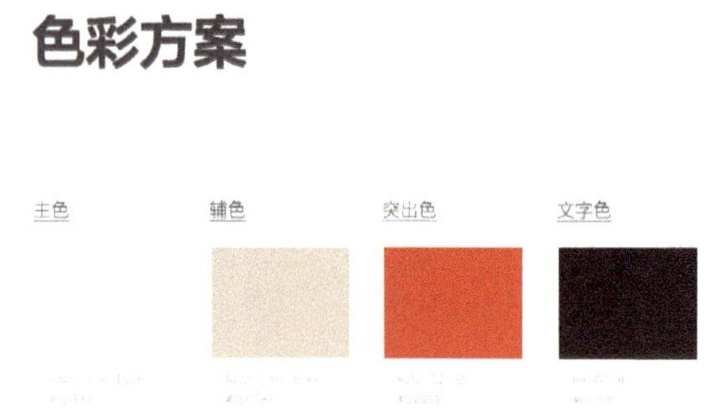

图4-4

2.页面布局

页面布局如图 4-5 所示。

图4-5

4.1.3 绘制过程

实例位置：实例文件 >CH04>4.1 源文件 .psd、4.1 效果图 .jpg

» 水墨山的制作

01. 启动 Photoshop 软件，新建宽度为“980 像素”，高度不限的画布，如图 4-6 所示。将前景色设置为浅米黄色（R:243，G:237，B:228），按 Ctrl+J 快捷键将背景图层复制一个，命名为“宣纸”。

02. 宣纸带有杂点及颗粒感，要做出这种质感，可以通过“添加杂色”来模拟颗粒感，执行“滤镜 > 杂色 > 添加杂色”菜单命令，在打开的对话框中设置杂点的“数量”为 3%，分布为“平均分布”，勾选“单色”复选框，如图 4-7 所示。

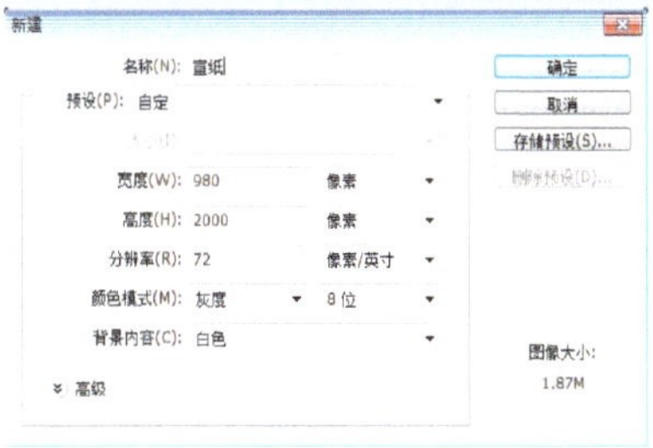

图4-6

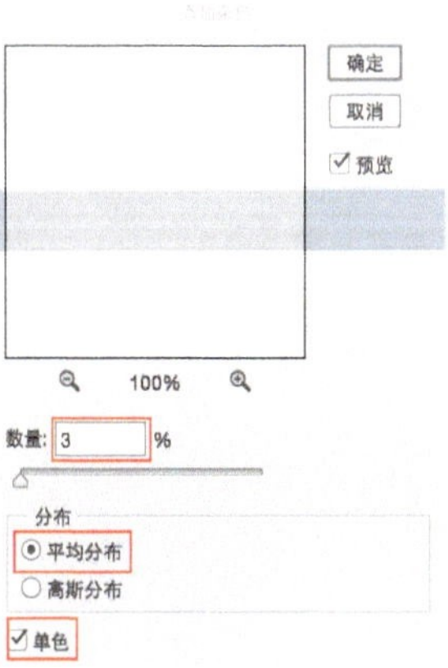

图4-7

03. 执行“图层 > 图层样式 > 图案叠加”菜单命令，选择“画布”图案，同时将混合模式设置为“点光”，将“不透明度”设置为 55%，如图 4-8 所示。为了查看材质的细节，把图案进行放大，看到的宣纸效果如图 4-9 如示。

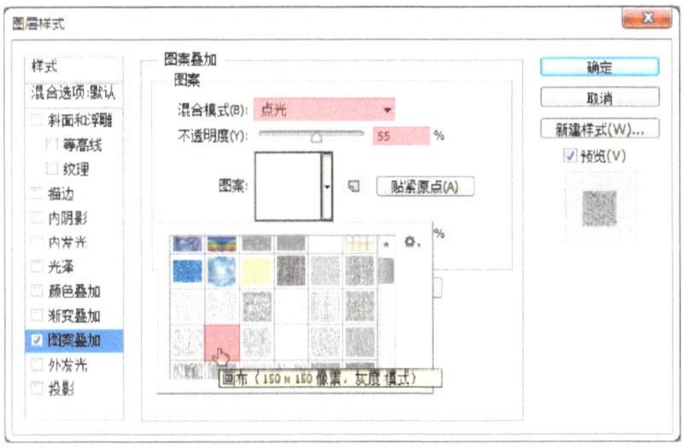

图4-8

图4-9

提示

如果没有“画布”图案，可以在图案预设框中载入“艺术表面”图案，然后在预览框中进行选择即可，如图 4-10 所示。

图4-10

04. 上一步中模拟出了宣纸的肌理感，下面通过使用水墨笔刷来绘制出水墨太阳的效果。选择“画笔工具”，在弹出的面板中单击右上角的按钮，选择“载入画笔”选项，将下载好的“太阳画笔”载入，如图 4-11 所示。选择该笔刷，将前景色设置为红色(R:235，G:50，B:35)，在画面中单击鼠标，该笔刷效果就呈现在画布上了，如图 4-12 和图 4-13 所示。

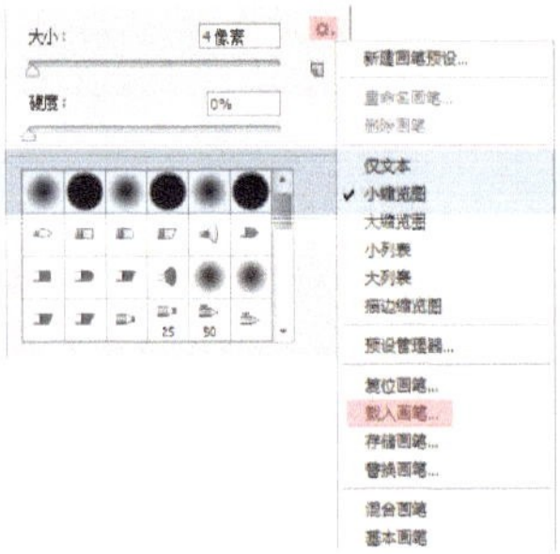

图4-11

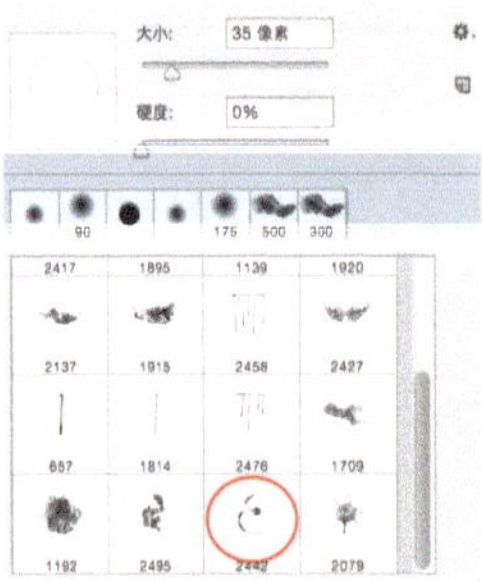

图4-12

图4-13

05. 按 Ctrl+T 快捷键将该图层水平向右旋转 45° ，移动到画面的中央。使用大小适合的“柔边橡皮擦工具”擦去下面的多余部分，仅保留上方的半圆形即可。擦掉下面的多余部分后，使绘制出来的效果有了日出的朦胧感，如图 4-14 所示。

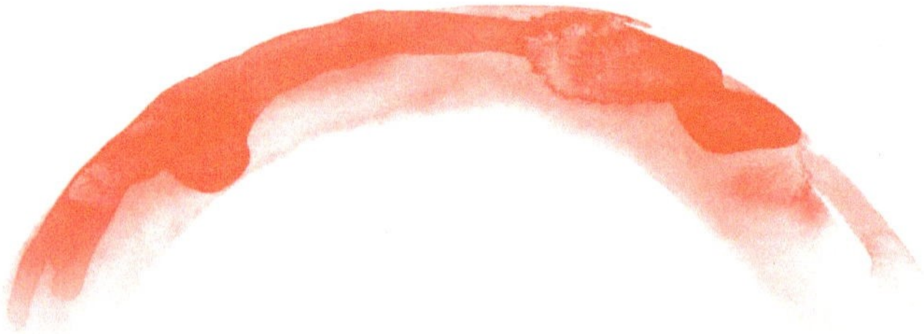

图4-14

06. 新建图层，选择“画笔工具”，使用大小适合的“柔边笔刷”在水墨太阳的上方涂出一个圆形区域，将“不透明度”调为 85%，将前景色设置为黄色 (R:250，G:210，B:20)，用来表示日出时的光芒效果，如图 4-15 所示。

图4-15

07. 选择黄色光晕内部图层，单击鼠标右键，在弹出的快捷菜单中选择“创建剪贴蒙版”命令，将刚才所绘制的圆形置入太阳水墨，如图 4-16 所示。水墨太阳和光辉的最终效果如图 4-17 所示。

图4-17

（方法同上），将笔头的大小调为 300 像素，如图 4-18 所示，笔刷的样子。切换到“橡皮擦工具”，使用“柔边笔刷”擦掉即可，如图 4-19 中红圈所示部分。

图4-19

明度”设置为 25%，按 Ctrl+T 快捷键调整一下小山的角度，使其看上去是正的，然后几层，使其可以形成一组一组的小山丘效果。调整图层的大小和不透明度后，会给人如图 4-20 所示。

提示

这里应该注意的是山与山的间隔，还有不透明度的调整及位置的摆放等，要让人有一种层叠的很远的山海的感觉，但是不可过多、过大，要注意山与整体画面间的留白和局部的对比。

图4-20

10. 左侧的群山效果有了，然后使用相同的方法复制一组到右侧的画面中并调整位置，这样的处理使整体画面更饱满和均衡，最终效果如图 4-21 所示。

图4-21

» 光线制作

11. 新建图层，将前景色设置为黄色（R:255，G:185，B:15），选择“画笔工具”并在画布的空白处单击鼠标右键，在出现的画笔框中选择粗边的“圆形钢笔笔头”，将“大小”设置为 70 像素，如图 4-22 所示。通过控制鼠标的走势绘制光线，绘制的光线要尽可能弯曲，不宜过直以免显得僵硬，要让光线看起来更随意和自由，如图 4-23 所示。

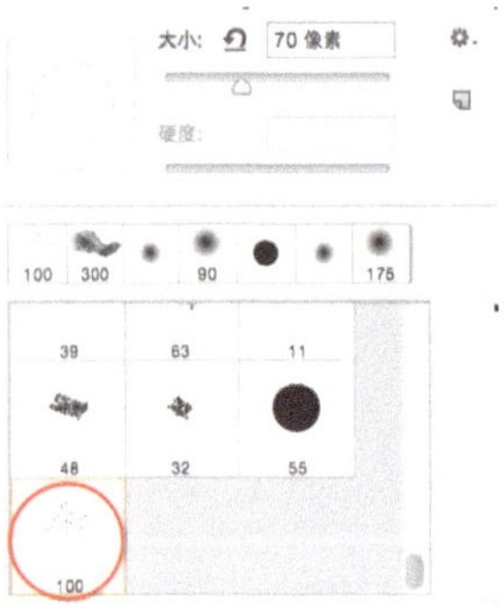

图4-22

图4-23

» 书法字体设计

12. 通过在线书法生成网站“快典网”输入想要的文字，再选择字体的基础体，如是行书还是草书、隶书等，具体选择根据设计需求和个人需求而定，然后单击“立即生成”按钮，即可在该站点内生成所要的基础字体。生成后如果觉得某个字形不好看，也可以在字体上单击，重新选择其他字形，如图 4-24 所示。

图4-24

13. 将生成的书法字体导入 Photoshop，设置字体颜色为黑色，添加“描边”样式，“大小”为 1 像素，“位置”为外部，使字体更黑、更粗一些。按 Ctrl+T 快捷键对字体进行调整，使其看起来更有层次感，再灵活调整一下文字的上下位置，使局部的排版更灵活。把活动主题中的“来”字比例调大，其他 4 个字比例调小，用于突出主题文案中“去”购物的隐喻，如图 4-25 所示。

图4-25

14. 在书法字的图层上添加“图层蒙版”，然后选择“橡皮擦工具”，单击鼠标右键，选择“粗边圆形钢笔”，设置“大小”为 60 像素，分别对这 5 个书法字的局部进行擦除。这一步中可以自己去尝试擦掉多少，只要整体文字看着比较协调即可，这一块的操作比较随意，才更能显示出个性，如图 4-26 所示。

图4-26

15. 使用收集的各式书法墨迹元素给书法字体添“血”加“肉”，使得书法字体有一种挥毫泼墨的气势感，如图 4-27 所示。

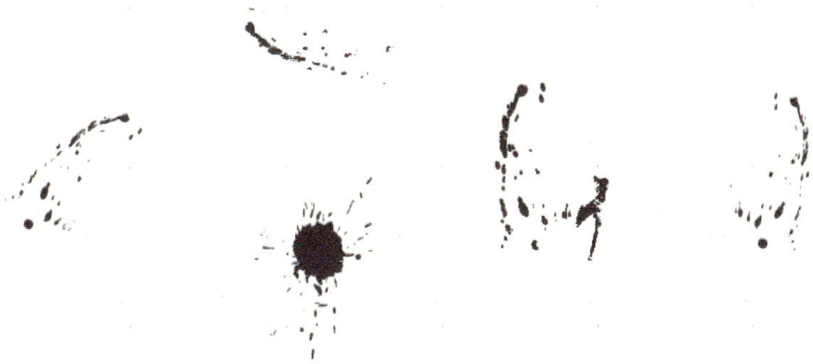

图4-27

16. 文字加了墨迹的最终效果，如图 4-28 所示。

图4-28

17. 首屏的主体元素已经完成了，下面来添加活动中的折扣和辅助的装饰文案。使用“横排文字工具”输入促销内容，字体为“楷体”，字体的颜色设置为红色（R:217，G:5，B:6），如图 4-29 所示。

图4-29

> **提示**
>
> 将折扣力度字体放大处理，目的是让用户在快速浏览中也能找到重点信息，其他次要信息使用黑色弱化即可。最后加的居中排版的 3 行英文字母是用来装饰页面的。别小看这些细小的英文，它的出现可以提升画面细节。有的时候英文可以加，但不是为了加而加，要把它当成一种设计元素，它是为了提升画面、补充画面的层次感而存在的。

18. 由于篇幅有限，这里着重讲解的是首屏元素的设计，页面其他板块的设计效果比较简单、易懂，此处不展开详细讲解。总之，页面的整体设计思想就是以中国风、书法字的表现来做设计，使整体的中国风韵味更突出。最终效果如图 4-30 所示。

图4-30

思考 中国风在电商设计中的应用还有哪些好的案例？

大气的页面要注意哪些？

4.2 温情动人风格——母亲节活动专题页面

母亲节是感恩的节日，感谢母亲给了我们生命，母亲节活动专题页面效果如图 4-31 所示。

图4-31

4.2.1 设计思路

1.分析术

母亲节是一个浓烈而又温馨的节日，在笔者的记忆中，许多人在母亲节这一天都会手捧鲜花送给自己的母亲。说来惭愧，我还不曾在这一天给母亲送过任何礼物。我想通过这次设计，把自己的情感融入画面。

运营给的需求建议是，想让活动更有人情味、更动情，区别于其他电商平台的母亲节设计，削弱打折促销的活动氛围。

2.整理术

» 切入点

印象中有关母亲节、父亲节的这类专题，设计师大多都会选用带有温情感的图像去烘托主题，带入情感，但是这样的表现形式有些传统，而且由于画面过于写实而缺乏创新，不能表现出与众不同。我想要做出具有温情的画面，以情动人，这些关键词在我的脑海中一直闪现，眼前浮现的是节日当天，儿女们送康乃馨给母亲的温情画面。

» 关键词

想到此不禁欢跃起来，“母爱之花”就是这个设计的切入点。画面主元素用康乃馨来象征母爱，表达出[illegible]母亲的祝福，整理关键词如图 4-32 所示。

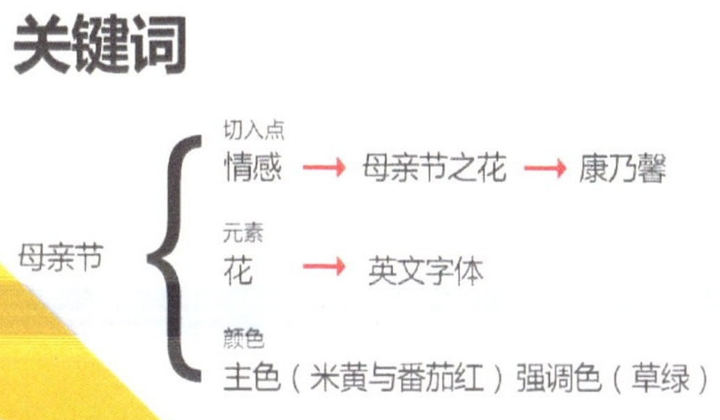

图4-32

以[illegible]深层印象的场景、物件等，使用最纯粹的元素、细节、色彩将观[illegible]的情感记忆。

4.2.2 页面分[illegible]

1.配色方案

如图 4-33 所示，主色用纯度较高的玫红色，给人一种热情而充满活力的印象；辅色以浅黄色为主，淡雅而亲切，更好地衬托主色与突出色的颜色特性；突出色用中明度、高纯度的黄绿色，给人一种清新感。整体上给人传达一种既温馨热烈，又有情怀的感觉。

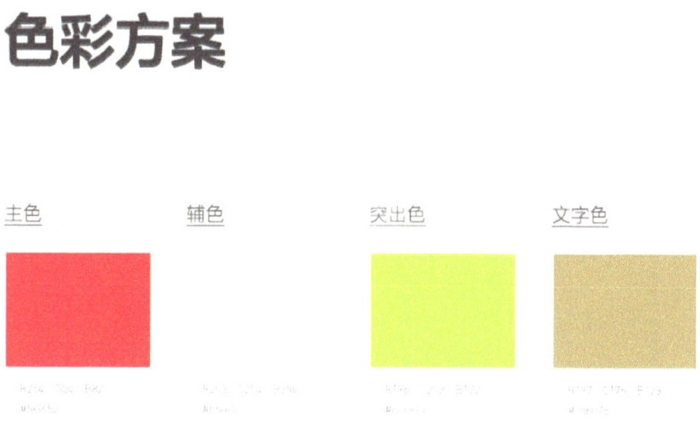

图4-33

2.页面布局

页面布局如图 4-34 所示。

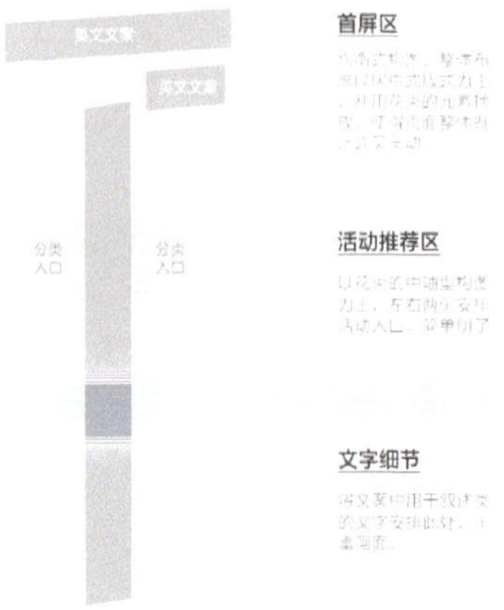

图4-34

4.2.3 绘制过程

实例位置：实例文件 >CH04>4.2 源文件 .psd、4.2 效果图 .jpg
素材位置：素材文件 >CH04>4.2 素材

» 层叠文字效果处理

01. 新建宽度为“980 像素”，高度不限的画布，背景颜色设置为奶油黄色（R:254，G:254，B:224），使用“横排文字工具”在画布上依次输入英文字母“MOTHER' S DAY”，再使用“移动工具”选中所有字母，打开文字面板，设置字体为“Arial Rounded MT”，字号为 217 像素，将颜色设置为（R:255，G:54，B:82），调整字与字的距离。初步得到“层叠式”文字效果，如图 4-35 所示。

图4-35

提示

图层就像堆叠起来的透明的图画，不同的图画上有着不同的内容。针对单独图层进行操作时，不会影响到其他图层。最后将所有图层叠加起来，通过移动各层图画的相对位置即可改变最后的合成效果。

02. 在构图设计中，横平竖直的排版会使文字略显呆板和普通，本案例中对所有字母做斜切式的设计，从构图上打破平衡感，让画面更活泼、更具冲击力。首先，对字母做变形处理，单击“移动工具”并选中所有字母，按 Ctrl+T 快捷键进行调整，此时发现字体的四周有 8 个空心的角点，把鼠标移动到字体右侧，按 Alt + Shift 快捷键，向右上角斜切 6°，如图 4-36 所示，按 Enter 键回车确认。

图4-36

提示

怎么才能快速找到所要的图层呢?

在 Photoshop 中先选择“移动工具”，然后在工具条中勾选“自动选择图层”复选框即可。当有很多图层时，可以通过移动工具，在所要选择的内容上轻点一下，就会自动跳到所在的图层。

怎么才能快速选中多个图层呢?

方法也是类似的，需要先勾选“自动选择图层”复选框，然后选择“移动工具”，画出一个选择框，凡是在这个选择框中的内容，都会被一起选中。

养成给文档中的图层命名和建立图层组的习惯，一是通过图层组的折叠功能，有利于快速找到对应图层，二是有利于完稿输出前整理设计上的细节，把多余的图层扔掉，简化设计，减小文件体积。

03. 为了让斜切的字母与背景间有层次的变化，给所有字母添加“投影”样式，同时也增加了字母在画面中的空间感，设置其“不透明度”为 8%，“距离”为 40%，“大小”为 28%，参数设置如图 4-37 所示，效果如图 4-38 所示。

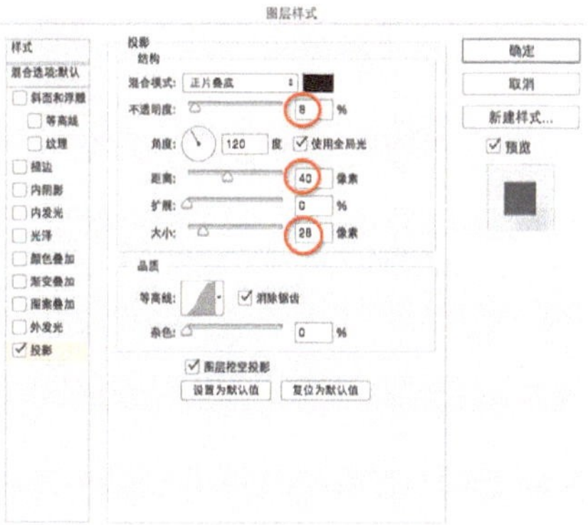

图4-37

图4-38

图4-39

04. 通过图 4-38 我们能看到，在给所有字母使用全局的投影样式后，字母间的阴影区分并不明显，影子像连在了一起，严重降低了字母的可观赏性。这时，需要对字母的阴影再加工，让其边界更清晰、层叠的效果更强。图 4-39 中圆圈所标的区域，就是我们需要着重处理的几处。

提示

做阴影的方法有哪些?

①通过图层样式中的投影样式来处理，通过设置“大小”“角度”“不透明度”等选项，可以针对单个图层或多个图层进行统一添加阴影的处理。这样处理的好处是能让阴影更协调统一；坏处是无法做出因光线不同效果也不同的阴影。

②通过“画笔工具”涂抹出阴影，调整画笔的“样式”“不透明度”“羽化值”等参数。

③通过画“羽化选区＋图层蒙版”的方法来处理投影。在图层面板中使用蒙版，可以删减多余部分，不满意的话可以重复调整。总之，方法无好坏，只要能画出我们想要的效果就是好方法。

05. 使用“画笔工具”进行再加工处理，在两个字母图层的中间新建图层，选择“柔边笔刷”，设置“大小”为 60 像素，颜色为黑色，涂出一条虚化的黑色线条，如图 4-40 所示。调整该图层的“不透明度”为 30%，并为该图层添加“图层蒙版”，擦掉多余的部分，这时再回头看一下字母间的阴影效果，发现层次感更强了，效果如图 4-41 所示。

图4-40

图4-41

06. 在字母外添加完阴影后，再在字母内增加设计细节。本案例中英文字母占了画面的一半，为了让字体更出彩，可以为内部的局部加一些虚化的阴影层，模仿拼叠感的字体效果。首先，对字母“M”进行内部阴影再次加工，阴影主要加在笔画与笔画的分隔处。新建图层，绘制一个高度为“60 像素”，宽度为“10 像素”的矩形选框，对其进行“羽化”，羽化值为 10 像素，颜色为黑色，如图 4-42 所示。

07. 绘制完成后，使用“矩形选框工具”选中右侧的多余部分，然后按 Delete 键删除，并在该图层上单击鼠标右键，在弹出的快捷菜单中选择“创建剪贴蒙版”命令，将画好的阴影层嵌入字母“M”内，如图 4-43 所示。

图4-42

图4-43

08. 选择“橡皮擦工具”，用虚化的画笔擦掉黑色阴影的下半部分，仅保留上面部分的阴影效果。这一步完成后，需要把刚才处理好的阴影图层复制一个，并移动到字母“M”的左侧，最终效果如图 4-44 所示。

图4-44

09. 根据刚才的方法，为剩余的其他字母增加内部阴影，方法同上。内部的阴影最好都加在字母的横笔画和竖笔画中，这样效果会更好。其他字母添加完阴影的最终效果如图 4-45 所示。

图4-45

提示

使用图层蒙版的优点有哪些？

①修改方便，不会因为使用橡皮擦工具或剪切删除而造成不可挽救的遗憾。

②可使用不同滤镜制造一些意想不到的特效。

③使用抠图，做图的边缘淡化效果和图层间的融合。

» 添加素材康乃馨

10. 搜索素材，找到合适的花朵和花秆的素材后，在 Photoshop 中将花抠出来作为背景，通过调整花朵的位置、大小将零散的元素拼凑在一起，如图 4-46 所示。

图4-46

11. 为了更好地表现出花朵的大小与层次，摆放时要遵循透视中的近大远小原理。其中，组合后花秆图层会在下面的排版中使用到，暂时可以将该图层隐藏掉，如图 4-47 所示。

图4-47

» 主题文案的排版与设计

12. 使用“横排文字工具”输入活动主题“母亲的赞礼”，颜色设置为红色（R:255，G:54，B:82），参数设置如图 4-48 所示。将主题“母亲的赞礼”摆在英文字母的上面，为了保持整体元素的一致性，也需要给该文字做斜切处理。按 Ctrl+T 快捷键进行自由变换，向右上方斜切 6°，使得中文和英文的角度一样，保持元素视角的统一性，效果如图 4-49 所示。

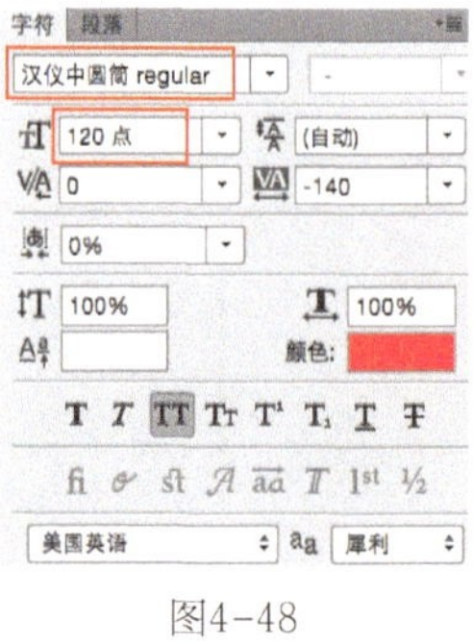

图4-48

图4-49

13. 为了保证出现的元素都有投影效果，给主题“母亲的赞礼”添加“投影”样式，参数设置如图 4-50 所示。添加修饰文字与活动时间等信息，并调整斜切的角度，复制“母亲的赞礼”图层样式，粘贴在修饰的文字和时间上，效果如图 4-51 所示。

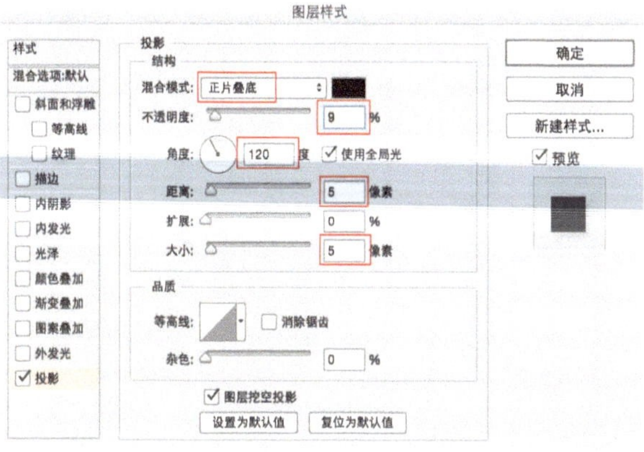

图4-50

图4-51

提示

做到此时停下来，把整体页面缩小至 20%，看一眼现有的页面，主体有了但是感觉背景很空且单调，该怎么办呢？为了丰富画面，这里介绍几个笔者的小经验。

①增加促销氛围的五彩纸屑。

②增加有时尚感的斜线色块、几何图形等。

③使用突出活动所卖品品类的产品剪影描线、实物商品等。

④增加英文等。

» 添加背景细节

14. 新建图层，使用“直线工具”画出一组交叉的四边形的线条，“粗细”设置为 1 像素，颜色设置为（R:243，G:237，B:204），“角度”设置为 135°，再将处理好的各式剪影图标拖放在四边形的线条中，填充剪影的颜色为（R:245，G:240，B:210），效果如图 4-52 所示。

图4-52

» 内容部分设计

15. 新建图层，使用“矩形工具”画一个高度为“455 像素”，宽度为“1920 像素”的矩形，颜色设置为黄绿色（R:196，G:232，B:122），作为此处信息的背景色。为了让这块信息在整体设计中更为突出，再新建图层，使用“矩形工具”画出高度为“490 像素”，宽度为“445 像素”的活动 1 区，然后填充为白色，此色块用来放置标签内容，如图 4-53 所示。

16. 使用“横排文字工具”，输入英文字母“IDON’T KNOW”，设置字体为 Arial Rounded MT，设置颜色为红色（R:255，G:54，B:82），效果如图 4-54 所示。

图4-53

图4-54

17. 使用“横排文字工具”，输入剩余的文字信息，整体文字的排版节奏为大—中—小，共 3 个层级关系。为了让用户明白这块区域内有隐藏的其他内容，需要做一个向下的箭头图标以引导用户，让使用户去主动触发这部分的内容，从而使信息有效传递。新建图层，使用“椭圆工具”画出一个高度为“90 像素”，宽度为“90 像素”的形状，增加一个 2 像素的“描边”，再选择“直线工具”画一个呈 45° 角的斜线，水平复制出另一条，最终做成倒三角的箭头，效果如图 4-55 所示。

图4-55

18. 活动 2 区的制作方法与 1 区类似，整组复制后修改相应的文案即可。为了让这两个活动在平行的层级中有一点区别，将活动 2 区的背景色设置为浅米色（R:255，G:255，B:245），最终效果如图 4-56 所示。

19. 为了让用户在浏览这块活动信息中有明显的位置感，需要给活动 1 区和活动 2 区设计一个当前打开的状态，以提示用户正在浏览的信息是哪块，效果如图 4-57 所示。

图4-56

图4-57

20. 回顾一下首屏中曾经隐藏的花秆元素，现在可以让其显示出来。为了使页面更具整体性，并且打破传统专题页面首屏与内容区的明显分界线，可以让整束花朵完整地贯穿整体，强化母亲节之花“康乃馨”这个主题元素，也为了更好地画龙点睛。将花秆图层显示出来，放在活动 1 区和活动 2 区的下面，调整大小和位置，如图 4-58 所示。

21. 这样是不是更有整体感了？继续细化页面。花秆的右侧可以放一些祝福文字，既然是祝福的话，要给人一种亲切感，所以使用了“汉仪平安行”字体来传递这样的感情。字号根据整体页面来调整，不宜过大，添加文案后的效果如图 4-59 所示。

图4-58

图4-59

22. 整体页面设计效果如图 4-60 所示。

图4-60

思考 在专题页面设计中还有哪手法可以让元素贯穿整体呢？
传统节日如何在视觉上实现创新和突破？

4.3 简单清新风格——3周年店庆专题页面

为了突出 3 周年的店庆主题，需要做出一些不同的、新意的设计，与以往“红红火火”的风格区别开来，如图 4-61 所示。

图4-61

4.3.1 设计思路

1.分析术

与策划沟通后，我们可以大概想出一个情景，这个情景就是专题的灵魂。之前有一些设计师问我：“为什么我做的专题不耐看？做完自己都不想看。”我说：“你只是在抠好的模特图上排了点文字，你告诉我说这是你的设计？这不是设计，这叫排版”。

2.整理术

» 切入点

这次主题为“泰久不见”，策划想要一种清新、流行的感觉（其实就是扁平化设计）。由于是店庆，既要显得热闹又要显得大气，因此，在构思的时候要时刻把握这两点。

自扁平风格出现以来，越来越多的设计中出现了扁平设计，而扁平设计也从磁贴式的纯扁平风格逐渐转变为有颜色渐变和有纯色投影的更加立体的扁平风格。这次专题的设计风格是在立体扁平风格上延伸出来的长投影式风格，这种风格的优点是更加有空间感和立体感，同时又不失扁平风格的简洁、直接。

» 关键词

关键词的数量越多越好，最后可以进行漏斗式的筛选，剩下的就是设计中要用到的元素了。颜色主要是从素材上提取的，最后再把所有颜色的饱和度在视觉上调为一致。注意，是视觉上的，不是数字上的，关键词如图 4-62 所示。

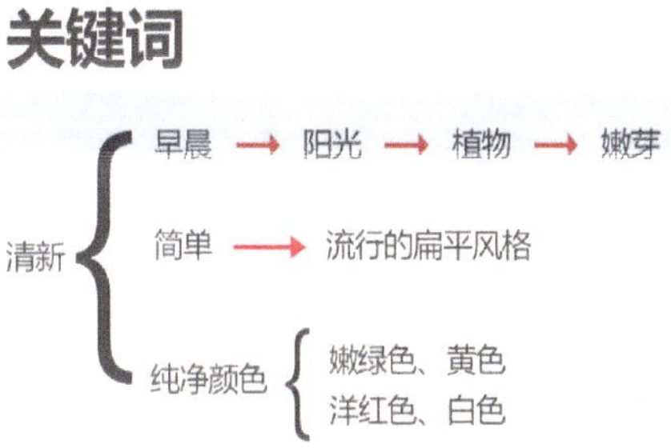

图4-62

整理出来的草图如图 4-63 所示。

图4-63

提示

每次设计前我都喜欢画基本的草图，不需要画得像影视脚本那样生动、漂亮，这个阶段只是对自己想法的快速表现，其中包括位置、元素、色彩等。

4.3.2 页面分析

1.配色方案

如图 4-64 所示，主色用中纯度、中明度的玫红色，给人一种热情而有活力的印象；本案例中的 4 种辅色都属于中明度、中纯度的暖色系，用以分开不同的活动板块，加强整体的热闹感；文字颜色以白色和浅米色为主，给人一种简洁、干净的印象。因为整体颜色都是一种色感的，所以，让人有一种既整齐又热闹的感觉。

图4-64

2.页面布局

页面布局如图 4-65 所示。

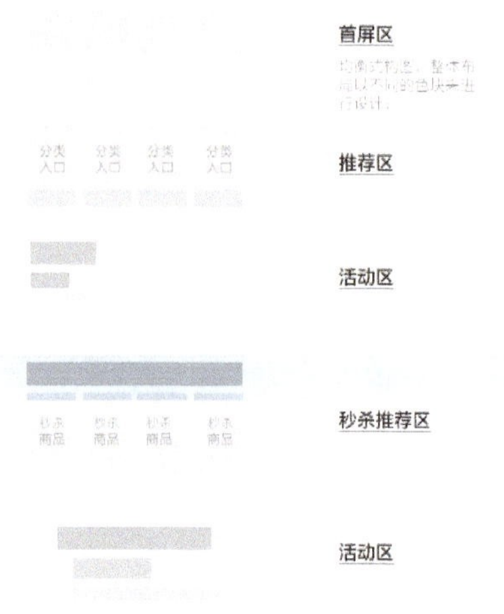

图4-65

4.3.3 绘制过程

实例位置：实例文件 >CH04>4.3 源文件 . psd、4.3 效果图 . jpg

素材位置：素材文件 >CH04>4.3 素材

» 字体的设计

01. 启动 Illustrator，新建图层，设置“大小”为 A4，“取向”为横向，如图 4-66 所示。

02. 选择“横排字体工具”，输入“泰久不见”字样，将字体设置为“造字工房劲黑体”，如图 4-67 所示。

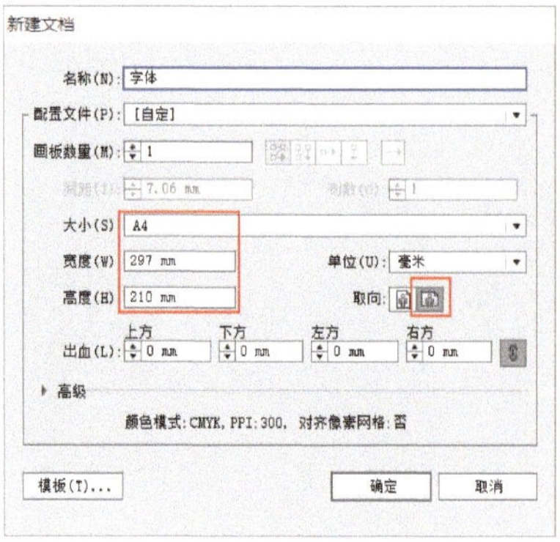

图4-66

图4-67

03. 在字体上单击鼠标右键，在弹出的快捷菜单中选择“创建轮廓”命令，如图 4–68 和图 4–69 所示。

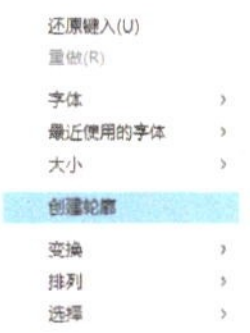

图4–68

图4–69

04. 在字体上单击鼠标右键，在弹出的快捷菜单中选择“取消编组”命令，再分别在每个字上单击鼠标右键，在弹出的快捷菜单中选择“释放复合路径”命令，这样就可以对每个部分分别进行修改了，如图 4–70 和图 4–71 所示。

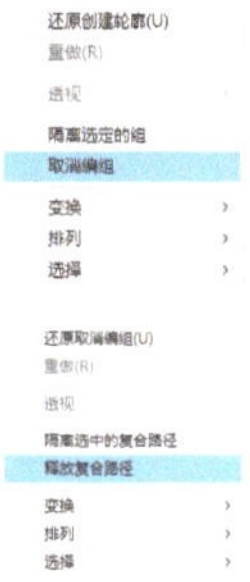

图4–70

图4–71

05. 原字体看起来过于臃肿，所以，现在要给它“瘦身”。选择“路径选择工具”进行笔画修改，如图 4–72 所示。最终效果如图 4–73 所示。

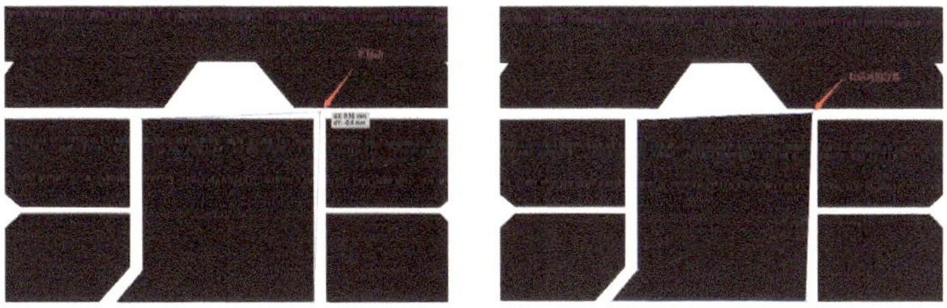

图4–72

图4–73

06. 调整完的细节部分并不十分满意，这里要注意字的阅读性和可读性。另外，就是字体设计的趣味性，使之耐看，调整后的效果如图 4-74 所示。

07. 修改定稿的字体，启动 Photoshop，新建图层，使用玫红色（R:224，G:80，B:108）作为专题头图的背景，白色为主题色调，绿色为辅色。另外，注意在这种扁平化风格的专题中，每个区域的颜色不要超过 4 种，否则就会显得非常乱。将在 Illustrator 中设计好的字体直接拖入 Photoshop，然后单击字体图层，选择“添加图层样式”按钮，设置为“颜色叠加”，颜色设置为白色，如图 4-75 所示。

图4-74

图4-75

08. 选中字体图层，按 Ctrl+J 快捷键复制该图层，也可以把该图层拖曳到创建新图层按钮上，得到矢量智能对象副本，注意字体要对齐，如果没有对齐，就使用方向键进行调整（在 Photoshop 中，无论是上下左右哪个键，每按一下就代表移动了 1 像素），如图 4-76 所示。

09. 为字体加上 45° 角的斜投影，为画面增加层次感。在字体图层下面新建一个空白图层，然后选择“钢笔工具”，按住 Shift 键就能画出平行、垂直和 45° 的线，如图 4-77 所示。

图4-76

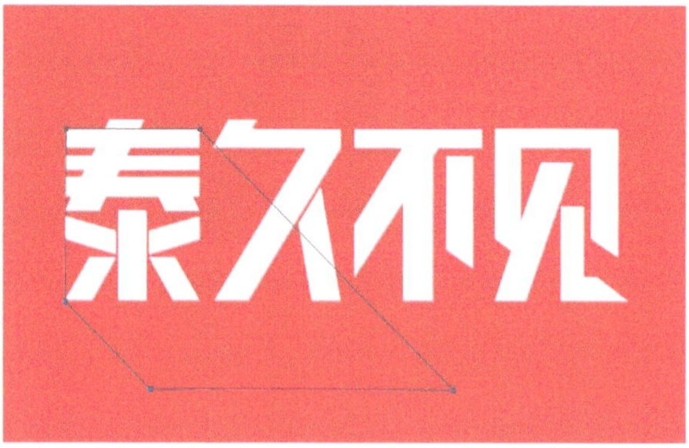

图4-77

10. 按 Ctrl+Enter 快捷键将路径转换为选区，设置前景色为（R:198，G:61，B:89），单击“确定”按钮，按 Ctrl+Delete 快捷键填充背景色为白色，如图 4-78 所示。

11. 为投影图层添加“图层蒙版”，选择“画笔工具”，依次设置画笔大小，设置“不透明度”为60%，设置“流量”为 80%，使用“画笔工具”擦除不想要的投影部分，效果如图 4-79 所示。

图4-78

图4-79

12. 依次添加其他 3 个字的投影，并且注意笔画细节处的投影处理，再根据文字笔画使用同样的方式来添加投影细节，进一步增加细节和层次，以增加主体的耐看度。但是要注意字体笔画的先后次序和上下次序，如果违反了基本的文字规则，会让人们感觉非常不舒服，所以，在做之前最好画一下草图，效果如图 4-80 所示。

图4-80

» 元素的制作

13. 根据图 4-81 所示的素材画出藤条和树叶。首先使用“钢笔工具”画出藤条，然后使用“描边路径”将其转化成想要的藤条形状，效果如图 4-82 所示。

图4-81

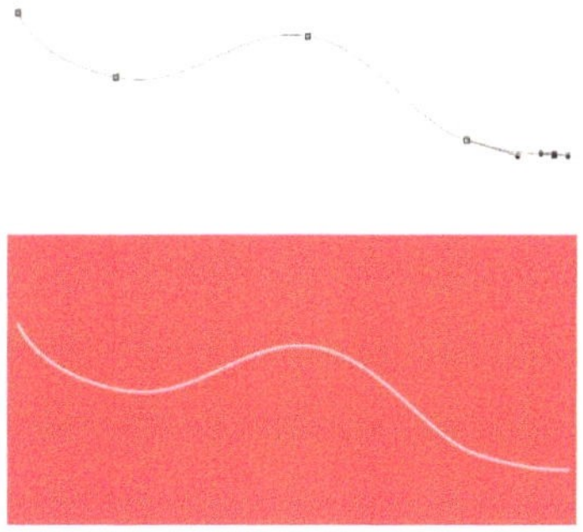

图4-82

14. 使用“图层样式”来增强藤条的立体感，如图 4-83 所示。

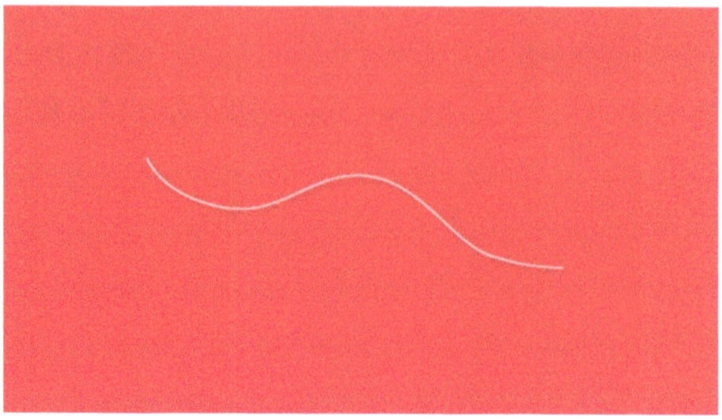

图4-83

15. 使用“钢笔工具”画树叶。首先画出叶子的轮廓，然后填充叶子的底色为（R:177，G:217，B:82），再为叶子增加明暗关系，注意要把叶子的厚度表现出来，最后使用“钢笔工具”画出叶子的脉络，如图 4-84 所示。

16. 可以根据这个方法画出几个不同形态和结构的叶子，然后与藤条组合，但是切记不要复制两个以上的相同叶子，效果如图 4-85 所示。

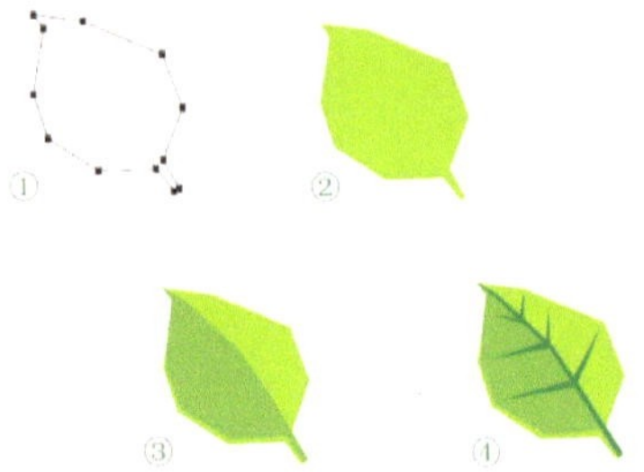

图4-84

图4-85

17. 云的制作方法基本与藤条一样，主要是使用“椭圆工具”来制作。这里涉及一个“合并形状”的知识点，选中两个形状路径图层，单击鼠标右键，在弹出的快捷菜单中选择“合并形状”命令，如图 4-86 所示，过程如图 4-87 所示。

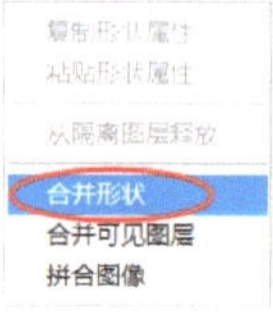

图4-86

18. 促销图标的制作原理与藤条、云的制作原理一样，只需控制好投影的颜色和不透明度就可以了，效果如图 4-88 所示。

图4-87

图4-88

19. 最后将元素进行组合时需要注意整体构图的平衡、藤条穿插在字中的前后层次关系、头图与下面内容部分的衔接，最终效果如图 4-89 所示。

图4-89

思考 怎样让平面设计“不平面”？

练习好扁平化风格设计方式。

专题设计给谁看？

4.4 夸张夺目风格——淘宝“双11”专题页面

“双 11”购物的狂欢节，效果如图 4-90 所示。

图4-90

4.4.1 设计思路

1.分析术

自从有了“双 11”后，它就成为所有电商的节日了。此后“双 11”从天猫开始发力，从此一发不可收拾。随着各大电商都在天猫开店，其中不乏国际大品牌，如苹果、HM、优衣库等。作为 B2C 的垂直大电商，我们也在天猫开了一个店铺，其中主打奢侈品。

在设计中怎么体现这个“狂”字呢？一是颜色上的强烈对比，二是图形上的张力，因此，传统的堆砌商品这种方式就不太适使用了，而什么元素既能体现图形张力又能有效地传达信息呢？那就是书法。

2.整理术

» 切入点

刚拿到项目的时候一眼就看到了“狂欢节”3 个字，再看了一下运营给的折扣——5 折！在本次设计中将通过颜色上的强烈对比和图形上的张力来表现“狂”字。

» 关键词

传统的堆砌商品这种方式就不太适用了，什么元素既能体现图形张力又能有效地传达信息呢？关键词整理如图 4-91 所示。

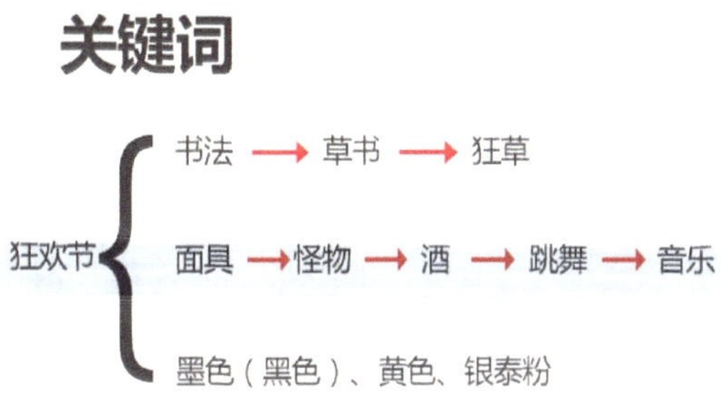

图4-91

在这些关键词中，最终选定使用书法元素来设计这次的专题。因为书法体具有图形化、信息传达直观、有张力感这几个特点，而这几个特点恰恰符合“狂”的特点。

4.4.2 页面分析

1.配色方案

如图 4-92 所示，主色以纯度中等、明度中等的紫红色为主；突出色用高明度、高纯度的艳黄色，搭配主色的玫瑰红，使整体的活动感浓重；文字颜色以黑色为主，使文字在艳黄色的背景下对比效果强烈。

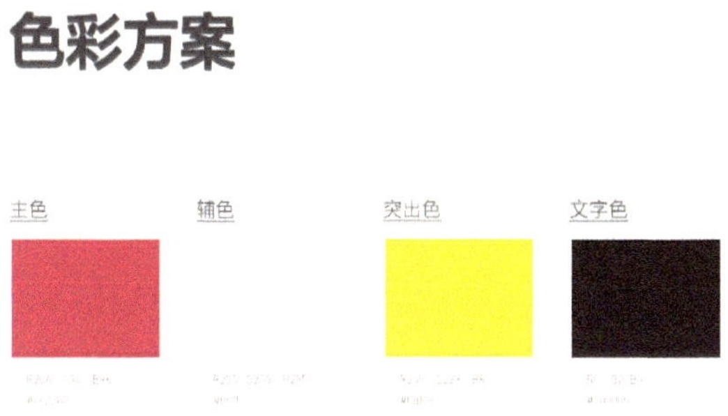

图4-92

2.页面布局

页面布局如图 4-93 所示。

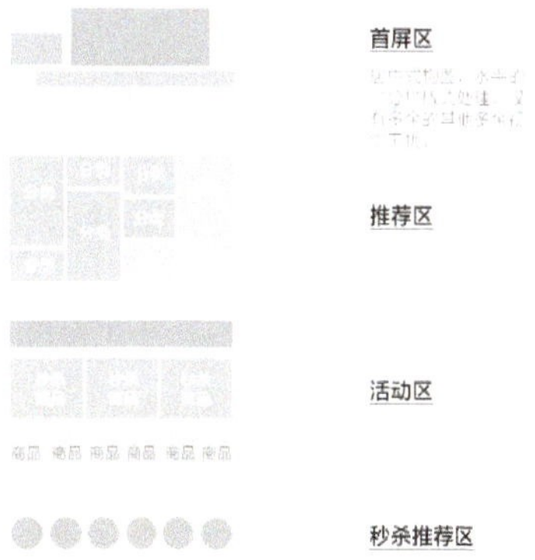

图4-93

4.4.3 绘制过程

实例位置：实例文件 >CH04>4.4 源文件 .psd、4.4 效果图 .jpg

素材位置：素材文件 >CH04>4.4 素材

» 书法字体设计

01. 新建图层，设置颜色为黄色（R:255，G:223，B:4），字体为“叶友根刀锋黑草”的草书字体，“大小”为 168 像素，“间距”为 -100 像素，如图 4-94 所示，效果如图 4-95 所示。

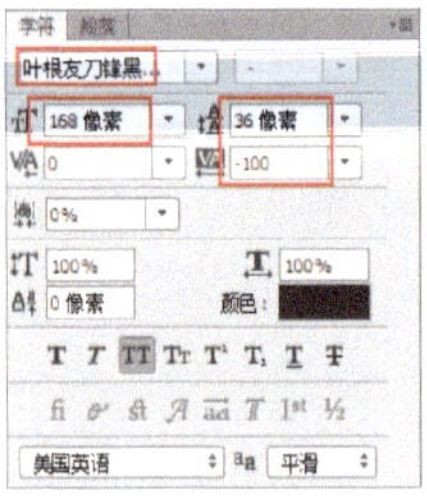

图4-94

图4-95

02. 新建一个图层，对字体进行“水墨化”处理。选择一个水墨点的笔刷，在字体的起始点和结束点处进行修改。水墨点笔刷的选择大家可以多试一下，不同样式的笔刷会出现不同的感觉，笔刷样式如图 4-96 所示。最后的效果如图 4-97 所示。

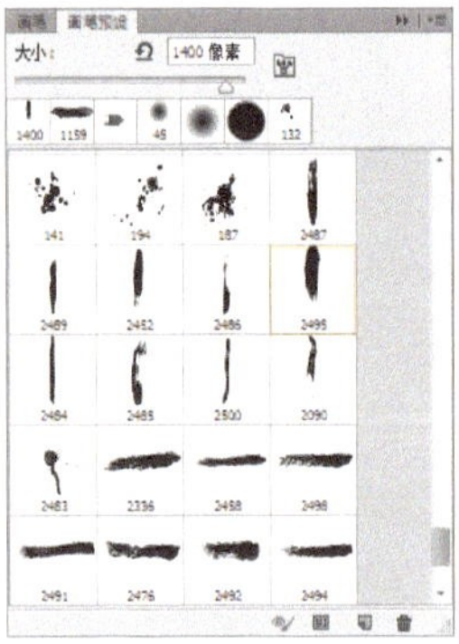

图4-96

图4-97

03. 个别笔画需要按 Ctrl+T 快捷键进行调整，如图 4-98 所示。

04. 所有墨迹细节添加完成后的效果如图 4-99 所示。

图4-98

图4-99

05. 接下来对其他信息进行排版，需要注意的是，重要的折扣信息和优势信息一定要突显出来，这些信息的字体选择的是“创艺简标宋”，“大小”为 100 像素，“间距”为 -50，颜色为黑色，如图 4-100 所示。最终效果如图 4-101 所示。

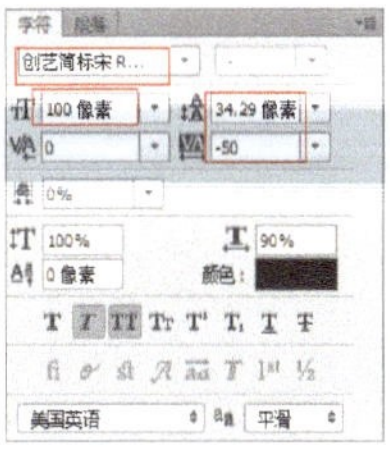

图4-100

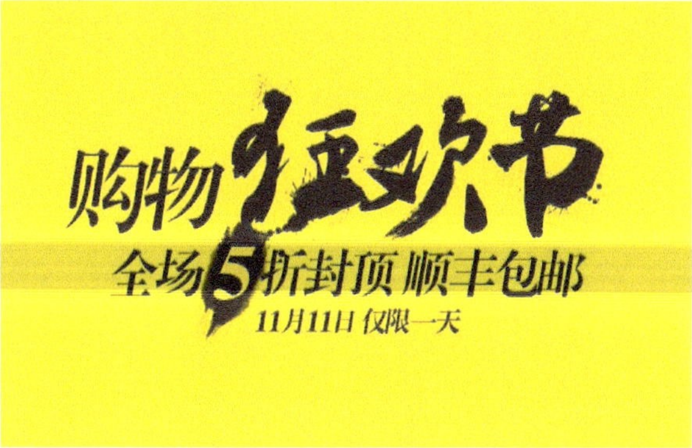

图4-101

06. 加上“50%OFF”的字样进行修饰。这里需要注意每行信息文字的大小变化和细节的对齐，例如，“购物”和“全场”的右对齐，“折”与“11 月 11 日”的对齐，如图 4-102 所示。千万不要小看这些细节，细节决定了设计的耐看程度。

图4-102

» 背景制作

07. 主体文字的设计基本完成，但是背景稍显单调，下面给背景做一些肌理来丰富头图部分。新建一个空白图层，然后使用“矩形选框工具”画出一个矩形，使用“渐变编辑器”制作出从前景色到透明的渐变，将前景色设置为黄色（R:253，G:210，B:4），得到图 4-103 所示的效果。

图4-103

08. 按 Ctrl+T 快捷键将渐变元素旋转 45°，按住 Shift 键使用鼠标旋转，每次可以旋转 15°，如图 4-104 所示，然后对该图层添加图层蒙版，使元素两端更加柔和，再复制几个该元素效果，摆成菱形，效果如图 4-105 所示。

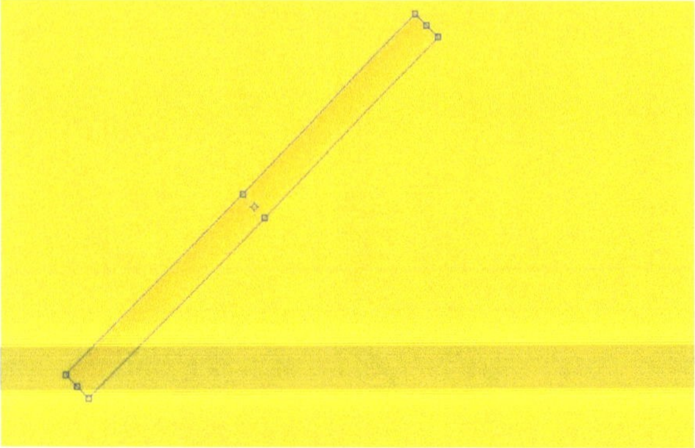

图4-104

图4-105

09. 为图形再添加一个层次，分别添加高光线和颜色更亮一些的正方体，效果如图 4-106 所示。

10. 最后合并完成的效果如图 4-107 所示。

图4-106

图4-107

» 内容部分设计

11. 内容部分的背景色选用紫红色，并且对促销的信息进行了排版。这里要注意的是，内容部分的风格要与头图一致，这种一致主要表现在书法字体的运用和颜色的搭配上等，如图 4-108 所示。

图4-108

12. 此时可以看到头图与内容部分略显孤立，因此，将“欢”字的一个笔画填充为紫红色，以此来与下面的背景色进行呼应。另外，还需要在头图部分加入打“1 折”的惊喜折扣的商品，因为希望客户在打开页面后的第一屏就看到这个“惊喜的商品”。最后为页面加上竖导航等细节，效果如图 4-109 所示。

图4-109

4.5 新颖简洁风格——圣诞节活动专题页面

圣诞节是一个热闹欢快的节日，效果如图 4-110 所示。

图4-110

4.5.1 设计思路

1.分析术

圣诞节前夕，要做一个有关送礼的促销活动，并且这次的设计定位不单是卖圣诞商品的页面，还希望将运营精心挑选的商品推荐给正准备参加聚会、约会的人。同时在视觉方面，既要表现出圣诞节的热闹，又要有礼物的元素。

圣诞节出镜率最多的传统元素有圣诞老人、袜子、雪人、驯鹿、铜铃铛、圣诞树、花环、金纸、彩灯、礼包等。用传统思路做圣诞节设计的时候，会使用纯度相等的绿色与红色，或是圣诞老人、驯鹿、礼包的元素集体出现，缺乏新意。这次思考的侧重点在于，能否在排版和元素上求创新与简洁，因为与其很多元素一起出现在画面中，造成视觉过剩，影响主要信息传达，不如使用最少且最有特征的元素去构思，这一点也符合现在扁平风格和极简风格所追求的目标（轻视觉，重内容）。

2.整理术

在经过各种头脑风暴后，整理出关键词“礼带”与“圣诞树”，使用礼带使整体造型上贴近圣诞树，同时从形式上表现出礼带的外观，关键词如图 4-111 所示。

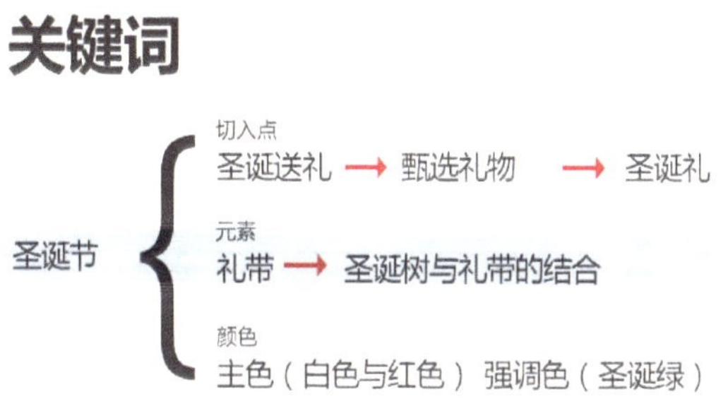

图4-111

提示

以内容为主导的设计，力求简洁明了和直接，抛弃各种复杂的装饰元素，使用最能象征主题的元素去表现。它只注重信息本身的传达，不为添加各种效果而使设计变得复杂。

4.5.2 页面分析

1.配色方案

画面整体没有大面积使用圣诞节的经典配色红色和绿色，而是用白色背景让画面显得干净、清爽。如图 4-112 所示，主色以高纯度的橘红色为主，局部点缀松石绿色，体现出圣诞节的节日感。

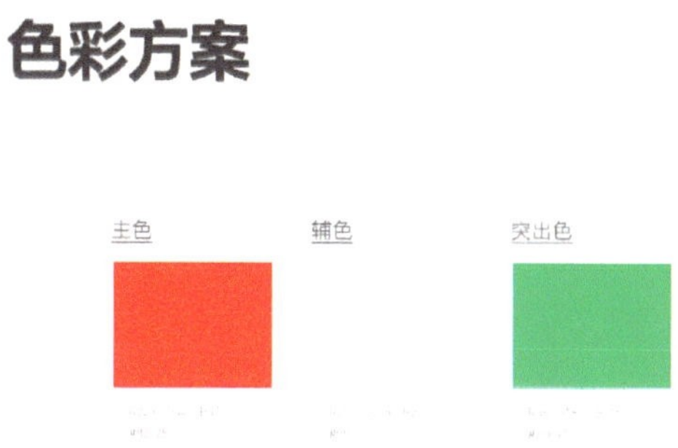

图4-112

2.页面布局

因为圣诞节是比较正式的节日，所以，在版式上选择了居中型的布局方式，中间用丝带来连接首屏与下面的内容，左右两侧分别堆放各类推荐商品，留白处就使用辅助的圣诞球、雪花来填充，使留白的地方既不拥挤，又不空荡。

页面布局如图 4-113 所示。

图4-113

4.5.3 绘制过程

实例位置：实例文件 >CH04>4.5 源文件 .psd、4.5 效果图 .jpg

» 礼带的制作

01. 新建图层，使用“钢笔工具”在画面中任意单击一点作为起点，然后按住鼠标左键拖向下一曲线段方向，如图 4-114 所示。

图4-114

提示

使用“贝塞尔工具”无论是画直线还是曲线，都非常简单，通过鼠标在画布中点击不同位置，添加多个锚点，根据锚点的路径和描绘的顺序，产生直线或曲线。

“贝塞尔曲线”由多个节点连接而成，每个节点都有控制点和控制线；其中拖动控制点时，可以改变曲线的弯度和控制线的长度。

调整曲线形状时，使用“路径选择工具”去选择锚点，使用“直接选择工具”去调整锚点的位置和角度。

02. 在页面上单击鼠标右键可增加锚点，这时要控制好线的曲折角度，最终绘制出一条圣诞礼带，如图 4–115 所示。

03. 如果觉得某个锚点或者某一段的曲线角度不好，随时可以通过工具栏中的“路径选择工具”选中某个控制点和控制线，调整锚点的角度和弧度，如图 4–116 所示。

图4–115

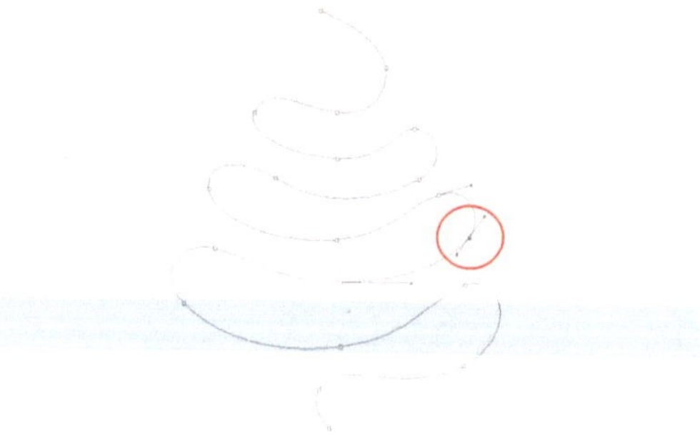
图4–116

提示

①在任意工具情况下，在曲线上双击都可以转换为形状工具对曲线进行编辑。
②在曲线上使用形状工具双击可以增加一个节点。
③在曲线的节点上使用形状工具双击可以删除一个节点。
④位图可以使用形状工具点击，拖动某一点可以进行任意形状的编辑。
⑤使用形状工具时，可以同时选中几个节点进行移动。
⑥在微调距离中设定一个数值，再使用形状工具选中曲线的某一节点，按方向键可以进行精确位移。
⑦将某一个汉字或字母转换为曲线，就可以使用形状工具进行调整，如将“下”字右边的点去掉等。

04. 画完单线后，从结束点单击往回描路径，然后闭合路径形成整体路径。按住 Ctrl+Enter 键载入选区并为其填充颜色为圣诞红（R:243，G:237，B:228），效果如图 4–117 所示。

05. 圣诞礼带主体完成，再增加一些小圆球、五角星等圣诞元素来烘托主体，使页面更有细节和看点。新建图层，使用“椭圆形状”画两个圆，分别填充颜色为绿色（R:66，G:210，B:132）和红色（R:255，G:44，B:37）。按住 Ctrl+T 快捷键调整椭圆的大小及位置，然后按住 Ctrl+Alt+ 方向键多复制几个小球放在礼带的四周，分别填充绿色和红色。通过控制每个小圆球的“不透明度”“大小”“疏密”等，使局部达到有远有近的感觉，效果如图 4–118 所示。

图4–117

图4–118

» 文字与礼带的连接

06. 使用“横排文字工具”分别输入“好礼甄选”字样，设置字体为“微软繁宋体 Regular”，设置字号为 140 像素，设置颜色为（R:38，G:210，B:132），然后选择“移动工具”，将文字分别放在礼带上，调整 4 个字的距离和大小，使其层次性更强，如图 4-119 所示。

图4-119

提示

从图 4-119 中发现图中黄圈标注的位置，字体与礼带的结合不连贯、礼带与字体的连接没有形成整体感，重叠在一起的笔画影响了字体的识别性和美观性，那么该如何处理才能让字体更明显，结合得更巧妙呢？

07. 如图 4-120 所示的“甄选”二字的效果，将“好礼”二字也根据礼带的走向，使用蒙版的方法擦掉多余的笔画，如图 4-121 所示。

08. 至此，主要元素的设计就完成了，效果如图 4-122 所示。

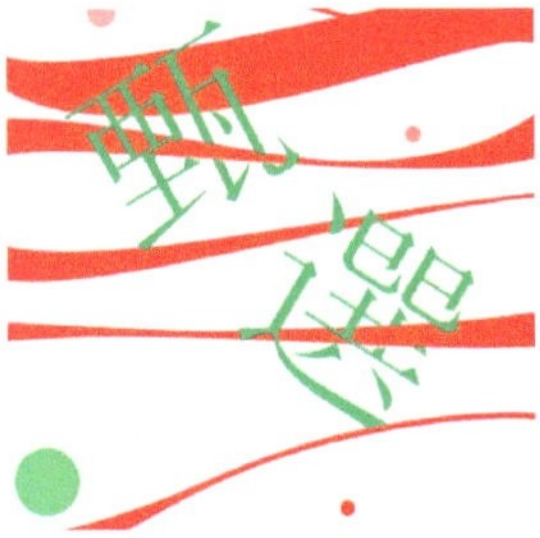

图4-120

图4-121

图4-122

» 扁平铜铃的制作

09. 圣诞节出镜率较高的物件之一还有铜铃，通过前文所讲的用钢笔工具绘制物体的方法，绘制出铜铃的 4 部分组件，如图 4-123 所示。

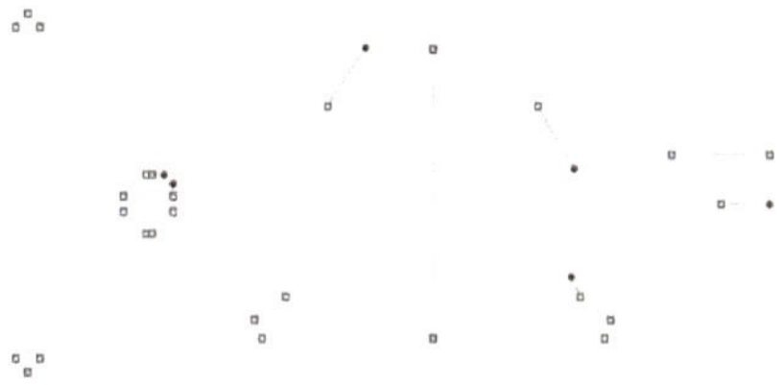

图4-123

10. 铜铃的组件绘制完成后，新建图层，按Ctrl+Enter快捷键载入选区并填充白色背景，然后给铜铃添加“描边”，设置颜色为红色（R:255，G:44，B:37），“大小”为 2 像素。继续添加辅助文案，新建图层，使用“文字工具”输入“MERRY CHRISTMAS”字样，设置字体为“Minion Pro Medium”，字号为24像素，颜色为（R:66，G:210，B:132）。再新建一个图层，输入“一份圣诞好礼温暖天下有情人”字样，设置字体为“微软繁宋体”，字号为 16 像素，颜色为（R:66，G:210，B:132），并在下面添加一些细节修饰的英文，设置字号为 6 像素左右，铜铃的整体效果如图 4-124 所示。

图4-124

11. 在画面右侧添加拐杖、五角星、下拉牌等元素及次要文案，使首屏的左右两侧更协调、平衡，如图 4-125 所示。

12. 此时首屏画面的整体效果如图 4-126 所示。

图4-125

图4-126

» 内容部分设计

13. 首屏整体页面的风格已经明确了，那么下面商品呈现的设计上，应与首屏风格保持一致和连贯，从而使网页更具整体性。为了表现出整体感，继续绘制首屏中的礼带，使它成为贯穿页面的一个主视觉元素，又可以充当整体版式的分隔元素，推荐的商品左右依次排列，并可以引导用户的视线往下进行浏览，如图 4-127 所示。

图4-127

提示

使用钢笔工具怎么才能画出婉转的路径呢？主要的技术点在于对路径中锚点的控制点的调整，以及对路径节点两端的控制线进行把控。宽窄的处理就在于对两个节点距离的控制，可以表现粗细的变化，再通过调整节点的叠加顺序，来表现物体的婉转感。

14. 根据需求方提供的推荐商品，把商品进行自由排版，其中在做自由型版式时，商品的大小一定要有所对比，这样才能将层次拉开，每个区域内放大的商品不超过 3 款，其间可以穿插一些大小不一的其他商品。切忌所有的商品都一样大，这样会缺少主次感，同时注意商品之间的距离，如果所有商品的距离太紧凑了会没有任何透气感。最后的效果如图 4-128 所示。

图4-128

15. 其他商品的摆放也应遵循上述原则，最终的整体效果如图 4-129 所示。

图4-129

思考 钢笔工具除了绘制图形还有什么妙用？
圣诞节的设计切入点还有哪些？

第5章

扁平插画类案例

分析与制作

5.1 夸张拟人风格——黄金饰品类专题页面

“土豪”指“有钱人”，当这样的主题被揉进黄金饰品类的专题时，从“满身尽带黄金”到“土豪气侧漏”的个性特征，将二者结合在一起表现就显得尤为重要了。在本案例中，诙谐的文案搭配写实的摄影图或者单品图都起不到好的效果，使用夸张的设计手法会更容易出效果。本案例使用夸张的拟人化手法来进行设计，既没有从设计师的主观表达中向观者传递负能量，又通过设计元素简明扼要地戳中主题，效果如图 5-1 所示。

图5-1

5.1.1 设计思路

1.分析术

拿到策划给的文案后，打开文件的第一眼就看见硕大的标题“像土豪一样表白”。对于“土豪”二字进一步分析，就是“土”与“豪”，这是两个不同的概念，前者说的是“土”，形容土气、丑陋；后者说的是“豪”，形容有钱、粗暴。所以，从文案和受众定位的角度来分析，这次专题活动想要表达的是热闹、震撼、有力度等感觉。

2.整理术

» 切入点

从文案和受众定位的角度来分析，这次活动想表达的主题风格是类似“土豪”的气质，如粗暴、热闹、震撼、有力度等感觉。

» 关键词

先从核心词语“土豪”开始，逐步分析以便挖出“土豪”与“金子”更多的元素。这些元素是接下来设计中最为重要的基础部分，每一个元素都可以丰富页面设计。关键词如图 5-2 所示，草图如图 5-3 所示。

图5-2

图5-3

5.1.2 页面分析

1.配色方案

如图 5-4 所示，主色以纯度中等、明度中等的玫红色为主；人物的衣服颜色用了比较明显的紫色系作为辅色进行设计，使人物张开双臂的动作更为引人注目，起到了视觉引导的作用；突出色以配饰产品中的金黄色为主，突出该类目的产品特色。

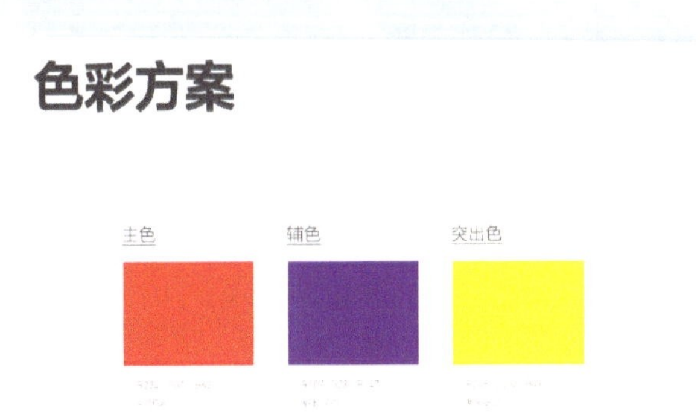

图5-4

2.页面布局

页面布局如图 5-5 所示。

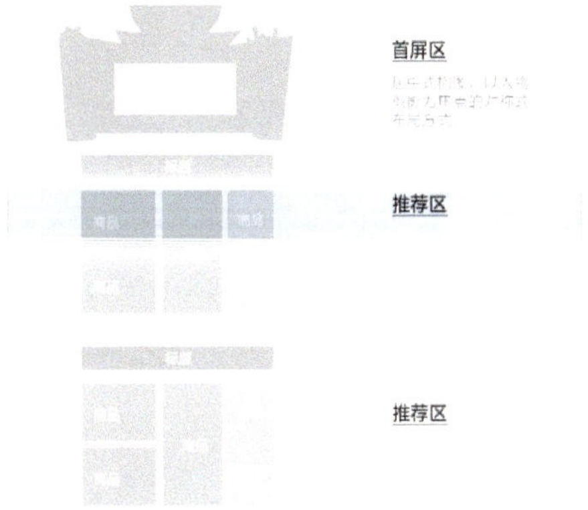

图5-5

5.1.3 绘制过程

实例位置：实例文件 >CH05>5.1 源文件 .psd、5.1 效果图 .jpg

» “土豪”的绘制

01. 启动 Photoshop，按 Ctrl+N 快捷键新建一个宽度为“980 像素”，高度不限的画布，命名为“脸蛋”。选择“椭圆工具”，在画布中间绘制出半圆形，填充颜色为土黄色（R:255，G:214，B:169），如图 5-6 所示。浅色的脸蛋已经画出来了，再画出人物的大嘴和牙齿。新建图层，命名为“大嘴”，选择“圆角矩形工具”，设置其“半径”为 90 像素，颜色为红色（R:213，G:45，B:58），如图 5-7 所示。

图5-6

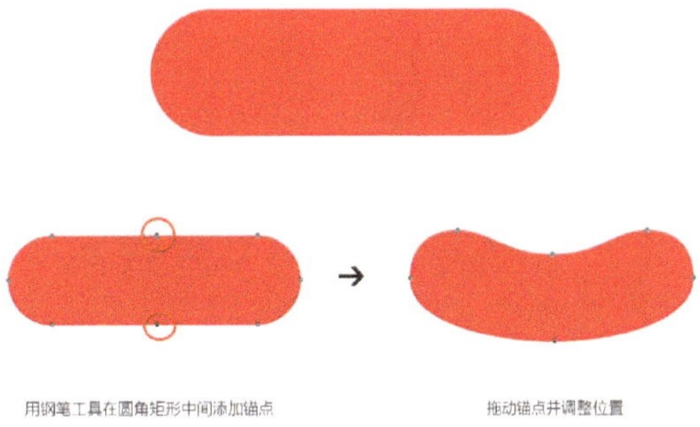

图5-7

图5-8

02. 新建图层，命名为“嘴暗部”，按 Ctrl+J 快捷键复制刚才画好的大嘴，设置颜色为深红色（R:154，G:12，B:26），如图 5-8 所示。

03. 为了更夸张地表现人物在大笑时的嘴部动作，为它设定一个张开大嘴露出牙齿（其中有部分是大金牙）的表情。新建图层，命名为“嘴深处”，然后选择“椭圆形状”，画出一个圆形，填充颜色为深红色（R:127，G:6，B:18），在图层上单击鼠标右键，在弹出的快捷菜单中选择“创建剪贴蒙版”命令，把图层嵌入大嘴图层内部。开始画人物的牙齿，选择“圆角矩形工具”，设置其“半径”为 22 像素，颜色为白色，效果如图 5-9 所示。根据嘴形的变化，使用相同的方法画出其他的牙齿，效果如图 5-10 所示。为了让牙齿具有厚度感，可以将画好的牙齿层复制并填充比较深的颜色去表现。

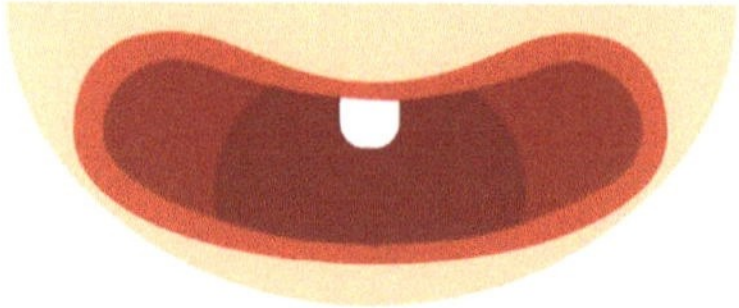

图5-9

图5-10

图5-11

04. 新建图层，命名为“舌头”，使用“椭圆工具”画出两个大小不一的形状来，填充颜色为红色(R:224，G:57，B:75)。为了更好地体现人物“土气”的个性，在脸的局部添加一个点睛的小细节——“痦子”元素，来体现人物的外貌特征，效果如图 5-11 所示。

05. 至此，人物的头部已经完成了，接着继续绘制人物的衣服和身体等元素。新建图层，命名为“衣服”，使用“钢笔工具”绘制出衣服的形状，填充颜色为紫色（R:107，G:22，B:147）。继续新建图层，命名为“袖洞”，选择“椭圆工具”，设置颜色为深紫色（R:94，G:15，B:130），然后按 Ctrl+J 快捷键复制当前图层，设置颜色为（R:82，G:14，B:114），按 Ctrl+T 快捷键进行缩小，将其成组地复制到另一边，效果如图 5-12 所示。

06. 新建图层，命名为“身体”，使用“钢笔工具”绘制出脖子，填充颜色为浅褐色（R:255，G:198，B:161），再绘制出身体，填充颜色为（R:255，G:203，B:169），如图 5-13 所示。

图5-12

图5-13

07. 新建图层，分别命名为“背心”“腰带”和“大金链子”，使用“钢笔工具”绘制背心外形，使用“椭圆工具”绘制大金链子，使用“矩形工具”“圆形工具”“多边形工具”绘制出腰带及钻石，效果如图 5-14 所示。物件绘制完成后，将其放在适当的位置并调整大小，此时整体效果如图 5-15 所示。

图5-14

图5-15

图5-16

08. 为了能更好地紧扣主题，根据整体的构思在衣服中加上衣兜，用来放置珠宝商品。新建图层，命名为“衣兜”，使用“矩形选框工具”绘制一个宽度为“260 像素”，高度为“50 像素”的矩形，填充颜色为（R:150，G:50，B:190）。为了让这个色条更好地融进衣服中，可以在该图层上添加“图层蒙版”，使用大小适当的“柔边笔刷”擦去左右两侧的边界，从而形成虚化效果。再新建图层，命名为“走线”，使用“横排文字工具”输入短线来代替衣服中的缝线，效果如图 5-16 所示。

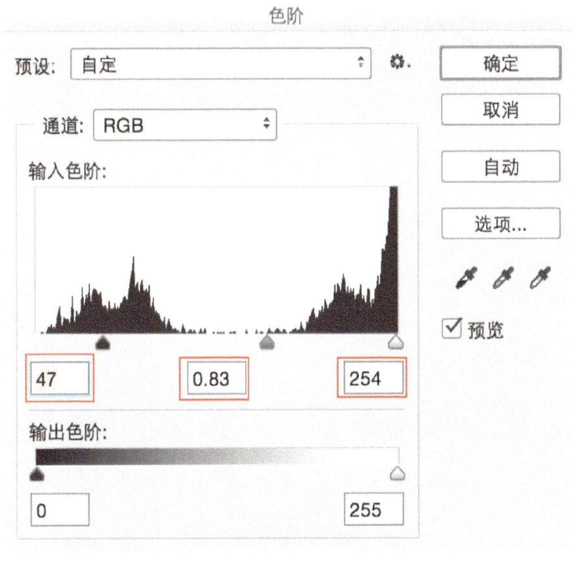

图5-17

09. 加入商品素材并调整它的“色阶”，加深商品的明暗度，参数设置如图 5-17 所示。将商品素材放在图层下方，效果如图 5-18 所示。

图5-18

图5-19

10. 按照最初的草图构思，左侧区域有两处是放置商品的（一处用来展示金条，另一处用来展示黄金配饰）。按 Ctrl+J 快捷键复制图 5-18 中的图层，然后按 Ctrl+T 快捷键调整位置及大小，最后的效果如图 5-19 所示。

11. 设计稿中人物衣服左侧都挂满了金条，右侧按照最初的草图设想也要有一个衣兜的元素，一是起到画面元素间的对比与协调作用，二是可以放促销信息“以当日金价为准”的公告内容。新建图层，命名为“公告”，使用“圆角矩形工具”绘制一个宽度为“140 像素”，高度为“190 像素”的圆角矩形，设置“半径”为 5 像素，填充颜色为(R:83，G:68，B:63)。按 Ctrl+J 快捷键复制一层，用来制作阴影效果，填充颜色为(R:48，G:40，B:37)，将其调整到合适位置，再绘制一个宽度为“115 像素”，高度为“160 像素”的圆角矩形，填充颜色为（R:254，G:244，B:229），用来放置公告内容，如图 5-20 所示。

12. 此时还需要在公告牌上添加指数的图形，起到提示用户关注当日商品价格的作用。新建图层，命名为“指数”，使用“直线工具”绘制出一条竖线，颜色填充为黑色，接着绘制出一条横线(注意两条线段一定要接在一起)，再绘制出走势图的线段，效果如图 5-21 所示。

图5-20

图5-21

13. 为了提示用户关注价格的走势，给走势图添加一个向下的箭头细节。新建图层，选择“自定形状工具”，找到默认形状中的箭头形状，绘制出箭头形状并放在“指数”图层的上方，调整位置及角度。使用“横排文字工具”输入“以当日”字样，设置颜色为（R:255，G:115，B:13），再输入文字“金价为主”，如图 5-22 和图 5-23 所示。

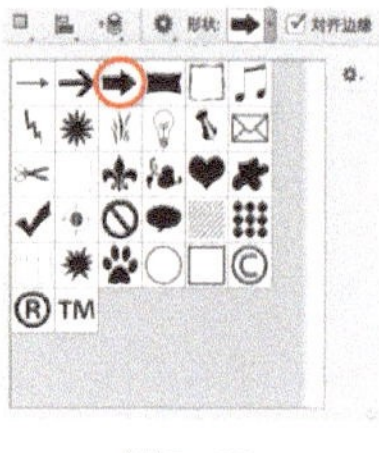

图5-22

图5-23

图5-24

14. 为了让公告牌具有塑料的质感，需要对其进行透明处理。新建图层，使用“多边形套索工具”绘制出图案中斜面的高光区域，填充颜色为黑色，调整“不透明度”为 30%，效果如图 5-24 所示。

15. 绘制出一个兜子元素，用来放公告，同时让元素的出现更合理。使用“钢笔工具”绘制出图 5-25 所示的形状，填充颜色为（R:72，G:0，B:110），再使用“横排文字工具”输入两条虚线用于表示缝线。调整公告牌的倾斜角度，并将图层置于兜子图层的下方，整体组合后的效果如图 5-26 所示。

图5-25

图5-26

16. 新建图层，使用“横排文字工具”输入“像”字，设置颜色为红色（R:223，G:30，B:62），再输入“土豪”字样，设置颜色为红色（R:223，G:30，B:62），效果如图 5-27 所示。为了让“土”和“豪”在字体结构上有变化，选中“豪”字，通过字符面板中的设置基线偏移选项（俗称的上标和下标），对这两个字进行位置上的调整，效果如图 5-28 所示。

图5-27

图5-28

17. 使用“横排文字工具”输入“一样表白”字样，设置字体为“造字工房版黑”，“大小”为39点，颜色为（R:223，G:31，B:62）。为了让文字更有细节性，对“白”字进行细节处理，加入心形的元素，让字义更明确一些，效果如图5-29所示。把调整好的文字放在页面的居中位置，进行描边处理，使文字更明显，与卡通人物的身体拉开层次，效果如图5-30所示。

图5-29

图5-30

提示

这里所用的描边处理并非将图层中的描边样式统一应用，而是根据整体文字的结构和位置，利用“钢笔工具”对轮廓进行勾勒，然后填充颜色即可。这样做的好处是让轮廓根据整组文字的结构和位置去表现，这也是一种常用的给文字添加轮廓的方式。

18. 使用“横排文字工具”输入辅助文字“黄金全场直降”，设置字体颜色为（R:248，G:232，B:50），将文字放在公告牌的上方，对文字进行弧形处理，让文字与公告元素更为协调美观。选中文字，单击工具栏中的“创建文字变形”命令，设置“样式”为扇形，勾选“水平”复选框，“弯曲”为+35%，参数设置如图5-31所示。效果如图5-32和图5-33所示。

图5-31

图5-32

图5-33

提示

对文字进行弧形处理有以下两种方法。

①文字跟着路径线。

②创建文字变形面板。

19. 根据前期的草图继续细化设计稿，给人物绘制出不同动作的手，效果如图 5-34 所示。

图5-34

» 背景的绘制

20. 新建图层，命名为“背景”，填充颜色为红色（R:223，G:31，B:62）。再新建图层。命名为“放射”，使用“钢笔工具”或“矩形工具”绘制出其中的两条放射形状，填充颜色为白色，将图层的“不透明度”调整为 27%，图层模式为“叠加”，如图 5-35 所示。使用相同的方法，绘制出整排的放射性状，如图 5-36 所示。

图5-35

图5-36

21. 调整好放射形状的大小后，将其放在页面的最上面，将该图层置于最底层，此时首屏的效果如图 5-37 所示。

22. 给人物的牙齿和大金链子添加亮光，模仿产品的质感，再加上一些细节的辅助文案，首屏的效果如图 5-38 所示。

图5-37

图5-38

» 标题条的绘制

23. 为了让整体风格更协调，把标题栏也处理成扁平风格，达到整体元素的统一。新建图层组，命名为“标题区”，使用“钢笔工具”绘制出图 5-39 所示的不规则的形状，然后填充颜色为（R:255，G:133，B:0），用来表示暗部。按 Ctrl+J 快捷键复制该图层，调整颜色为金黄色（R248，G:232，B:50），再进行上移，使用“路径选择工具”对复制的图层进行调整，如图 5-40 所示。

图5-39

图5-40

24. 这一步开始添加相应的文字内容，输入“项链 / 吊坠专场”字样，设置字体颜色为（R132，G:10，B:10），再输入“点击查看更多商品”字样。为了提示并指引用户点击查看，通过添加手形元素来加强表现，如图 5-41 所示。

25. 输入辅助文字，设置字体为“微软雅黑”，“字号”为 14 像素，字体颜色为绿色（R:65，G:140，B:23）。为了稍微突出辅助文字，可以给文字新建一个圆角矩形的图层，填充颜色为（R:255，G:244，B:117），效果如图 5-42 所示。

图5-41

图5-42

» 内容部分设计

26. 新建图层组，命名为“商品”，使用“矩形工具”分别画出商品的区域，并统一填充背景颜色为浅灰色（R:238 G:238 B:238），如图 5-43 所示。

图5-43

27. 为了让这个区域更显品质感，为其添加高光。新建图层，画一个圆形选区，然后进行“羽化”处理，羽化值根据区域的大小进行调整，填充颜色为白色，在图层上单击鼠标右键，在弹出的快捷菜单中选择“创建剪贴蒙版”命令，将其放到灰色矩形内，然后置入推荐的商品，将图层模式更改为“正片叠底”。使用“横排文字工具”输入品牌名称，设置字体为“微软雅黑”，“字号”为 22 点，粗体，颜色为（R:16，G:16，B:16），效果如图 5-44 所示。

图5-44

28. 输入商品名称，字体样式和颜色同品牌名称，最后输入商品重量和公告的文字。其中商品重量文字的字体为“微软雅黑”，“字号”为 16 点，粗体，字体颜色为红色（R:205，G:18，B:48）；公告文字同商品重量文字设置一样，“字号”改为 12 点即可，效果如图 5-45 所示。

图5-45

29. 其他内容块的设计和上述一样，这里不再赘述。做好后的效果如图 5-46 所示。

图5-46

30. 推荐区的四大块内容制作方法相同，这里不再赘述。至此，整体的设计就完成了。最终的设计效果如图5-47所示。

图5-47

思考 插画的使用应与主题和受众定位、产品相符。
插画的风格有哪些？

5.2 卡通戏曲风格——情人节活动专题页面

图5-48

对于电商来说，2 月 14 日应该是仅次于春节的节日，各大电商也会抓住这个机会准备大卖、特卖。以前的情人节专题设计无非是玫瑰花、巧克力、美女、帅哥等这样的普通素材，而今年准备做一些不一样的，效果如图 5-48 所示。

5.2.1 设计思路

1.分析术

拿到专题框架时，标题是“法海你不懂爱”，策划灵感来源于歌曲《法海你不懂爱》，并希望做成可爱卡通的风格。大家应该都看过《白蛇传》，这个电视剧的高潮应该是“水漫金山”，而且在这段剧情中，我们需要的法海、许仙、白蛇都出现了，正好满足想要表达的场景，因此，本次的专题以“水漫金山”为主题。在选择整体配色之前，想营造出一种戏曲风格，因此又去看了一些《白蛇传》戏曲的节目。许仙是一袭蓝色长衫，白素贞着一身飘飘欲仙的白色衣服，法海穿的是黄色僧袍和红色袈裟，所以，设计的颜色为蓝色、白色、红色和黄色。

2.整理术

» 切入点

本次专题的灵感来源于歌曲《法海你不懂爱》，并希望做出可爱卡通的风格。

» 关键词

本次专题以“水漫金山”为主题。关键词整理出来如图 5-49 所示。

图5-49

5.2.2 页面分析

1.配色方案

如图 5-50 所示，主色以许仙的一袭蓝色长衫为主；辅色是白素贞的一身飘飘欲仙的白色；突出色是法海的黄色僧袍和红色袈裟。

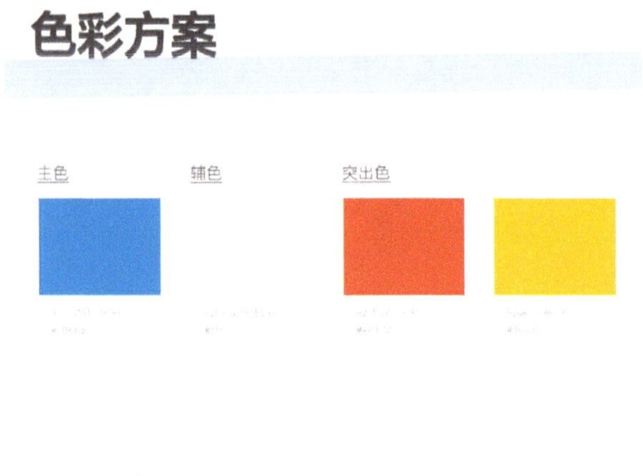

图5-50

2.页面布局

页面布局如图 5-51 所示。

图5-51

5.2.3 绘制过程

实例位置：实例文件 >CH05>5. 2 源文件 . psd、5. 2 效果图 . jpg

» 主题人物的绘制

01. 根据策划中的关键词，需要制作一些素材，下面开始画法海的形象。使用 Illustrator 来绘制法海的形象。绘制顺序是从头部开始，画出脸部，设置颜色为（C:4，M:222，Y:27，K:0），再进行描边处理，设置颜色为（C:18，M:42，Y:58，K:6），参数设置如图 5-52 所示，效果如图 5-53 所示。

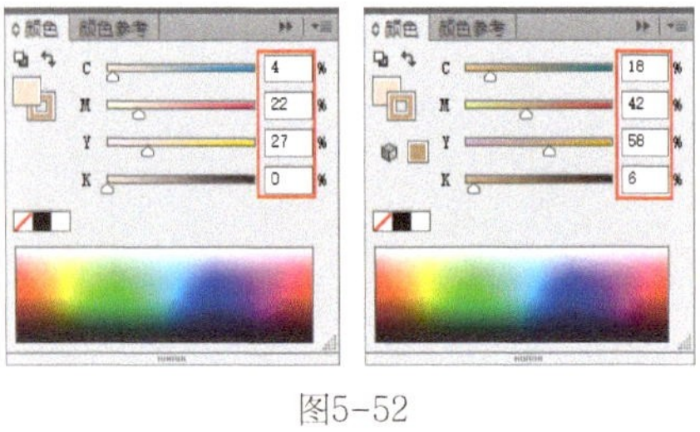

图5-52

图5-53

提示

这里说明一下，Illustrator 的颜色填充分为内容填充和边框填充，可以分别选择不同的颜色进行填色。CMYK 颜色是印刷时需要使用的颜色，矢量软件中的基础颜色模式都是 CMYK 的。另外，要提醒大家的是，CMYK 的数值虽然可以到小数点后 1 位，但是选择颜色的时候尽量都用整数，这样有利于以后设计作品的印刷。

02. 使用“钢笔工具”画出眼睛，填充为黑色，参数设置如图 5-54 所示，效果如图 5-55 所示。

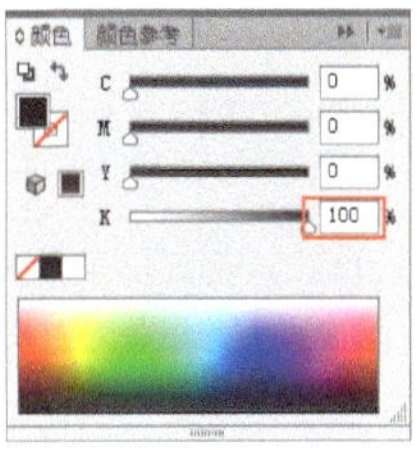

图5-54

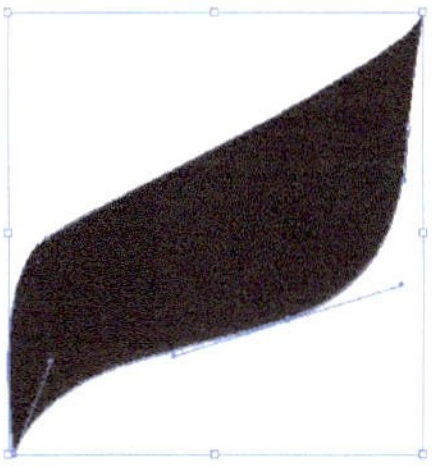

图5-55

提示

Illustrator 与 Photoshop 中的“钢笔工具”使用方法一样。注意，使用钢笔工具的时候要想让弧度圆滑和自然，一定要调节好节点的两个杠杆。

03. 画一个比眼睛形状小的形状，填充为白色，效果如图 5-56 所示。然后将它放在眼睛的上面，这样眼皮就做出来了，效果如图 5-57 所示。

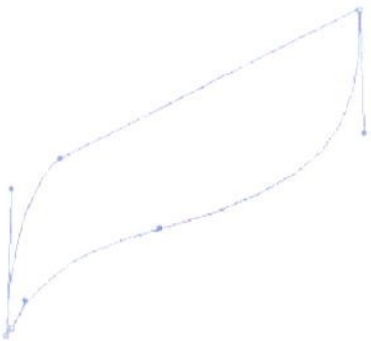

图5-56

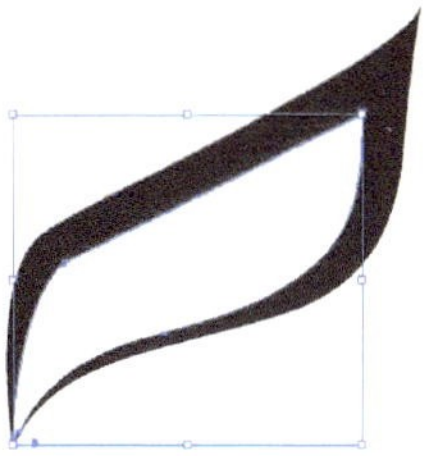

图5-57

04. 使用“钢笔工具”绘制眼球，填充为黑色，效果如图 5-58 所示。执行“窗口 > 渐变”菜单命令，做出眼球的颜色渐变，设定渐变类型为“线性”，角度为 -160° ，参数设置如图 5-59 所示，效果如图 5-60 所示。

图5-58

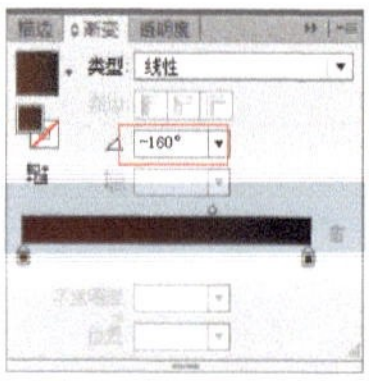

图5-59

图5-60

05. 分别单击两个颜色节点来选择需要渐变的颜色，在渐变层上分别画出两个椭圆，参数设置如图 5-61 所示，效果如图 5-62 所示。

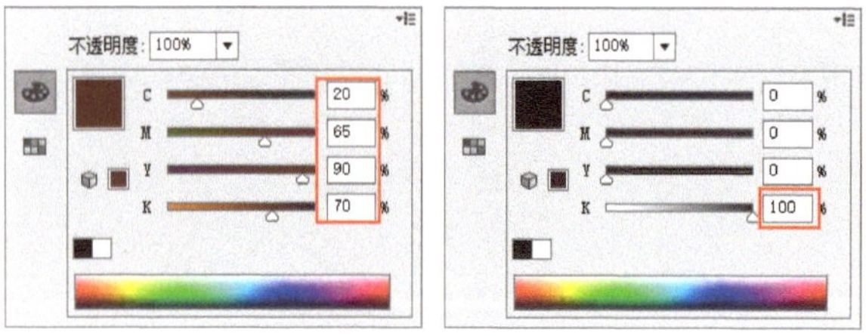

图5-61

图5-62

06. 制作眼睛的高光部分，画出弦月的形状并填充为白色，将其“不透明度”设置为 40%，参数设置如图 5-63 所示。效果如图 5-64 和图 5-65 所示。

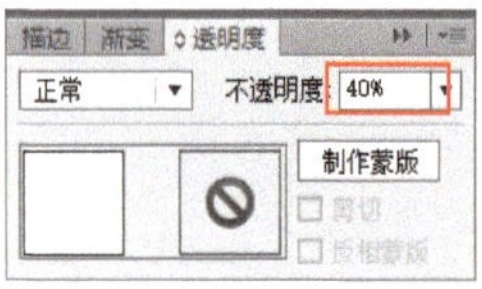

图5-63

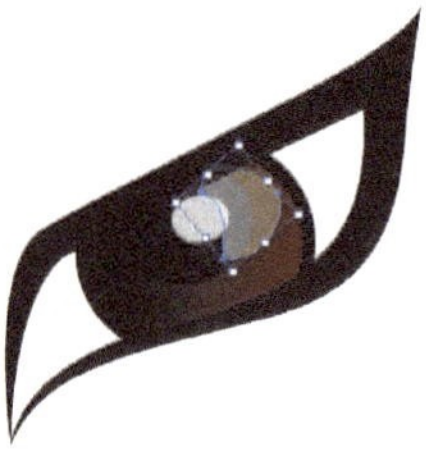

图5-64

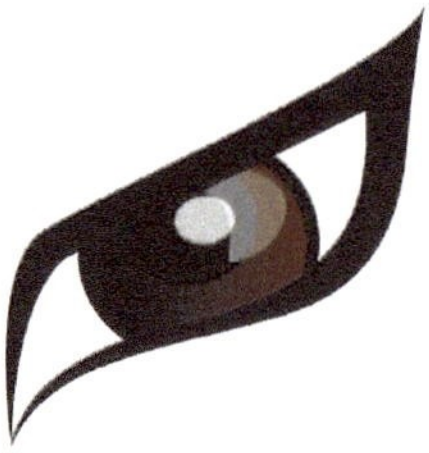

图5-65

07. 绘制眉毛，并填充渐变色为白色，渐变颜色设置如图 5-66 所示。设定渐变类型为“线性”，“角度”为 5°，如图 5-67 所示，效果如图 5-68 所示。

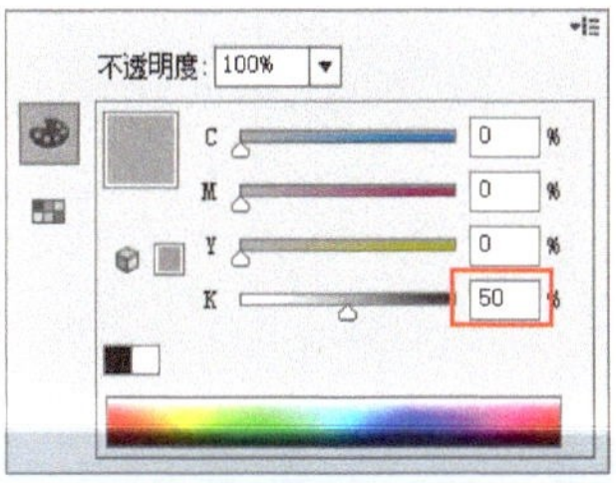

图5-66

图5-67

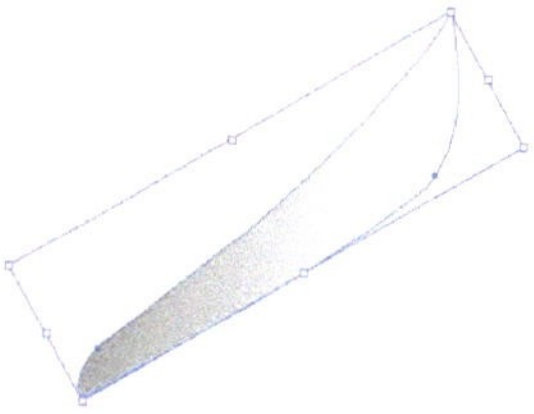
图5-68

08. 绘制嘴巴。把嘴分为 3 部分，分别为上嘴唇、下嘴唇和上下嘴唇的衔接处。先制作上嘴唇，对其进行渐变填充，设置亮部颜色为（C:10，M:64，Y:57，K:0），暗部颜色为（C:30，M:85，Y:67，K:0），参数设置如图 5-69 所示。图 5-70 所示中上边圆圈代表的是渐变的范围，滑竿左侧是链接虚线框的节点，为渐变范围的调节，滑竿右侧为渐变起始节点。

09. 设置嘴唇衔接处的填充颜色为（C:35，M:90，Y:90，K:30），如图 5-71 所示。

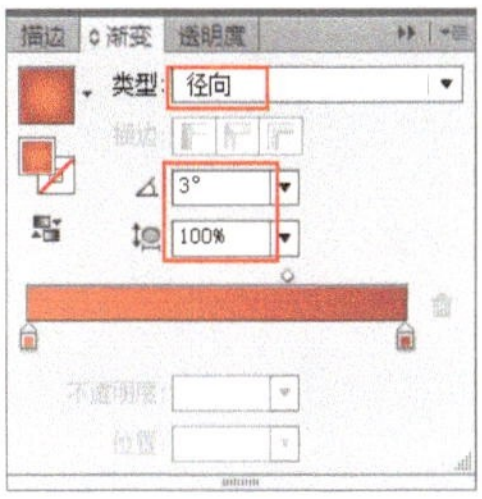

图5-69

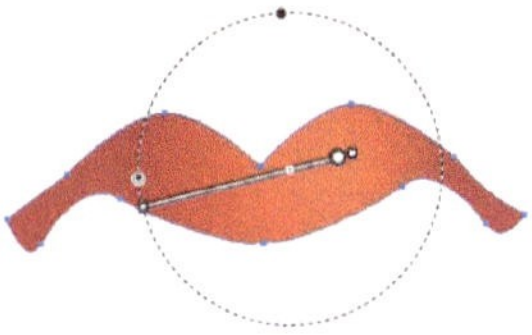
图5-70

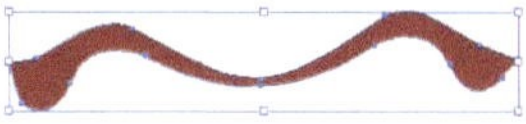
图5-71

10. 下嘴唇的制作方式与上嘴唇的制作方式一样，只是颜色有所不同。设置亮部颜色为（C:0，M:13，Y:15，K:6），暗部颜色为（C:20，M:68，Y:66，K:7），如图 5-72 所示。最后合成的效果如图 5-73 所示。

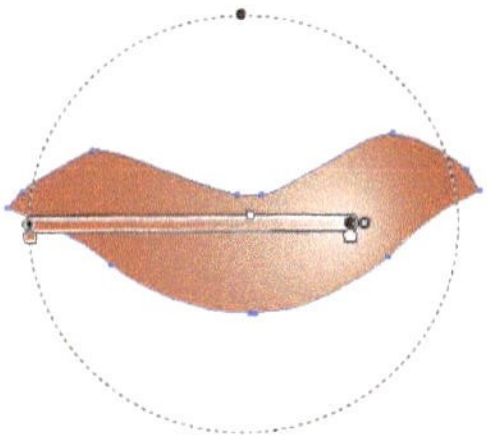
图5-72

图5-73

11. 把眼睛、眉毛、嘴巴和脸合到一起。再复制一只眼睛和一条眉毛，单击鼠标右键，在弹出的快捷菜单中选择“变换 > 对称”命令，得到图 5-74 所示的弹窗，选择“垂直”单选按钮，单击“确定”按钮，效果如图 5-75 所示。

12. 使用同样的方式画出耳朵，效果如图 5-76 所示。

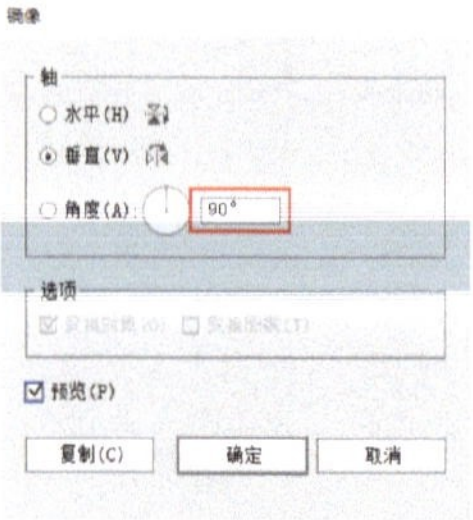

图5-74

图5-75

图5-76

13. 为了增加脸部的立体感，画出人物的眼窝儿，参数设置如图 5-77 所示，效果如图 5-78 所示。

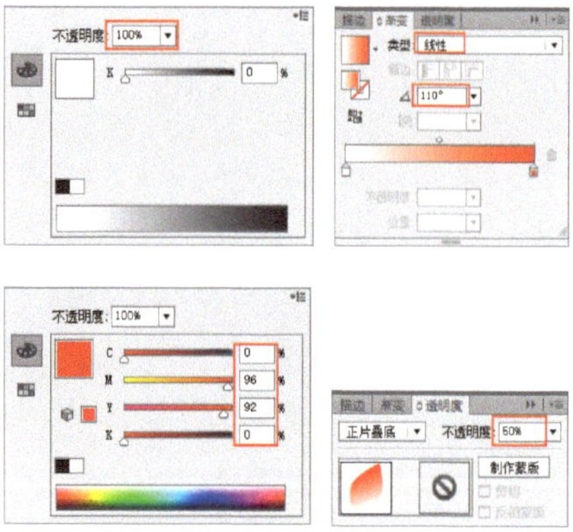

图5-77

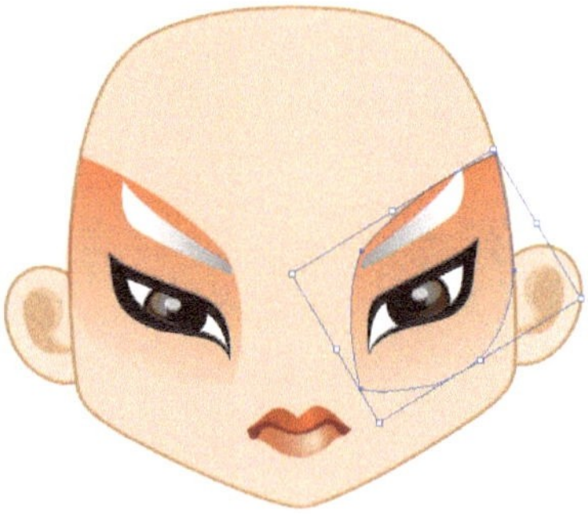
图5-78

14. 这一步画出额头，额头使用了 3 色渐变，渐变窗口的色带从原理上来讲是可以增加无数颜色的，只需要单击一下就可以增加一个节点。3 个节点的颜色值分别是（C:5，M:20，Y:25，K: 0）、白色和（C:0，M:20，Y:24，K: 0），如图 5-79 所示，效果如图 5-80 所示。

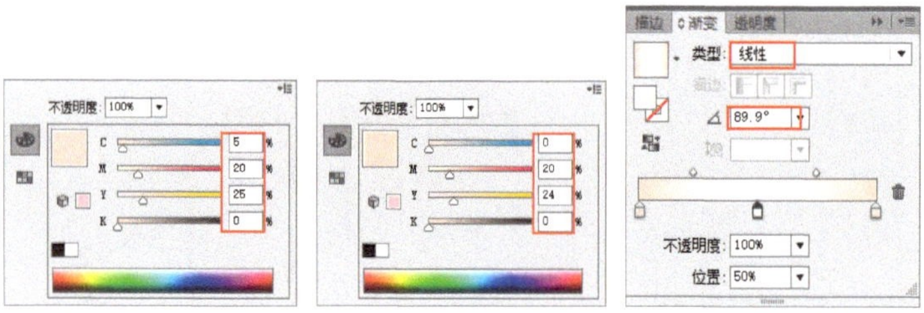

图5-79

图5-80

15. 将额头的“不透明度”设置为90%，如图5-81所示。在头顶加上诫疤，在额头加上红点，效果如图5-82所示。

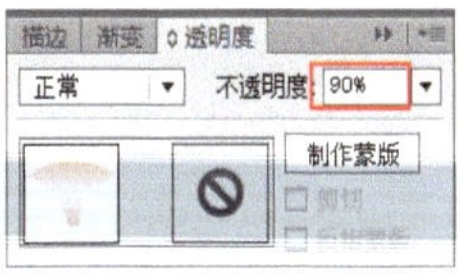

图5-81

图5-82

16. 身体的画法与头部方法基本一样，只是需要注意人物的比例和动作，效果如图5-83所示。

图5-83

17. 将这几个部分都组合到一起，为衣服添加投影增加立体感，此时，人物就绘制完成了，如图5-84所示。

18. 最后加上禅杖、胡子和紫金钵来丰富人物，让人很容易就能看出来这是法海。禅杖、胡子和紫金钵的绘制方法与前文一致，效果如图5-85所示。

图5-84

图5-85

19. 继续按照上述方法画出其他素材，如图 5-86 所示。

图5-86

20. 基本元素画好后，对背景进行设计，使用海水素材来拼接出水漫金山的感觉，如图 5-87 所示。

21. 将所有元素进行排版，文案字体选用的是“方正书宋简体”和“中山行书百年纪念版”，效果如图 5-88 所示。

图5-87

图5-88

» 内容部分设计

22. 推荐区采用了类似 Windows 8 的磁贴风格，这样的设计一方面让整个画面感觉非常整齐但又不死板，另一方面是为了体验交互设计的趣味性。这种磁贴的设计很简单，但是要注意细节。首先做出一个正方形，按住 Alt 键并单击，然后移动选择的方块就可以复制了，注意正方形之间的间距一定要相等，效果如图 5-89 所示。

图5-89

23. 连接正方形，在保证复合策划数量的前提下错落有致地规划磁贴，如图 5-90 所示。

图5-90

24. 安排内容部分的颜色，当然也要保证颜色穿插的和谐性，如图 5-91 所示。

图5-91

25. 把所有的元素按照策划文案的需求进行排版设计，因为这里的每一个方块磁贴都相当于一个 Banner，所以都需要精雕细琢。文字的对齐方式和颜色的穿插是否合理等，这些都需要不断进行调整，只有这样才能让复杂的内容变得有序，效果如图 5-92 所示。

图5-92

» 专题交互设计

26. 从色彩上来看，为了更醒目，这里使用了红色和蓝色来搭配，即鼠标停留或滑过磁贴时由蓝白色变为红色。动作效果设计是一种类似苹果 iOS 系统的曲线模式，即磁贴的翻转速度由快变慢，最后翻转完成。这样的设计是想让浏览者感觉非常有趣和好玩，从而起到增加顾客在页面停留时间的作用，如图 5-93 所示。

图5-93

27. 最终效果如图 5-94 所示。

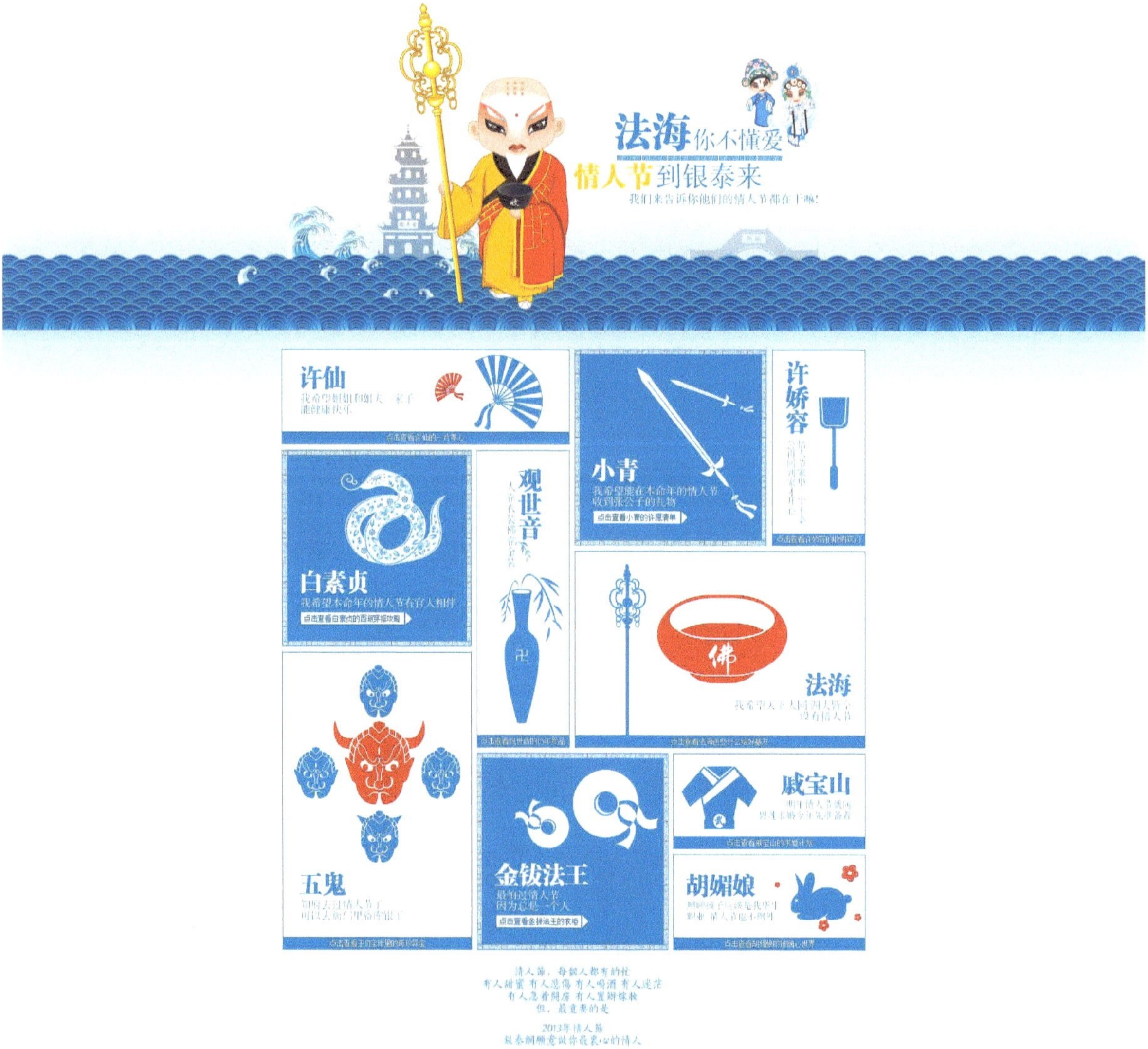

图5-94

5.3 几何切面风格——圣诞节活动专题页面

图5-95

每年的圣诞节算是年轻人的一个大节日了，无论是实体商场还是电商都会在圣诞节装扮一下自己，以达到吸引人群的目的，效果如图 5-95 所示。

5.3.1 设计思路

图5-96

1.分析术

圣诞节的标准颜色基本是红色、绿色、白色。圣诞节还有一个小故事，早在 17 世纪早期，当时为了庆祝冬至（Winter Solstice），人们会用常绿植物装饰自己的家，因为他们相信常绿植物拥有魔法，能够抵御严寒，不至于枯死。所以，第一代圣诞老人 Father Christmas 其实是穿绿色外衣的，喻义圣诞老人也有 Evergreen 这种魔力，如图 5-96 所示。

2.整理术

» 切入点

想为这次圣诞节活动做一些稍微不同的东西，又不想用大红大绿渲染气氛，所以，在整体色调上想给人一种“新”圣诞的感觉，但是又不能把圣诞节的特有元素抛掉，所以，在颜色搭配上还是以红、绿、白为主，色相稍微有所变化，这样会有一种新鲜感。

» 关键词

这次的活动还有一个砸蛋环节，所以，本案例的创意就围绕“蛋”来进行。随着扁平化设计的不断盛行，又出现了一些丰富扁平化设计的元素，如 45° 角斜投影、色相的微妙渐变、几何切面等。本案例就来讲解一下几何切面的具体应用。关键词如图 5-97 所示。

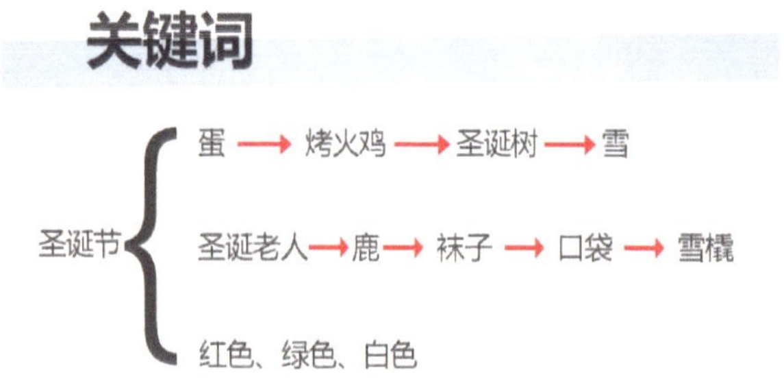

图5-97

草图如图 5-98 所示。

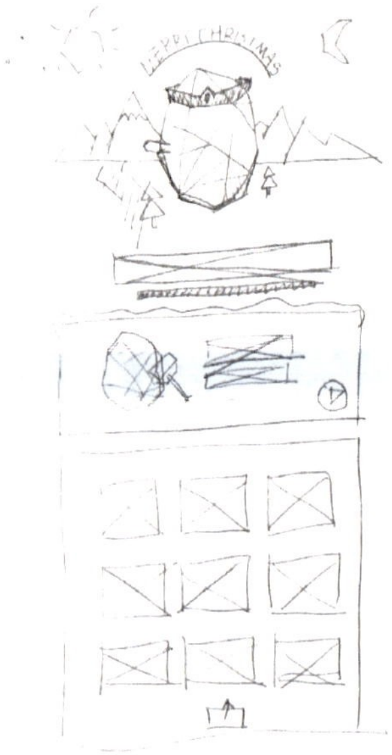

图5-98

5.3.2 页面分析

1.配色方案

如图 5-99 所示，主色以大面积的浅米色为主，给人一种清新、另类的节日氛围；辅色以番茄红为主，局部以松石绿为主进行点缀，使辅色与突出色之间的对比更为强烈，突破传统圣诞节大面积应用红绿色的常态。

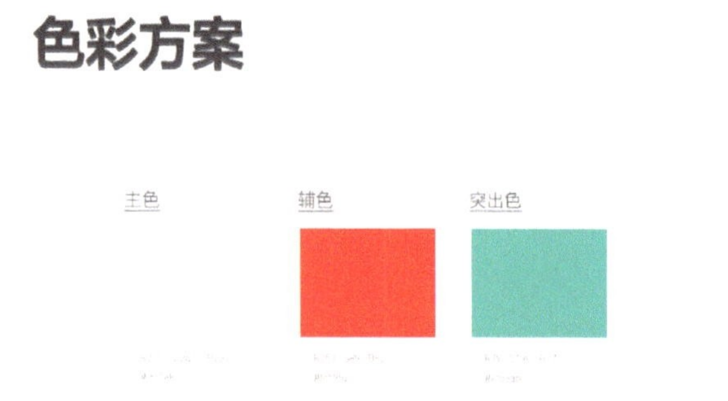

图5-99

2.页面布局

页面布局如图 5-100 所示。

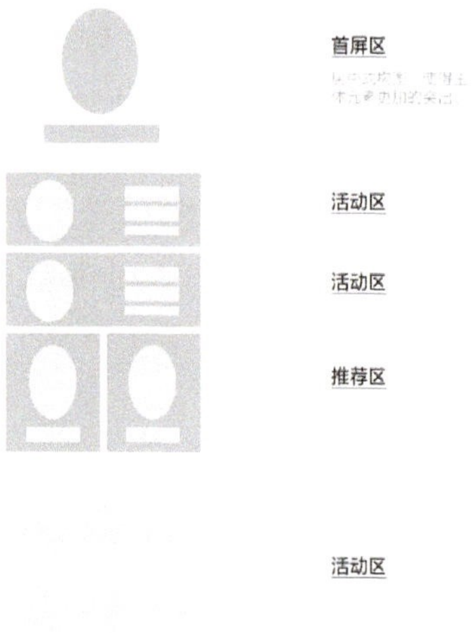

图5-100

5.3.3 绘制过程

实例位置：实例文件 >CH05>5.3 源文件 .psd、5.3 效果图 .jpg

» 蛋的制作

01. 启动 Photoshop，按 Ctrl+N 快捷键新建宽度为“192 像素”，高度不限的画布，为了方便查看，可以拉出两条辅助线，辅助线的安全宽度为 980 像素，这就可以时刻查看有效信息是否超出了范围，如图 5-101 和图 5-102 所示。

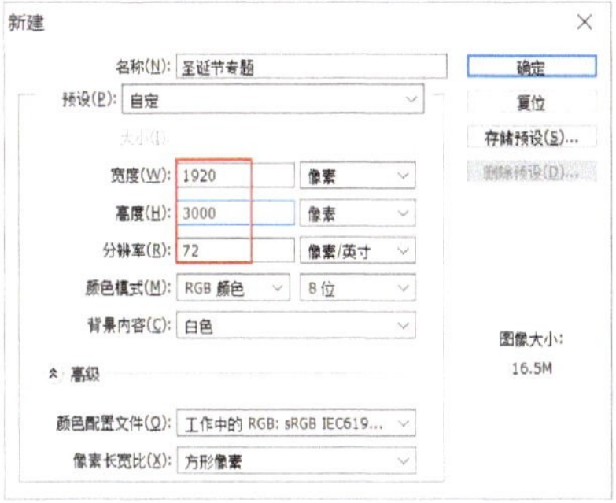

图5-101

图5-102

02. 创建新图层，命名为“蛋”，使用“钢笔工具”画出半个蛋，填充为深灰色 (R:88，G:88，B:88)，将其“不透明度”设置为 10%。注意需要进行切面的部分，类似于画素描的几何形体，宁方勿圆，效果如图 5-103 所示。为什么绘制半个蛋? 一是省时省力，不用再重新画另一半了，二是为了对称。

03. 为了达到立体的效果，对其进行“叠加”处理，每一层的“不透明度”都设置为 10%，如图 5-104 所示。

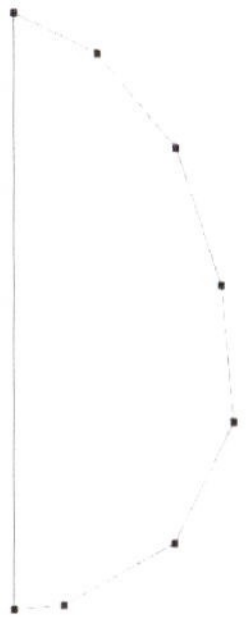

图5-103

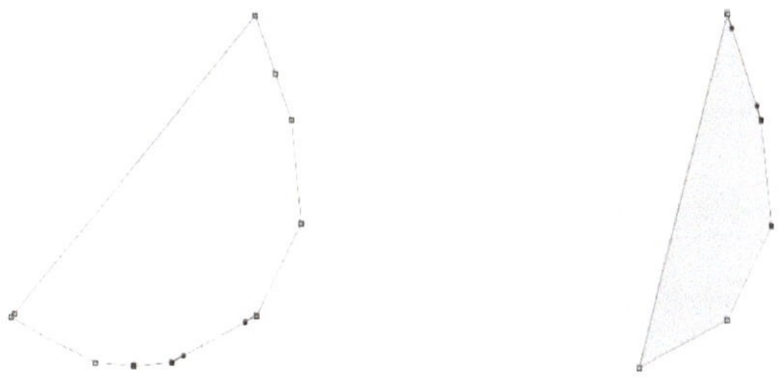

图5-104

04. 在“蛋”的下一层叠加一个深灰色（R:197，G:197，B:197），更能体现立体感，注意这层的“不透明度”为 100%，以此类推，画出其他部分，组成完整的蛋，如图 5-105 所示。

图5-105

05. 按Ctrl+E快捷键合并图层，再按Ctrl+U快捷键打开“色相/饱和度”对话框，对参数进行调整，注意勾选“着色”复选框，这样才能把蛋变得有颜色，如图 5-106 和图 5-107 所示。

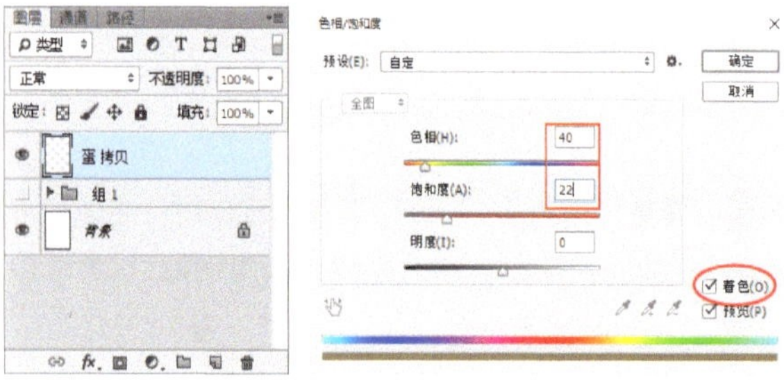

图5-106

图5-107

06. 这一步制作一个王冠的形状。把原来圣诞节的主色调深红和深绿改为相对更亮的颜色（R:255，G:104，B:96）和（R:113，G:218，B:213），画出王冠的形状，填充为红色，如图 5-108 所示。

07. 添加立体感和切面效果，最后添加宝石等细节，如图 5-109 所示。

图5-108

图5-109

08. 将前景色设置为（R:245，G:241，B:233），并按Alt+Delete快捷键填充整体背景，如图5-110所示。

图5-110

» 山的制作

09. 山也是使用“钢笔工具”来制作的，主要分为山体、雪顶、明暗面，如图5-111所示。

10. 把山的图层移动到“蛋”的下边，效果如图5-112所示。

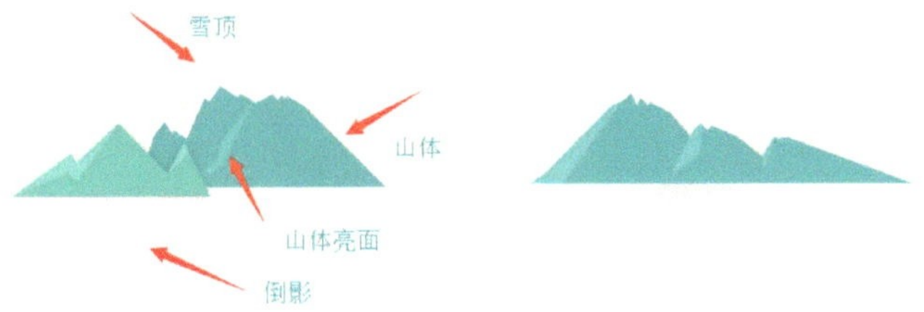

图5-111

图5-112

» 树的制作

11. 使用“钢笔工具”画出树冠的第1层，填充颜色为（R:77，G:177，B:169），如图5-113和图5-114所示。

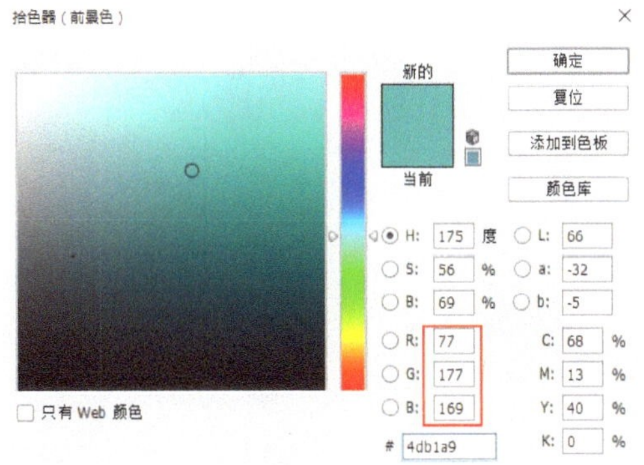

图5-113

图5-114

12. 设置树冠暗部颜色为（R:11，G:86，B:93），这样树冠看起来会更有立体感，如图 5-115 所示。另外再复制两个树冠，并逐个等比缩小，如图 5-116 所示。

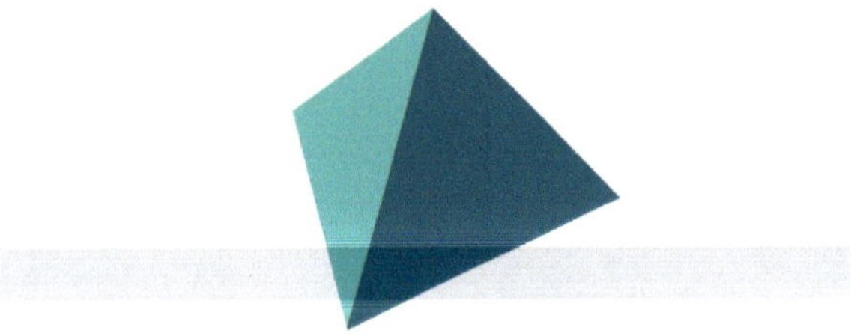

图5-115

图5-116

13. 为树冠添加“投影”样式，继续增加树的立体感和层次感，设置“混合模式”为“正片叠底”，“不透明度”为 16%，“角度”为 90 度，“距离”为 15 像素，“扩展”为 0，“大小”为 12 像素，参数设置如图 5-117 所示，效果如图 5-118 所示。

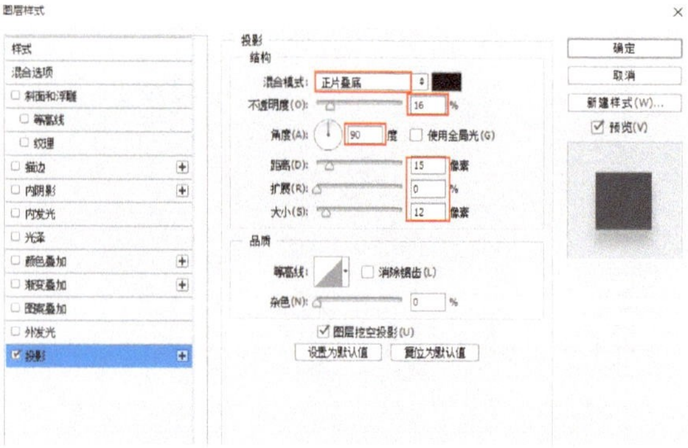

图5-117

图5-118

14. 设置树干的亮部颜色为（R:168，G:120，B:91），暗部颜色为（R:89，G:75，B:66），在制作的时候要注意整体的透视感，效果如图 5-119 所示。

图5-119

15. 其他元素的制作方法与树的制作方法一样，按照以上方法依次把圣诞老人、鹿、太阳、月亮、星星、人、房子等素材画出来并依次摆放，如图 5-120 所示。

图5-120

16. 为所有的元素添加“投影”样式，让所有的物体有落地感，如图 5-121 所示。

17. 添加雪和文字信息，效果如图 5-122 所示。

图5-121

5-122

提示

星星的制作有一个很简单的方法，选择“多边形工具”，单击“画板”时会出现“创建多边形”弹窗，勾选“星形”复选框即可，如图 5-123 所示。再为星星添加“描边”与“投影”样式，参数设置如图 5-124 所示。星星效果如图 5-125 所示。

图5-123

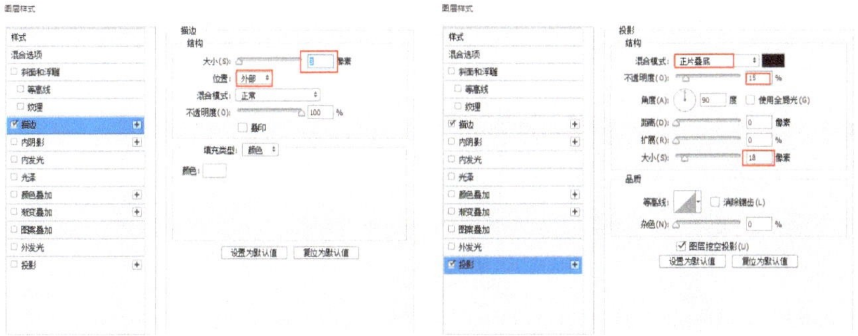

图5-124

图5-125

» 内容部分设计

18. 由于每个蛋的颜色不一样，所以，投影颜色也应该是不一样的，这就是环境光对物体的影响，如图 5-126 所示。

图5-126

» 积雪的制作

19. 新建一个图层，使用"钢笔工具"画出积雪覆盖的形状，并按 Ctrl+Enter 快捷键把路径转换为曲线，然后填充为白色，如图 5-127 所示。

图5-127

20. 新建一个图层，按住 Alt 键单击图层与图层的中间部分，形成图层的包含关系，如图 5-128 所示。使用“画笔工具”画出积雪的暗部，设置颜色为（R:239，G:232，B:217），使积雪具有立体感，效果如图 5-129 所示。

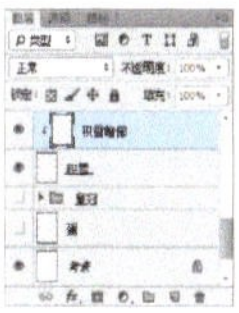

图5-128

21. 依次绘制出锤子、按钮、问号、翅膀等辅助搭配的元素，效果如图 5-130 所示。

图5-129

图5-130

22. 使用前面为“蛋”着色的方法，依次给其他的蛋上色。蛋在这里有一个“彩蛋”的隐喻，象征意外惊喜，字体为“微软雅黑的粗体”，并在字体上面堆积一些积雪来营造气氛，投影的细节一定要调节到位，切记不要使用投影的默认参数，如图 5-131~ 图 5-133 所示。

图5-131

图5-132

图5-133

提示

在颜色很多的情况下想让设计显得不乱，让所有颜色的饱和度和明度保持一致即可。

23. 最终效果如图 5-134 所示。

图5-134

思考 怎样让平面设计"不平面"?
后扁平化风格的设计是怎样的?

第6章

图像合成类案例分析与制作

6.1 水彩水墨风格——烟雨江南专题页面

图6-1

5 月的烟雨江南专题是个系列专题，这个时间段会有规地出现，这主要是针对江浙地区提升区域销售的专题。为什么要选择江浙地区呢？从运营的角度来说主要有两个原因，一是江浙地区是电子商务的起源地，二是江浙地区的购买力和消费能力都较强，客单价高。效果如图 6-1 所示。

6.1.1 设计思路

1.分析术

策划想要的是一种江南女子般的感觉，并以各种品种的花来代表各个品类，就如这次命题一样繁花似锦，但又不会过于娇艳。

2.整理术

» 切入点

策划提供了一首《梦江南》的诗供设计师找灵感。至此，通过这些沟通基本确定了这次设计的风格——水墨风格。

» 关键词

水墨风格的特点：墨、纸、书（书法）、印。墨就是水墨，以纸为媒介，文案则使用书法字体，以印章作为信息承载和细节点缀，下面将逐步展开详细讲解，关键词整理如图 6-2 所示。

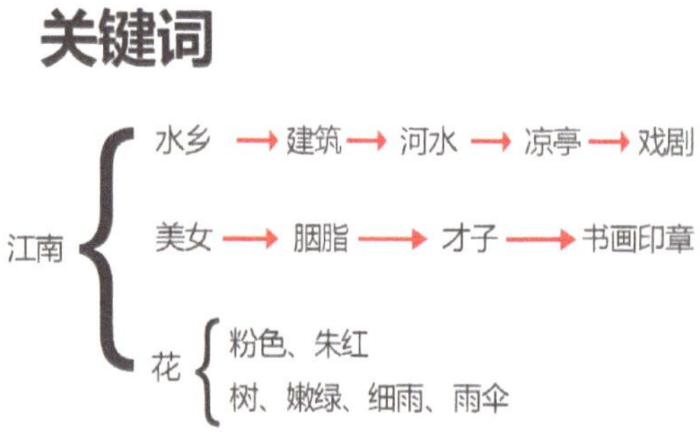

图6-2

6.1.2 页面分析

1.配色方案

如图 6-3 所示，因为整体风格以中国风为主，那么在整体的色调上以中国传统的红黑色为主。主色以中明度、高纯度的红色为主；辅色以暗黑色为主，辅以背景色的浅色灰；突出色以各式花朵的点缀色为主，丰富画面感觉。

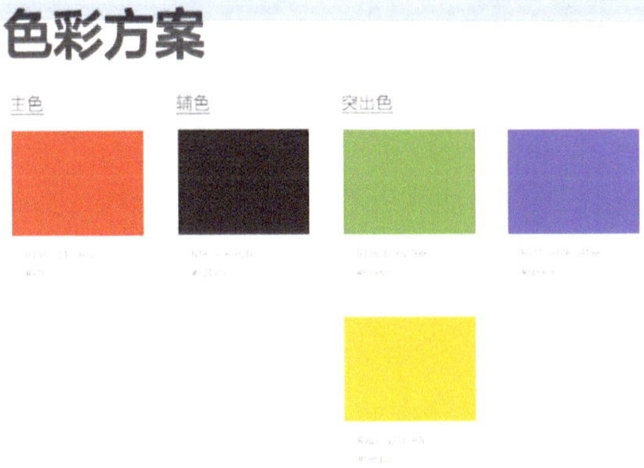

图6-3

2.页面布局

页面布局如图 6-4 所示。

图6-4

6.1.3 绘制过程

实例位置：实例文件 >CH06>6. 1 源文件 . psd、6. 1 效果图 . jpg

素材位置：素材文件 >CH06>6. 1 素材

» 图片的水墨处理

01. 启动 Photoshop，打开素材原图，按 Ctrl+J 快捷键复制一个图层，如图 6-5 所示。按 Ctrl+L 快捷键选择“色阶”命令，并对参数进行调整，如图 6-6 所示。调整的目的是让暗部更加纯粹，并且在不损失细节的情况下提亮亮度，效果如图 6-7 所示。

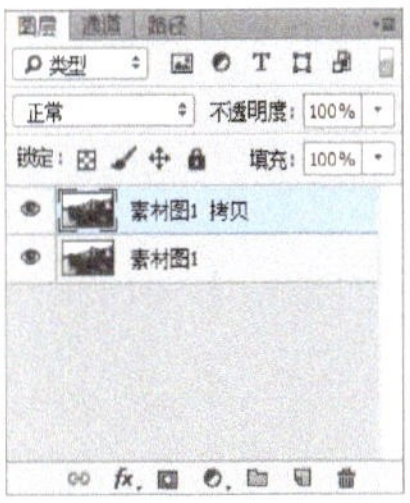

图6-5

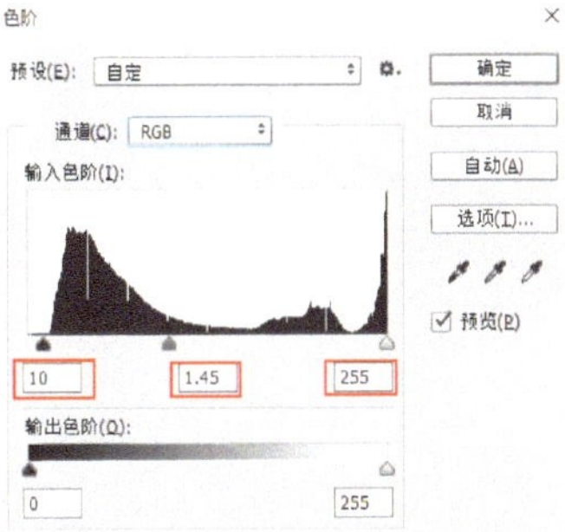

图6-6

图6-7

02. 执行“滤镜 > 模糊 > 表面模糊”菜单命令，调整“阈值”为 18，如图 6-8 所示，效果如图 6-9 所示。

图6-8

图6-9

03. 使用“色阶”命令调节画面，单击图 6-10 中红圈内的吸管工具，然后单击素材图中的红圈区域，使偏黄的地方完全变为白色，效果如图 6-11 所示。

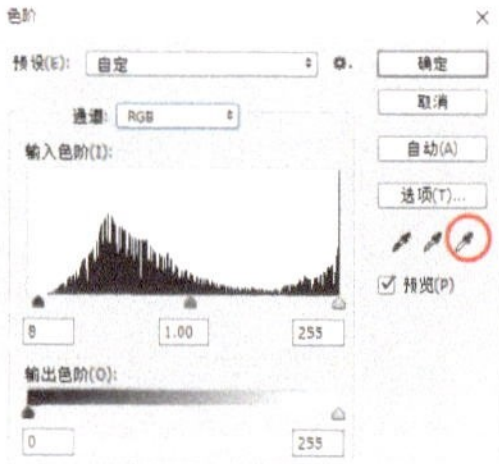

图6-10

图6-11

04. 使用“套索工具”框选出素材中的建筑部分，在图层上单击鼠标右键，在弹出的快捷菜单中选择“调整边缘”命令，在弹出的对话框中将“羽化”值设置为 23 像素，如图 6-12 所示，效果如图 6-13 所示。

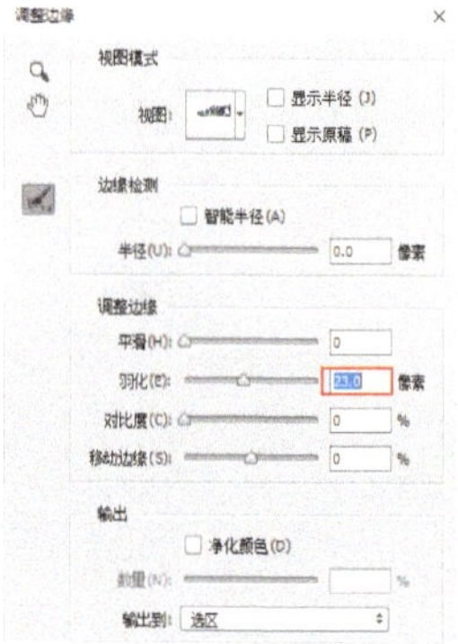

图6-12

图6-13

05. 调整“色阶”选项，使房檐的黑色变为更深的墨色，如图 6-14 和图 6-15 所示。

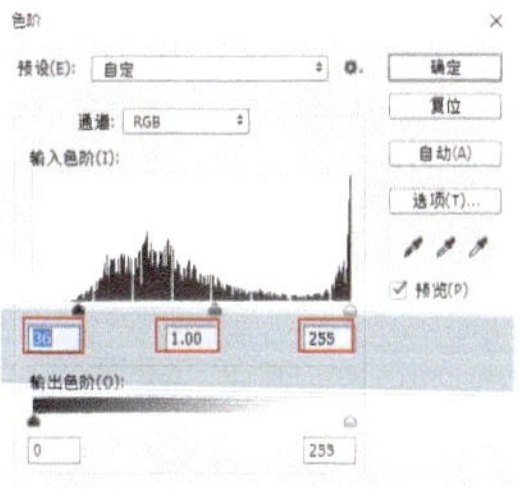

图6-14

图6-15

06. 执行“滤镜 > 杂色 > 添加杂色”菜单命令，设置“数量”为 2.5%，设置分布为“平均分布”，勾选“单色”复选框，如图 6-16 所示。这一步是为了模拟出墨画在纸上的质感，效果如图 6-17 所示。

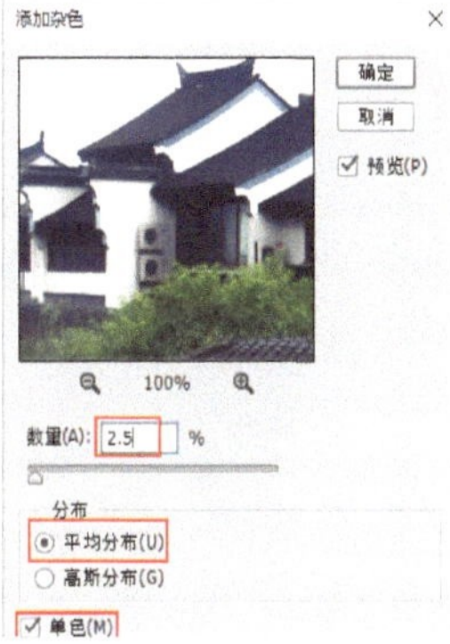

图6-16

图6-17

07. 使用“套索工具”框选出绿色植物部分，在图层上单击鼠标右键，在弹出的快捷菜单中选择“调整边缘”命令，在弹出的对话框中对羽化值进行设置，效果如图 6-18 所示。对绿色植物部分分别进行“色阶”“色相 / 饱和度”和“曲线”调整，最后得到的效果如图 6-19 所示。

图6-18

图6-19

08. 新建图层，命名为“烟雨江南专题”，尺寸与之前的一样即可。把宣纸素材拖入新建的图层，将处理好的素材图片也拖入新建的图层，但要注意宣纸素材图层要在其他所有素材图层之上。把宣纸素材的图层样式设置为“线性加深”，调整完成后给人的感觉就像是画在宣纸上的效果，如图 6-20 所示。

09. 在宣纸素材图层下面新建一个空白图层，图层模式设置为“柔光”，调节前景色为绿色（R:165，G:196，B:104）。使用“画笔工具” 在该空白图层上进行着色处理，设置“大小”为 90 像素，使绿色植物的颜色更加漂亮，得到的效果如图 6-21 所示。

图6-20

图6-21

10. 对用于点缀的梅花素材进行处理，执行“滤镜 > 表面模糊”菜单命令，设置“半径”为 8 像素，“阈值”为 28，如图 6-22 所示。调整后的效果如图 6-23 所示。

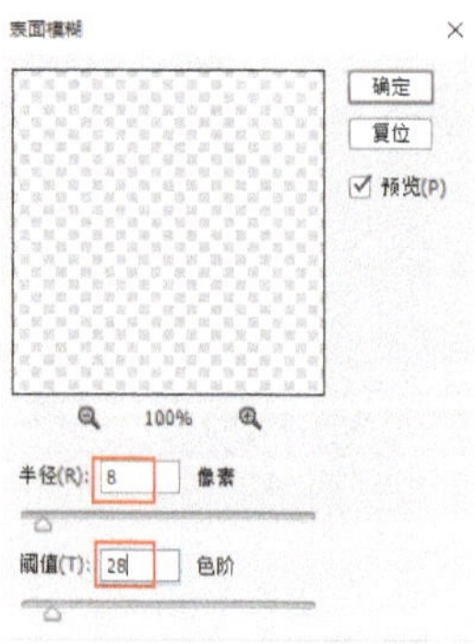

图6-22

图6-23

11. 将处理好的梅花素材放到合适的位置，按 Ctrl+T 快捷键进行大小和位置的调整，如图 6-24 所示。调整后把梅花的图层样式设置为“深色”，并且使用“蒙版工具”把多余的地方擦除，如图 6-25 所示。效果如图 6-26 所示。

图6-24

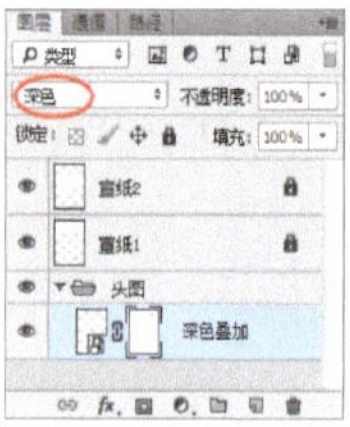

图6-25

图6-26

12. 对素材做拼接处理。如图 6-27 和图 6-28 所示，这些素材一方面可以补充画面中的不足，另一方面可以丰富画面，让画面更加生动。对素材进行拼接处理后再加入渔船和鸭子，效果如图 6-29 所示。

图6-27

图6-28

图6-29

» 主题文案排版与设计

13. 对文案进行处理，之前在专题评选页面中讲过文字排版的几种方式，由于这次是中国风水墨风格，所以使用的是竖排版的方式。使用“金梅流行书字体”作为主标题字体，“细明体”作为副标题字体。为什么要选择这两种字体呢？首先，画面为写意式的水墨风格，所以，选择行书为主标题字体，这样使画面更加灵动，如果使用楷书或隶属的话会使整个画面略显呆板。另外，书法字体本身也是中国艺术形式的一种，可以说书法并不只是“字”，还是一种艺术。副标题的字体选择是因为该字体的风格更倾向于古籍的印刷体，识别性相对较高，可以使用于副标题或活动时间这种信息类的文字，让人很轻松就能看明白，效果如图 6-30 所示。

14. 此时的画面显得过于素气，整体感觉上不像 5 月的江南，而且副标题“繁花似锦”的风格没有体现出来，所以，接着添加一些花的元素，添加后的效果如图 6-31 所示。

图6-30

图6-31

图6-32

15. 添加一些花瓣和印章，让画面的点线面的结构更加合理和丰富，进一步来诠释中国风的诗书画印，效果如图 6-32 所示。

» 内容部分设计

16. 要注意画面中“破”的原理，简单来说，就是不要把画面全部放在一起，有一些元素要破除边界，这样会让画面有更强的纵深感和扩展效果，并且给人一种看不到的遐想，我们需要注意的就是整体排版的节奏感。图 6-33 所示的示意图就是本专题的排版规律，图中圆形部分是每组信息的主体，弯曲的线是浏览者的视觉路线，也就是浏览者看专题页时的方向和路线，而这个“视觉路线”的目的是使用排版来引导浏览者按照我们的想法来观看专题。

图6-33

17. 为什么要让浏览者按照我们的想法来观看专题呢？这是由电商专题的属性来决定的，我们最终的目的是希望浏览者尽可能的长时间停留在页面上，最终达到销售商品的目的。当然，这样的排版方式也能凸显出设计上的美观，如图 6-34 所示。

18. 注意整体颜色的控制，最好不要超过 4 种颜色，例如，图 6-34 中的红色、粉色、绿色、黑色。在同种类的元素中，把这些颜色的明度和饱和度尽量调整为一致的，例如，图 6-35 中的紫罗兰、图 6-36 中的杜鹃花、图 6-37 中的向日葵、图 6-38 中的满天星、图 6-39 中的月季。

图6-34

图6-35

图6-36

图6-37

图6-38

图6-39

» 返回按钮和 MINI 导航

19. 在电商专题中，返回按钮和 MINI 导航是不可或缺的，也是使用率比较高的，因此，它们的设计既要突出功能，又要安排巧妙，而且不能过于突出，以免抢走主体的视觉。本次专题使用的是水墨风格，所以，就以写意水墨风格来进行设计。首先需要下载笔刷，并且安装。水墨笔刷使用的时候应该先设置一下它的“不透明度”，多试几次来观察“墨”的深浅变化，如图 6-40 所示。

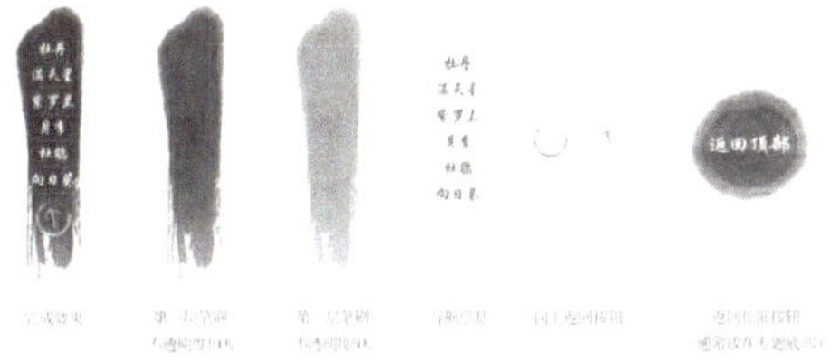

图6-40

20. 整体效果如图 6-41 所示。

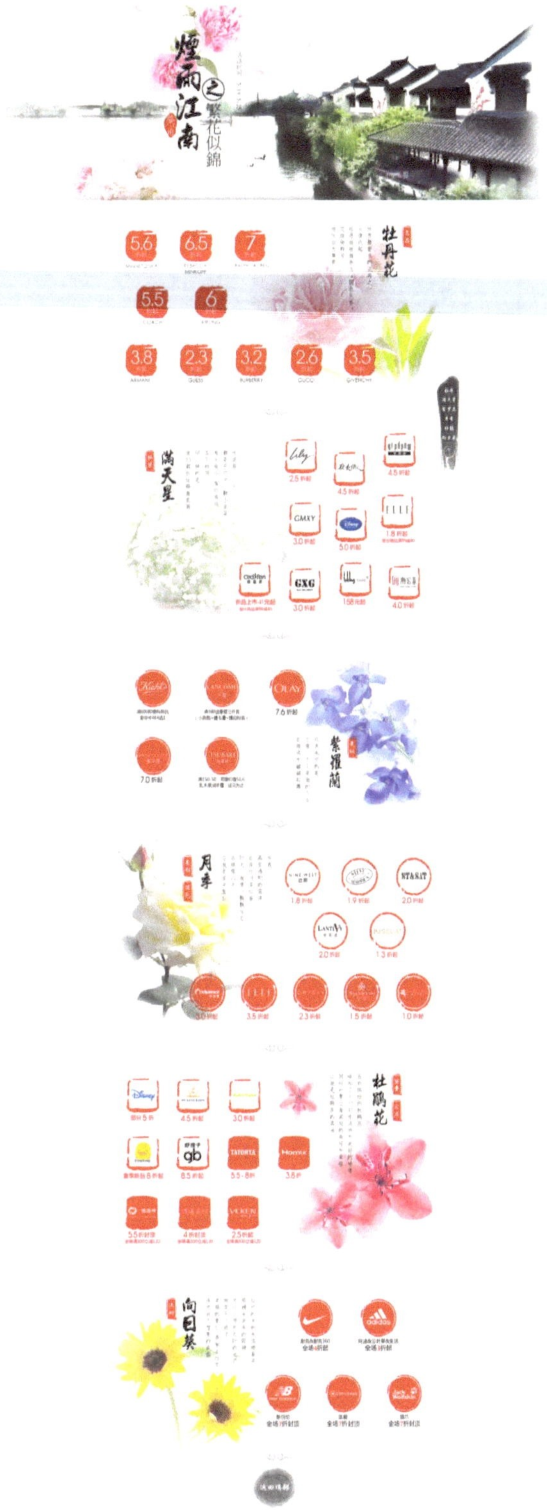

图6-41

6.2 宏伟大气风格——银泰“双12”专题页面

图6-42

“致终挥霍”专题的设计思路主要是想展现画面的宏大场景，而这种宏大场景的制作离不开合成的整体创意，如图 6-42 所示。

6.2.1 设计思路

1.分析术

每年年底是电商的节日，从 11 月份开始（双 11）到春节，这段时间是大家开启疯狂购物模式的时间，但也是电商设计师最累、加班最多的时候。相传 2012 年是玛雅历的世界末日，当然这是虚构的，但并不妨碍人们以各种名义来狂欢。

这次的专题是全品类的大专题，屏数非常多。这个专题很长，本案例只展示了其中的三分之一，之前做的时候已经向策划建议过，页面过长，客户在阅读上肯定会有问题，但是最后还是因为各种原因使用了长页面。这里提醒大家，设计师不只是做设计，还要时刻关注用户体验，并与策划和需求方多沟通，互相提醒。

2.整理术

这种大场景的专题设计有一个窍门——电影，电影中的一些元素是极其能衬托气氛的。筛选的关键词如图 6-43 所示。

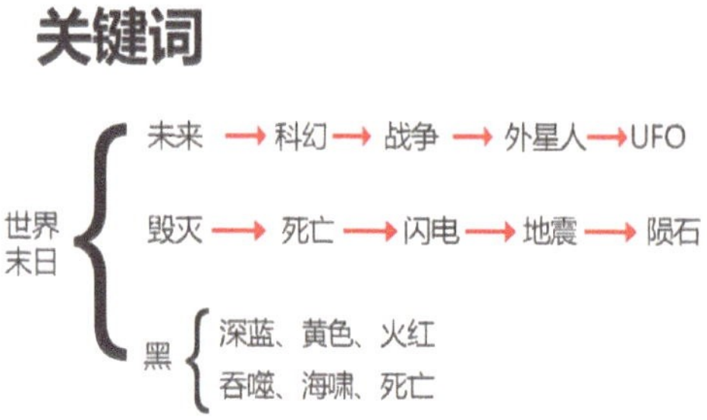

图6-43

根据这些关键词收集了一些相关的素材，如图 6-44 所示。

图6-44

这些素材不仅是使用于设计中的元素，也是设计的灵感来源，所以尽量多收集一些。

6.2.2 页面分析

1.配色方案

如图 6-45 所示，整体风格以暗色调为主；主色以低明度、低纯度的墨水蓝色为主，给人一种深邃感；辅色以中纯度、低明度的浅灰蓝色，让整体页面在色彩上有明暗对比；突出色以中纯度、中明度的烟黄色为主。

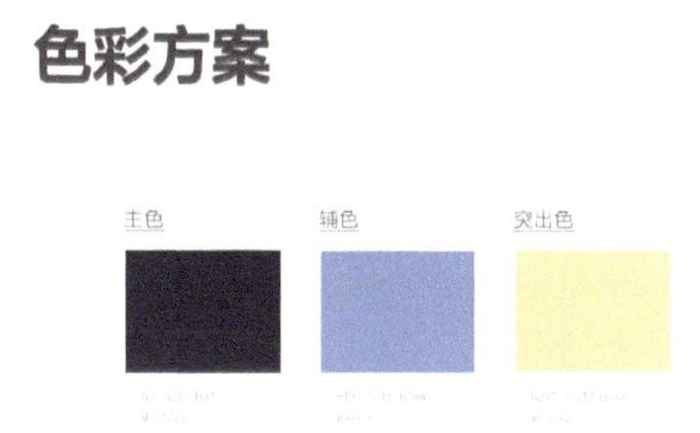

图6-45

2.页面布局

页面布局如图 6-46 所示。

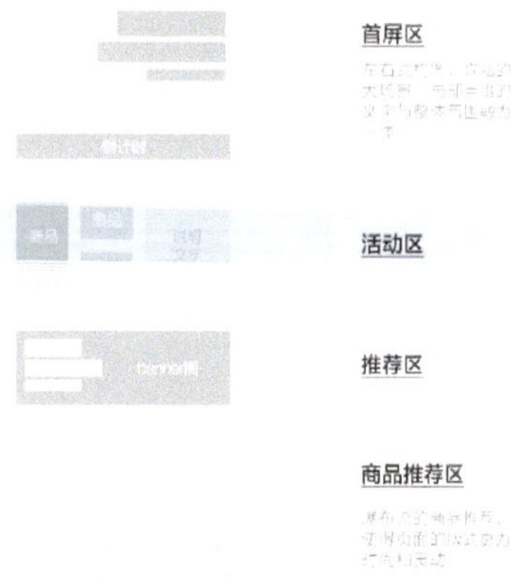

图6-46

6.2.3 绘制过程

实例位置：实例文件 >CH06>6.2 源文件 .psd、6.2 效果图 .jpg
素材位置：素材文件 >CH06>6.2 素材

» 头图设计

01. 选取一张素材图作为画面的基础（最好是高清大图），后面的所有元素都会根据这张图来添加和叠加。为了表现画面的宏大场景，头图选用了 1920 像素的宽屏显示。根据不同主题进行适当改变以达到最佳的设计效果和表现效果，而不是使用固定的思维和标准进行思考，这是设计师在设计时非常需要注意的。对素材图的两侧部分进行填充，填充的方法主要是使用“拉伸”和“仿制图章”工具进行填充。原图如图 6-47 所示，填充完成后的效果图如图 6-48 所示。

图6-47

图6-48

提示

修改后的宽屏效果类似电影的宽屏比例，更能表现出场景的宏大，给人震撼的感觉。另外，需要注意的是，拉伸的时候不能让物体失真或模糊，拉伸不到的地方使用图章工具来进行填补。

02. 新建一个空白图层，把图层混合模式设置为“正片叠底”，将前景色设置为蓝色(R:93，G:162，B:190)，选择“画笔工具”并设置其“大小”为 150 像素，“不透明度”为 80%，在空白图层上的海水部分进行绘画，如图 6-49 所示。

图6-49

03. 新建一个空白图层，把图层混合模式设置为“正片叠底”，使用同样的方式来画天空部分。下面为整体画面调色，连续做 3 次色彩平衡，但每次的参数设置都不同，观察画面，参数设置如图 6-50 所示。使用“蒙版工具”擦除过暗或过亮的部分，效果如图 6-51 所示。

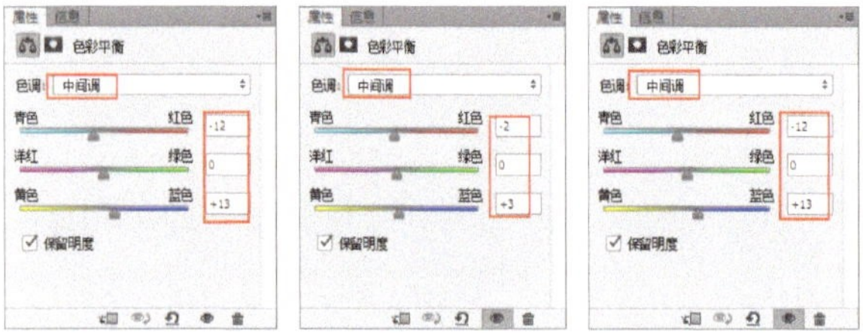

图6-50

图6-51

04. 选择“色阶”选项，连续进行两次色阶处理，同样使用“蒙版工具”来调节画面，并对海浪部分进行再次调节，参数设置如图 6-52 所示，效果如图 6-53 所示。

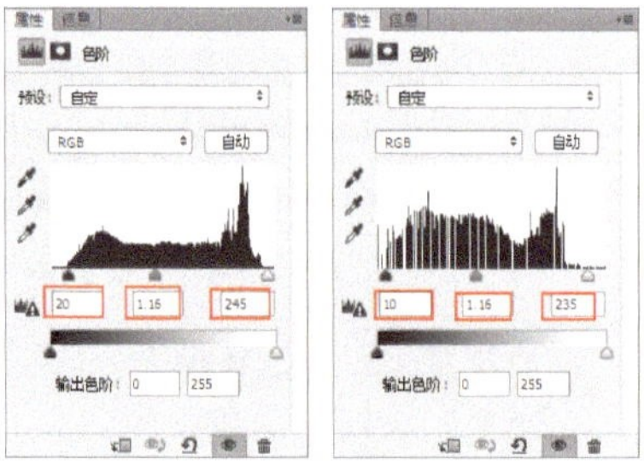

图6-52

图6-53

05. 这一步来制作天空。在设计之前已经设定好了基础颜色——深蓝色和土黄色，这样选择有两个原因：一是因为这种色调符合灾难的设定，二是因为黄、蓝互为补色，对画面有着比较强的视觉冲击力。把另外一张素材图放到天空处，如图 6-54 所示。使用“蒙版工具”擦除不需要的部分，使两者很好地融合，效果如图 6-55 所示。

图6-54

图6-55

06. 添加陨石素材，如图 6-56 所示。使用“蒙版工具”擦除不需要的地方，效果如图 6-57 所示。

图6-56

图6-57

07. 在天空和陨石素材的中间新建一个空白图层，把图层的混合模式设置为“叠加”，然后选取相近的黄色来修补两个素材衔接的部分，让天空更自然和真实。由于天空部分缺少衔接的元素，所以，用小一些的陨石素材来填充。使用“选区工具”选择一个陨石并进行“调整边缘”处理，设置“羽化”值为 15 像素，“移动边缘”为 -20%，如图 6-58 所示。最后的效果如图 6-59 所示。

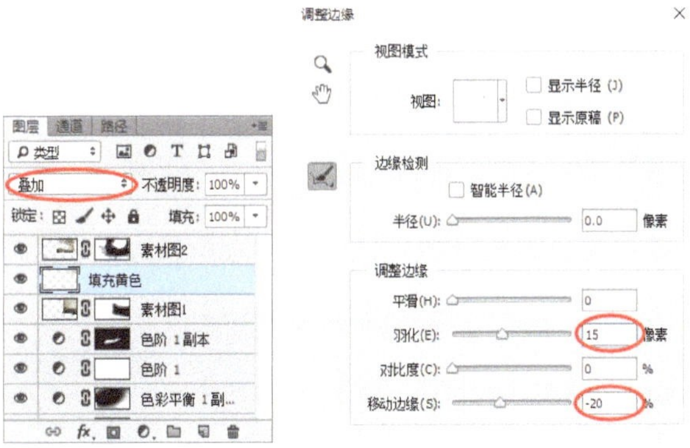

图6-58

图6-59

08. 按 Ctrl+T 快捷键调节陨石的大小，如图 6-60 所示。最后的效果如图 6-61 所示。

图6-60

图6-61

09. 下面制作乌云和闪电元素，把乌云素材放置到合适的位置，如图 6-62 所示。把该图层的混合模式设置为“正片叠底”，“不透明度”设置为 50%，使用“蒙版工具”擦除不需要的地方，效果如图 6-63 所示。

图6-62

图6-63

10. 下面介绍闪电的制作方法。闪电是使用“画笔工具”来绘制的，所以，需要下载并安装闪电元素的笔刷。选择一个闪电笔刷，设置“大小”为 280 像素，然后新建一个图层，取名为“闪电”，设置颜色为浅蓝色（R:231，G:243，B:255），这样画出来的闪电更亮、更真实，效果如图 6-64 所示。

11. 多画几个闪电来烘托气氛，另外要注意的是，闪电的根部要与乌云衔接好，使闪电看上去就像是从乌云中发出的，效果如图 6-65 所示。

图6-64

图6-65

12. 为了增加天空的气氛，新建一个空白图层，将图层的混合模式设置为“滤色”，将前景色设置为浅黄色（R:225，G:210，B:163），然后使用“画笔工具”进行涂抹，将画笔“大小”设置为600像素，将“不透明度”设置为80%，效果如图6-66所示。

13. 接下来制作火的元素。新建图层，将图层的混合模式设置为“叠加”，设置前景色为红色（R:216，G:42，B:25），在有建筑的地方使用“画笔工具”画出“火”的底色，如图6-67所示。

图6-66

图6-67

14. 打开火的素材图片，选择其中的一团火，并把图层的混合模式更改为“变亮”，然后将其放置到相应的地方，如图6-68~图6-70所示。

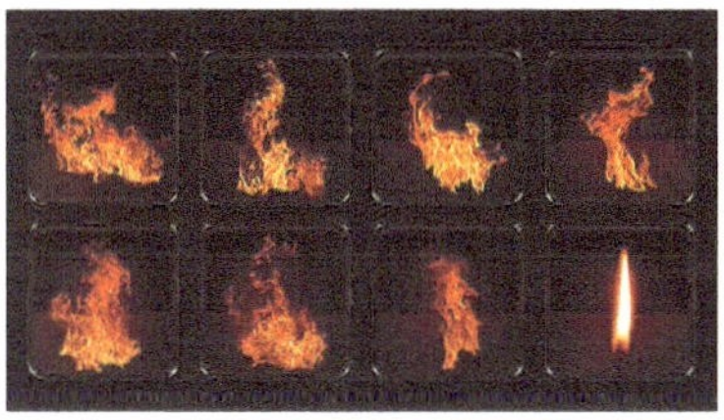

图6-68

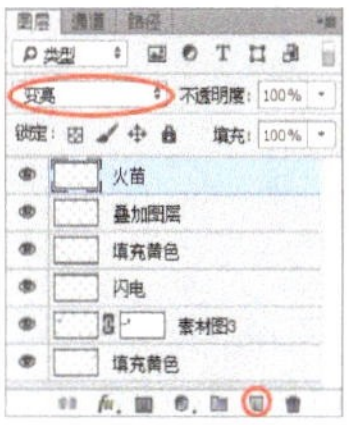

图6-69

图6-70

15. 此时，火给人的感觉并不真实，接着添加元素使火更加真实、强烈。按Ctrl+J快捷键复制火的图层，并把复制后的图层的混合模式更改为“滤色”，调整后的火更加真实一些了，如图6-71所示。

16. 在其他地方继续添加不同的火焰素材，如图6-72所示。

图6-71

图6-72

17. 为了增加氛围，在红色的火焰中心添加橘黄色的炎心，让人感觉火烧得很旺。注意着火的“火光”部分要讲究一些，不要全部堆放在一起，如图 6-73 所示。

18. 添加一些其他增加氛围的小元素，如月亮、坠入大海的陨石、倾倒的轮船和空中的飞机等。飞机的加入其实与电影情节中男女主角逃离灾难的暗喻一样，代表着希望，如图 6-74 所示。

图6-73

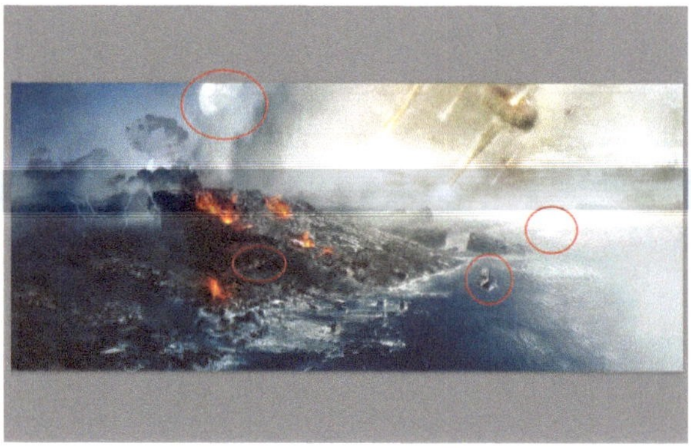

图6-74

19. 对画面整体进行细微的色调调节，让画面更亮一些，设置“输出色阶”为 255，如图 6-75 所示，效果如图 6-76 所示。

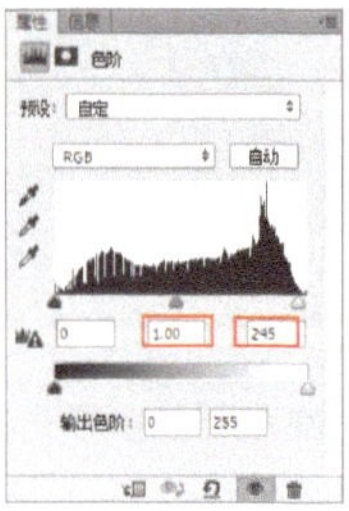

图6-75

图6-76

» 主题文案排版与设计

20. 头图文案主标题中的中文字体是“汉鼎简新艺体”，选择这个字体是因为对后期的样式处理有优势。数字选用的是“AgencyFB”字体，选这个字体与电影的数字字体很像。字体的排版方式为右对齐，主要是与“坠入海中的陆地”的形状形成呼应，并且这样能最大限度地让阅读更清晰，效果如图 6-77 所示。

图6-77

21. 字体排列好后开始做字体的样式，这次选择的是用金属字体来搭配整个画面。“斜面和浮雕”的参数设置，如图 6-78 所示；“内阴影”的参数设置，如图 6-79 所示；“内发光”的参数设置，如图 6-80 所示；“光泽”的参数设置，如图 6-81 所示；“颜色叠加”的参数设置，如图 6-82 所示；“渐变叠加”的参数设置，如图 6-83 所示；“图案叠加”的参数设置，如图 6-84 所示。最终效果如图 6-85 所示。

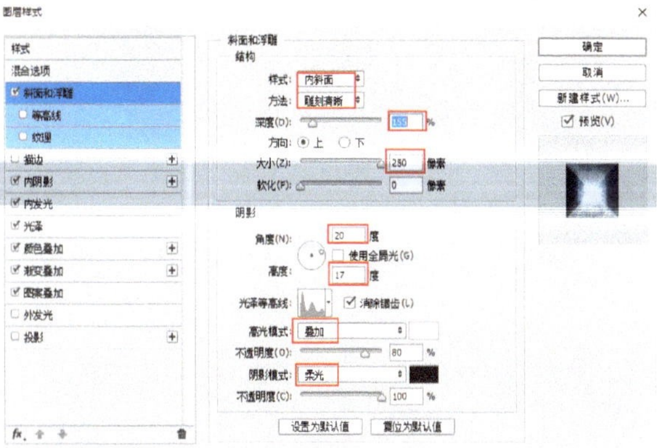

图6-78

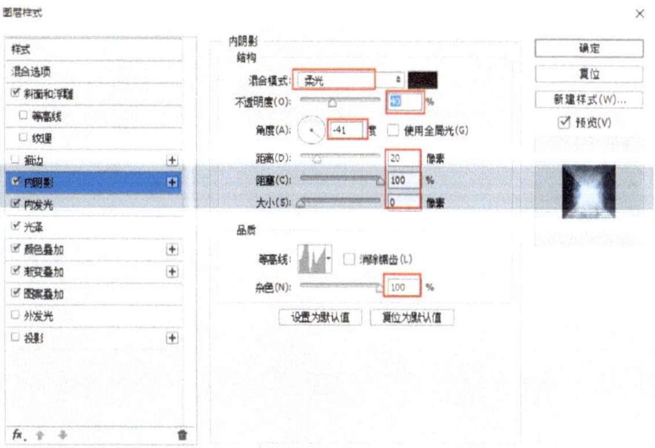

图6-79

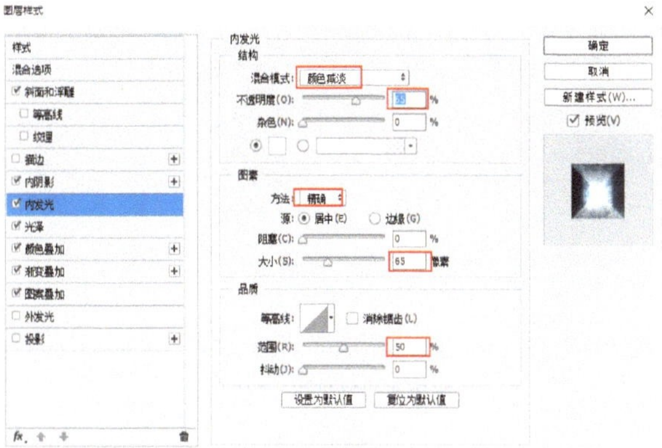

图6-80

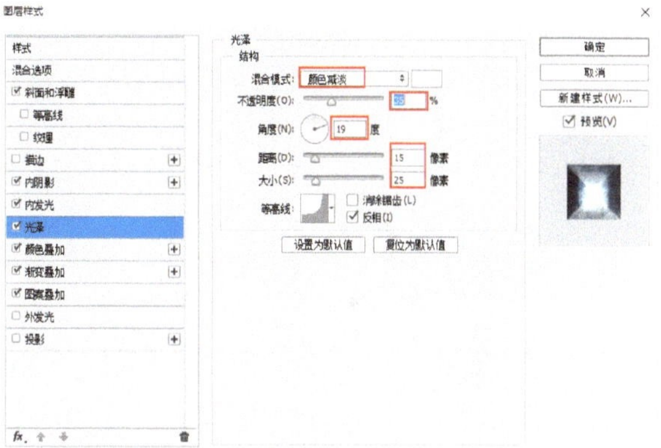

图6-81

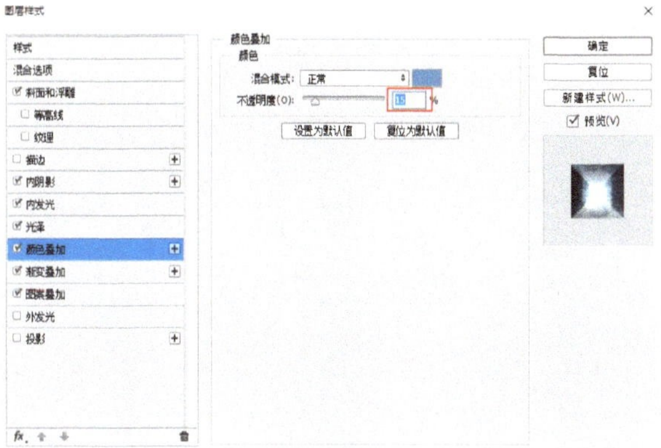

图6-82

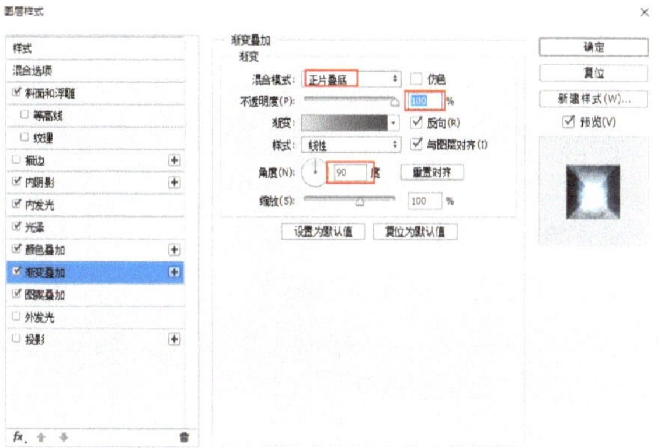

图6-83

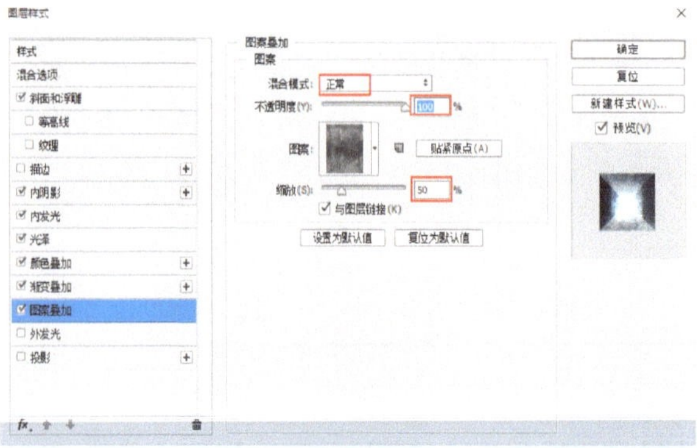

图6-84

图6-85

提示

这里着重讲解一下“图案叠加”的制作方法，选用一张金属素材图，执行“菜单＞编辑＞定义图案”菜单命令后，定义的图案就会出现在图案选择的下拉列表中，选择即可，如图6-86所示。

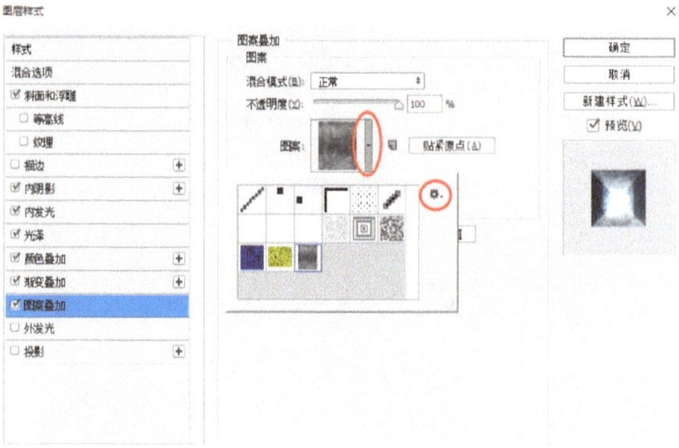

图6-86

» 内容部分设计

22. 倒计时的时钟设计，这个部分有一个交互设计技巧，倒计时的数字是可以变动的，并且把倒计时设置到“秒”来表现紧迫感，也表示一大波优惠就要来临了。时钟的做法与字体样式的做法是一样的，直接把字体的样式复制过来就可以了，在字体上单击鼠标右键，在弹出的快捷菜单中选择“拷贝图层样式”命令，如图6-87所示。选择要复制的图层，同样单击鼠标右键，在弹出的快捷菜单中选择“粘贴图层样式”命令，效果如图6-88所示。

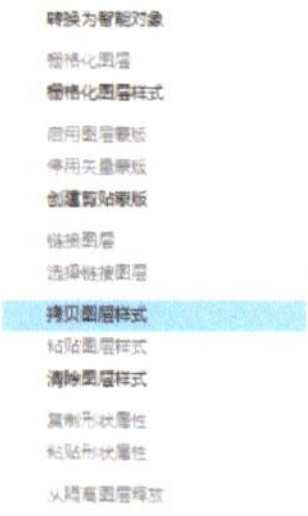

图6-87

图6-88

23. 选择一张飞船的素材图，如图 6-89 所示。使用“蒙版工具”对四周进行羽化处理，效果如图 6-90 所示。

图6-89

图6-90

24. 新建一个图层，将图层的混合模式设置为“变亮”，将前景色设置为红色（R:133，G:56，B:42），使用画笔在飞船的引擎处画出红色的光晕，效果如图 6-91 所示。

图6-91

25. 进行内容楼层的文案排版，把商品排列上去设计就完成了。最终效果如图 6-92 所示。

图6-92

6.3 暗黑金属风格——3周年店庆专题页面

电商行业每年都有几个固定的大节日，众所周知，“双 11”是最大的也是最有名气的电商节日。除此之外，各个电商的周年庆是第二大促销节日。这种大的节日往往有个特点，就是绝对不止一天，因此出现了一波接一波的大促狂潮。下面的案例就是中后期的一波促销，如图 6-93 所示。

图6-93

6.3.1 设计思路

1.分析术

本案例也是从电影中获得的灵感来进行设计的。

2.整理术

» 切入点

银泰三周年店庆总共分为 4 波，每一波风格不尽相同，由于店庆进行到了中后期，人们的购买欲相比前两波已经消退了不少，因此，需要做一种风格差异较大的设计。

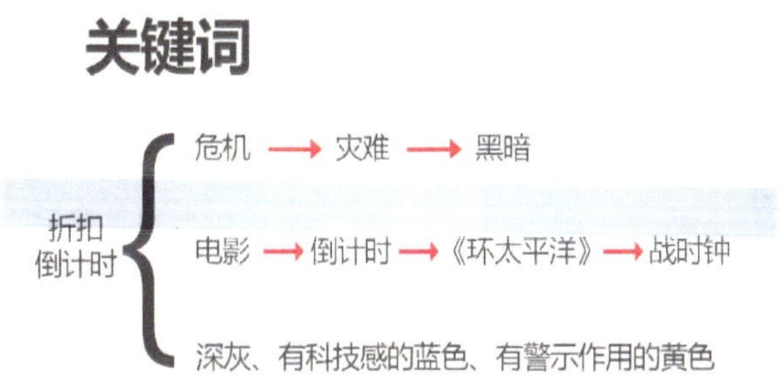

图6-94

» 关键词

前一段时间看了电影《环太平洋》，感觉里面的效果非常让人震撼，战时钟出现的时候也是电影高潮即将出现的时候，战时钟的倒计时给了我很深的印象，正好这次的感觉与战时钟比较相符，所以，这次的专题做成一种倒计时的感觉。关键词如图 6-94 所示。

6.3.2 页面分析

1.配色

如图 6-95 所示，整体风格以暗黑色为主；主色以低纯度、低明度的深灰色为主，给人一种活动的重量感；辅色以亮黄色为主，给人一种醒目的视觉感受；突出色以中纯度、高明度的科技蓝色为主，加强颜色的对比关系。

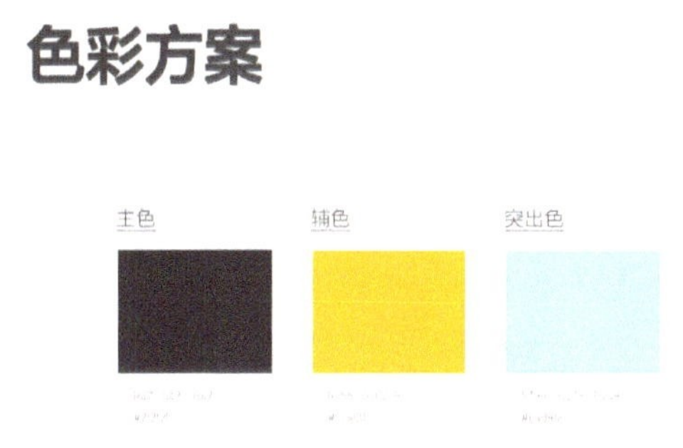

图6-95

2.页面布局

页面布局如图 6-96 所示。

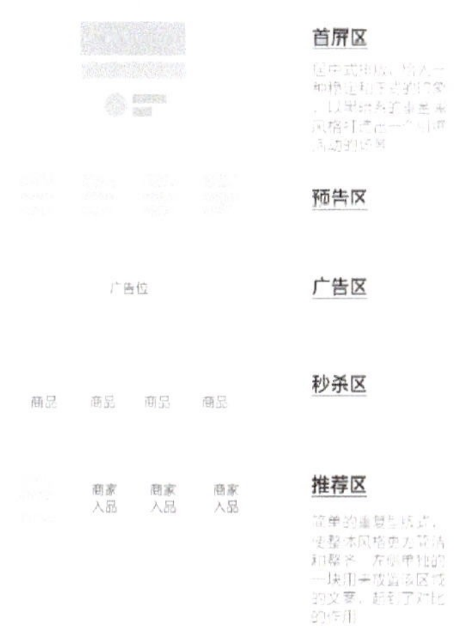

图6-96

6.3.3 绘制过程

实例位置：实例文件 >CH06>6. 3 源文件 . psd、6. 3 效果图 . jpg

素材位置：素材文件 >CH06>6. 3 素材

» 底纹设计

01. 首先做一个最基础的底纹，为了使其更加有科技感，使用科幻电影中最常用的元素——六边形。新建一个高度为“114 像素”，宽度为“132 像素”的画布，填充颜色为（R:33，G:33，B:33），如图 6-97 所示。

02. 使用“多边形工具”绘制出一个边框为 4 像素的六边形，填充颜色为（R:37，G:37，B:37），并排列成图 6-98 所示的样式。

图6-97

图6-98

03. 执行“编辑 > 定义图案”菜单命令，出现一个选框，单击“确定”按钮，如图 6-99 所示。新建一个宽度为“1920 像素”，高度为“5000 像素”的画布，再新建一个图层，并在这个图层上设置“图案叠加”，效果如图 6-100 所示。

图6-99

图6-100

» 按钮部分设计

04. 下面开始做战时钟的旋钮部分。首先制作转钮轴，使用“矩形工具”绘制一个“110 像素 ×285 像素”的矩形，如图 6-101 所示。在矩形上进行“渐变叠加”的设置，渐变颜色从左到右依次是（R:25，G:20，B:17）（R:49，G:39，B32）（R:21，G:20，B:20）（R:26，G:24，B:25）（R:96，G:96，B:96）（R:24，G:22，B:23），如图 6-102 和图 6-103 所示。最后得到的效果如图 6-104 所示。

图6-101

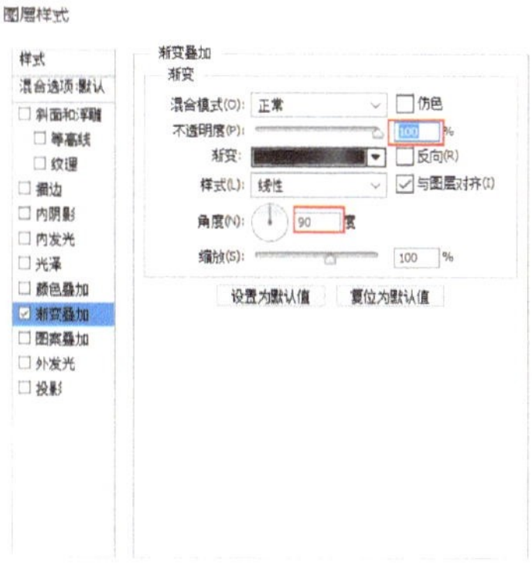

图6-102

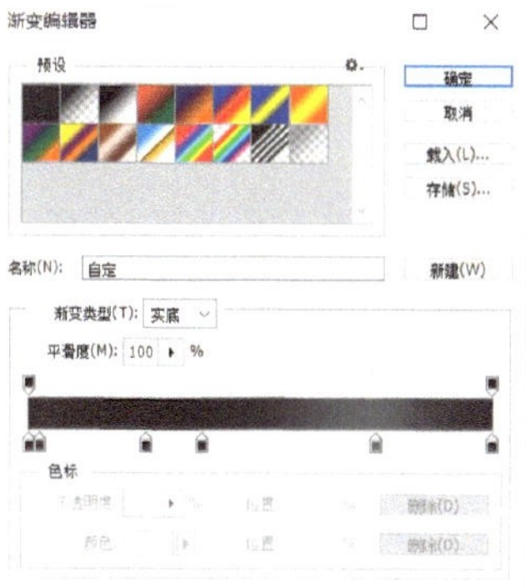

图6-103

图6-104

05. 为转钮轴添加一个有厚度的倒角，使其显得更立体，这里要注意两端的明暗变化，如图6-105所示。

06. 用同样的方法做出旋钮的凹槽线，如图 6-106 所示。

图6-105

图6-106

07. 再做一个小一点的矩形，如图 6-107 所示。对矩形进行“渐变叠加”效果的处理，渐变颜色从左到右依次是(R:31，G:27，B:29)(R:51，G:46，B:42)(R:2，G:0，B:1)(R:2，G:0，B:1)(R:96，G:96，B:96)(R:22，G:22，B:22)，如图 6-108 和图 6-109 所示。最后得到的效果如图 6-110 所示。

图6-107

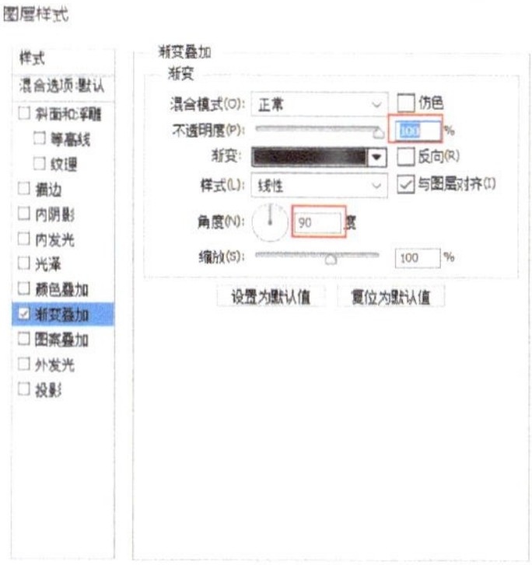

图6-108

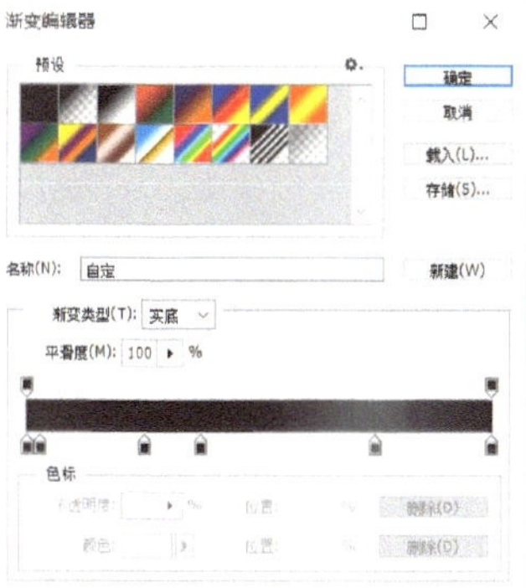

图6-109

图6-110

08. 用不同的颜色来区分旋钮和旋钮轴。同样，制作一个矩形，如图 6-111 所示。进行“渐变叠加”效果的处理，如图 6-112 和图 6-113 所示，效果如图 6-114 所示。

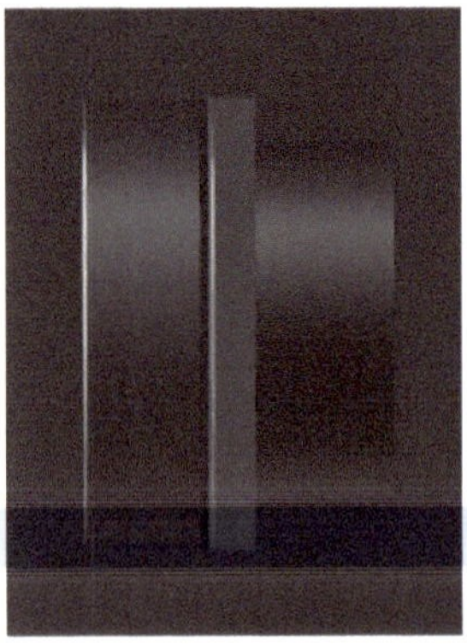
图6-111

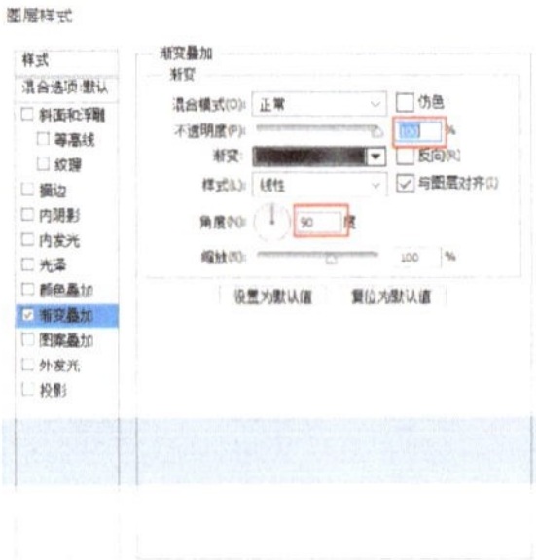
图6-112

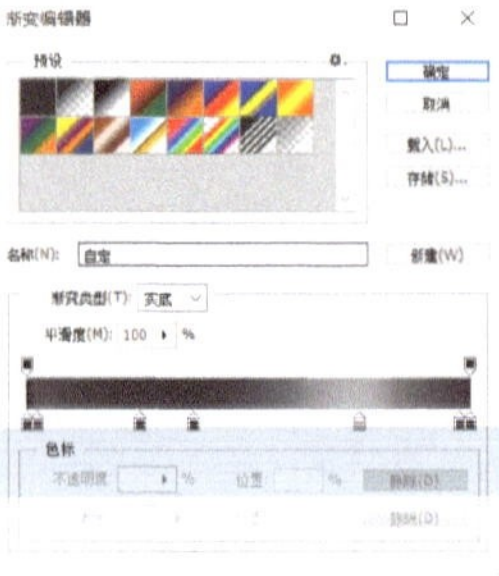
图6-113

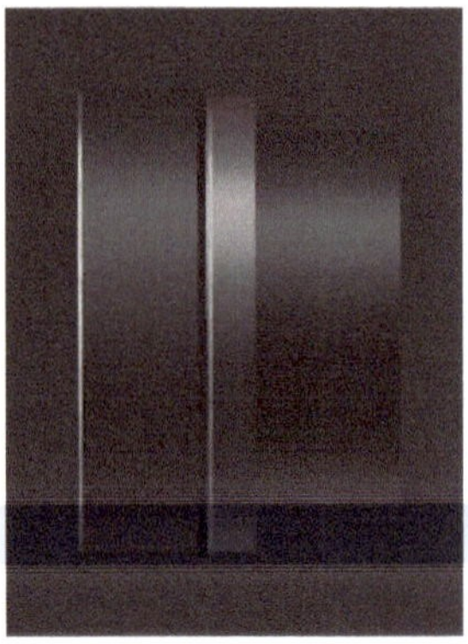
图6-114

09. 至此，转钮轴部分完成，接着是齿轮的制作。同样使用“矩形工具”画出一个矩形，如图 6-115 所示。要注意的是，绘制这些元素的时候都尽量使用形状类的工具来做，因为它的原理类似于矢量图形，缩放拉伸都不会变虚。同样，在矩形上做“渐变叠加”效果的处理，渐变颜色从左到右依次是（R:7，G:0，B:2）（R:77，G:69，B:70）（R:35，G:25，B:26），效果如图 6-116 所示。

图6-115

图6-116

10. 做齿轮上的凹槽，同样用渐变叠加的方式进行处理，效果如图 6-117 所示。

11. 现在看起来凹槽有点圆润，接着添加比较硬朗的明暗细节，效果如图 6-118 所示。

图6-117

图6-118

12. 为齿轮添加阴影，如图 6-119 所示。

13. 为齿轮添加厚度和倒角，如图 6-120 所示。

14. 齿轮基础结构到此就制作完成了，下面来做主体面板。先绘制一个圆角矩形，如图 6-121 所示。

图6-119

图6-120

图6-121

15. 分别为圆角矩形添加“描边”和“投影”效果，设置描边颜色为（R:94，G:84，B:86），如图 6-122~ 图 6-124 所示，效果如图 6-125 所示。

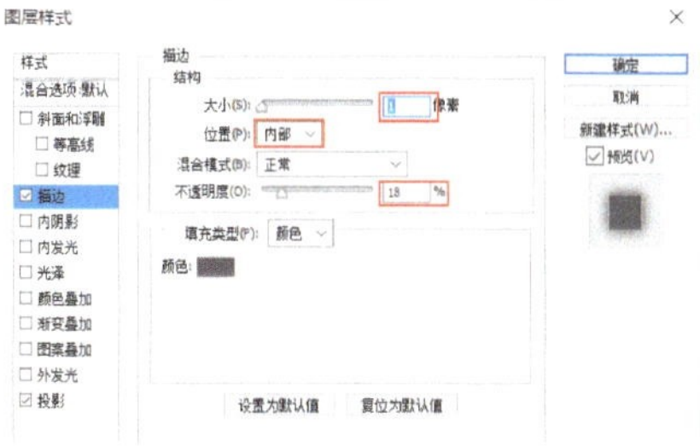

图6-122

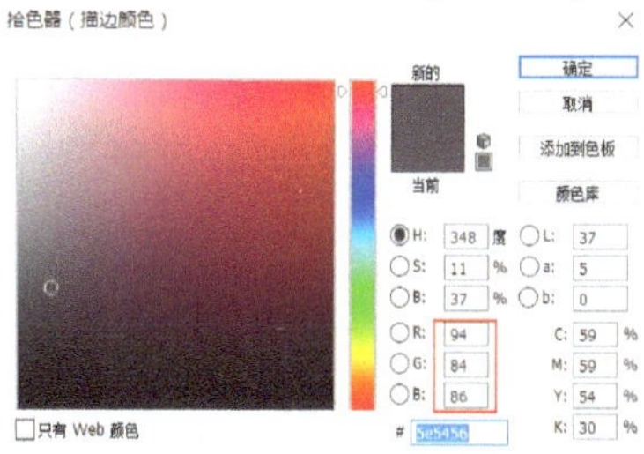

图6-123

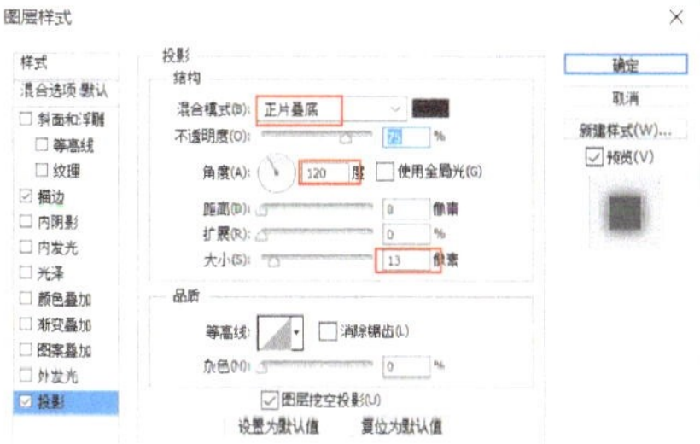

图6-124

图6-125

16. 拖入一张钢铁纹理的素材图，设置图层样式为“柔光”，并将其置入圆角矩形，如图 6-126 和图 6-127 所示。得到图 6-128 所示的效果。

图6-126

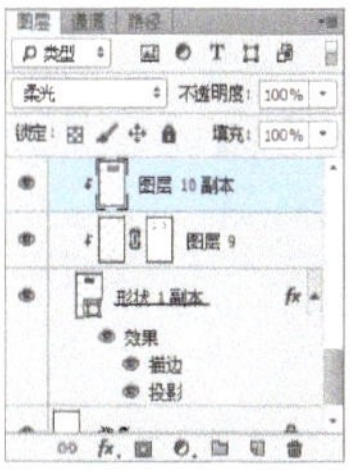

图6-127

图6-128

17. 为了增加真实感，再做一个折角效果，如图 6-129 所示。下面把做好的转钮轴、齿轮和主体面板组合起来，然后使用与主体面板同样的方法进行叠加纹理的处理，得到图 6-130 所示的效果。

图6-129

图6-130

18. 由于是模仿战时钟来做的，所以要做出一种翻牌的效果。首先复制3个主题面板，并且依次缩小，如图 6-131 所示。使用“钢笔工具”在主体面板的两段添加锚点，分别往左、右两段挤压，如图 6-132 所示。

图6-131

图6-132

图6-133

19. 下面添加文案，同样为文字添加质感，选用一个金属划痕质感的素材叠加到文字上，如图 6-133~ 图 6-135 所示。

图6-134

图6-135

20. 对字体进行描边处理，按住 Ctrl 键，单击文字图层会出现选区，然后执行“编辑 > 描边”菜单命令，设置描边颜色为（R:33，G:33，B:33），如图 6-136~ 图 6-138 所示。

21. 为翻牌效果增加一个折痕。绘制两条高 2 像素的矩形线，长度与主体面板左右之间的距离相同，颜色分别是白色和（R:86，G:86，B:86）。把白色矩形线的图层模式设置为“柔光”，另一条矩形线的图层模式设置为“颜色减淡”，得到图 6-139 所示的效果。

图6-136

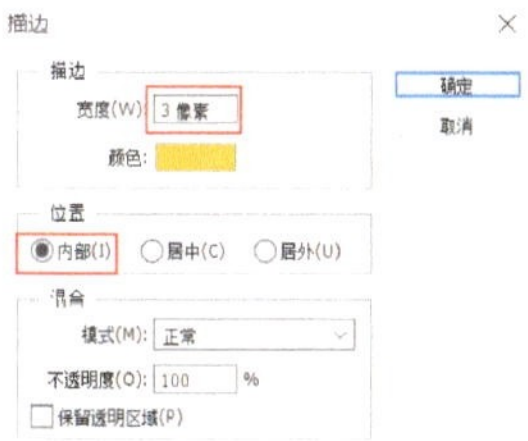

图6-137

图6-138

图6-139

22. 为了进一步增加细节，绘制几条电线。用“钢笔工具”绘制一个路径，如图 6-140 所示。按 Ctrl+Enter 快捷键将其转换为选区，执行“编辑 > 描边”菜单命令，设置宽度为 10 像素，颜色为（R:163，G:0，B:30），如图 6-141~ 图 6-143 所示。

图6-140

图6-141

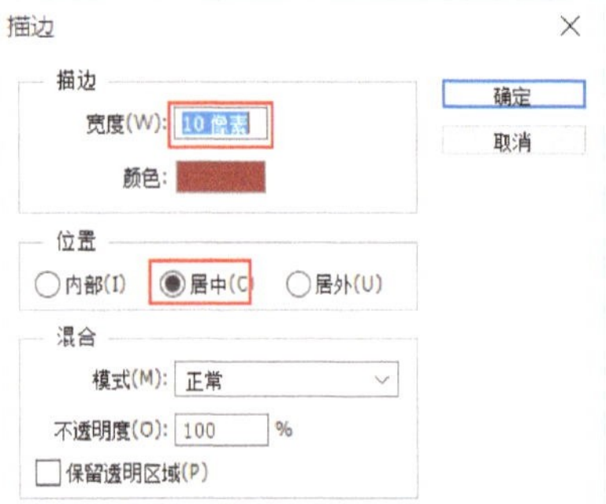

图6-142

图6-143

23. 为电线添加“斜面浮雕”“投影”效果，参数设置如图 6-144 和图 6-145 所示，效果如图 6-146 所示。

24. 为电线添加肌理效果，如图 6-147 所示。

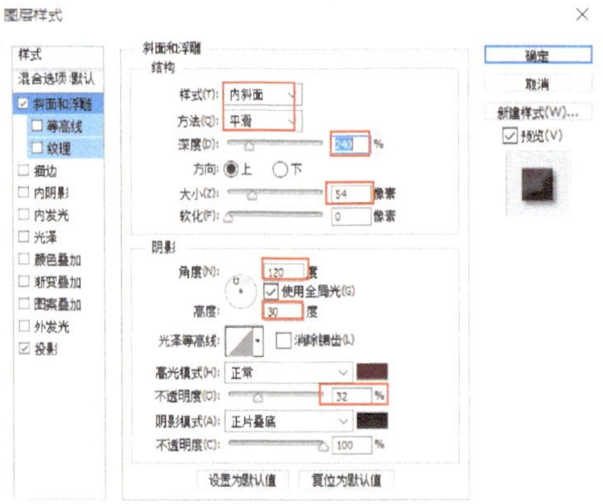

图6-144

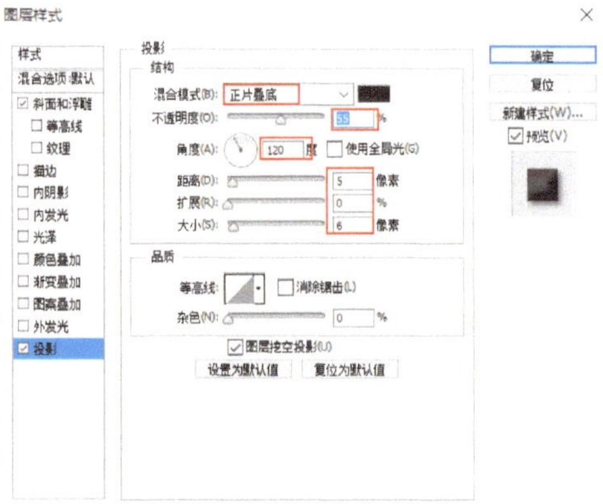

图6-145

图6-146

图6-147

25. 为电线添加一些火花，如图 6-148 所示。由于这次活动有倒计时的环节，所以，下面来做倒计时，制作方法与主体面板一样，只不过将其换成了蓝色调，如图 6-149 所示。

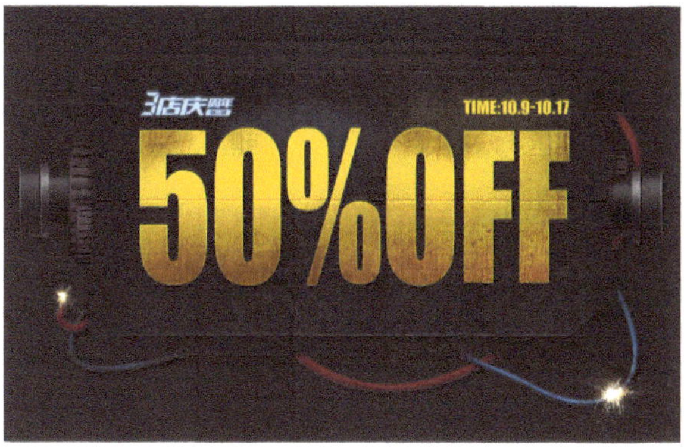

图6-148

图6-149

26. 主题部分到此制作结束，下面来制作头图背景。方法与主体面板一样，只不过把矩形换为了六边形，如图 6-150 所示。

27. 把背景和主体合成到一起，头图的设计就完成了，如图 6-151 所示。

图6-150

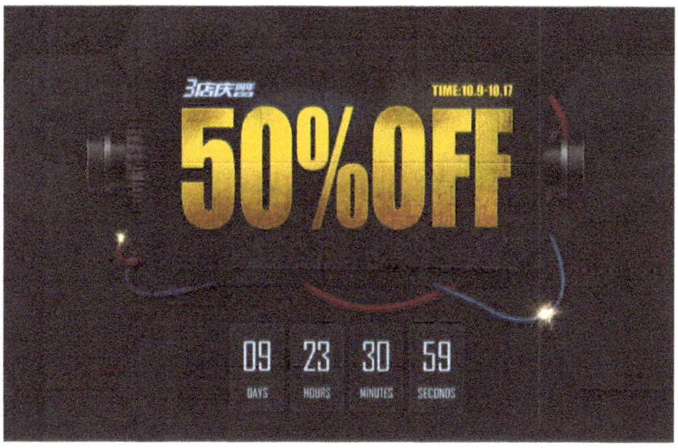

图6-151

28. 内容部分的设计需要与整体的设计风格一致，如图 6-152 和图 6-153 所示。

图6-152

图6-153

29. 整体效果如图 6-154 所示。

图6-154

第7章

版式设计类案例分析与制作

7.1 高贵奢华风格——夏日婚礼专题页面

图7-1

公司的网站上有一个搭配板块，它是使用网站中的商品进行主题性的搭配，形成一种时尚杂志风格的设计类专题。这种专题的优点是具有很强的时尚感和杂志感，可以激起人们的购买欲望，如图 7-1 所示。

7.1.1 设计思路

1.分析术

每一期的专题都有不同的主题风格，相比起以往的专题来说，本次专题版式和设计都有所不同，发挥空间会相对大一些，但是难度也相应大一些。这种专题对设计师平面构成能力的要求比较高，尤其是商品摆放和排列的时候，既要轻松自然，又不能给人乱的感觉。

2.整理术

» 切入点

这次专题的主题是婚礼，推荐的商品基本都是国际品牌，这些品牌一直以来给人的印象就是“有品位”和“昂贵”。因此，这次的专题想打造出一种简单奢华的婚礼 Party 的感觉，在设计上选择了高亮度的色调和精致的细节来体现这种感觉。

» 关键词

关键词中涉及了很多颜色，但是必须统一在整体的灰白色中，其他的颜色都属于点缀，如图 7-2 所示。

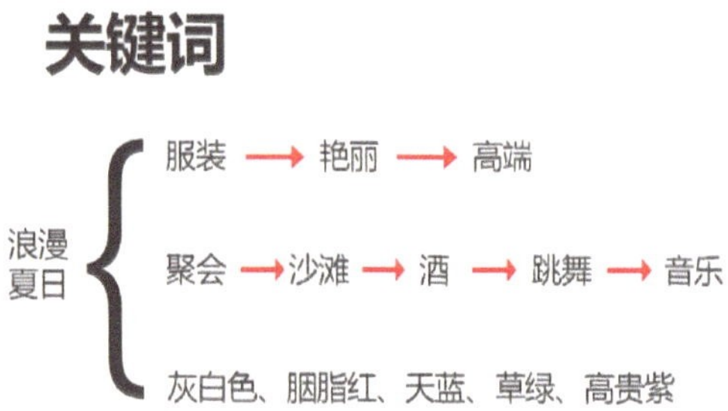

图7-2

7.1.2 页面分析

1.配色方案

如图 7-3 所示，整体风格以时尚、简洁的浅灰紫为主，主色以低纯度、高明度的浅紫灰为主，给人浪漫和优雅的感觉；辅色以高纯度、中明度的番茄红色为主，使信息更为突出和醒目；突出色用了 3 种临近色对比，用以分隔不同的主题内容。

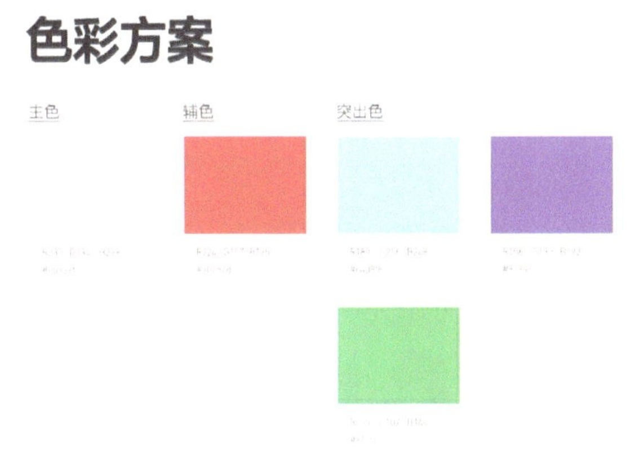

图7-3

2.页面布局

页面布局如图 7-4 所示。

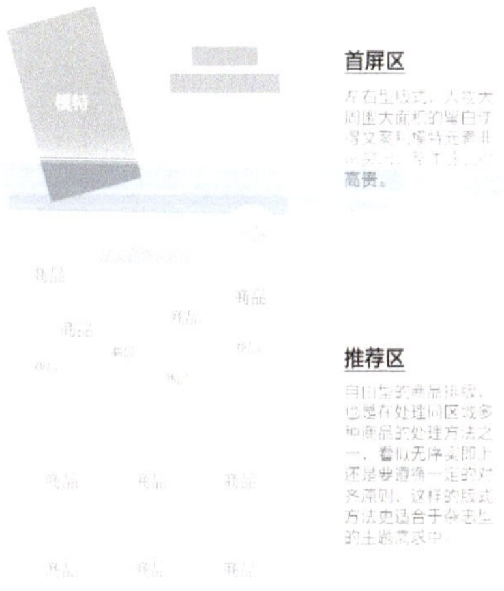

图7-4

7.1.3 绘制过程

实例位置：实例文件 >CH07>7.1 源文件 .psd、7.1 效果图 .jpg
素材位置：素材文件 >CH07>7.1 素材

» 头图设计

01. 启动 Photoshop，新建背景图层，设置颜色为灰色(R:255，G:255，B:229) 。为背景添加一种噪点式的质感，这种质感给人一种高端的感觉，执行“滤镜 > 杂色 > 添加杂色”菜单命令，设置“数量”为 2%、分布为“平均分布”，勾选“单色”复选框，如图 7-5 所示，效果如图 7-6 所示。

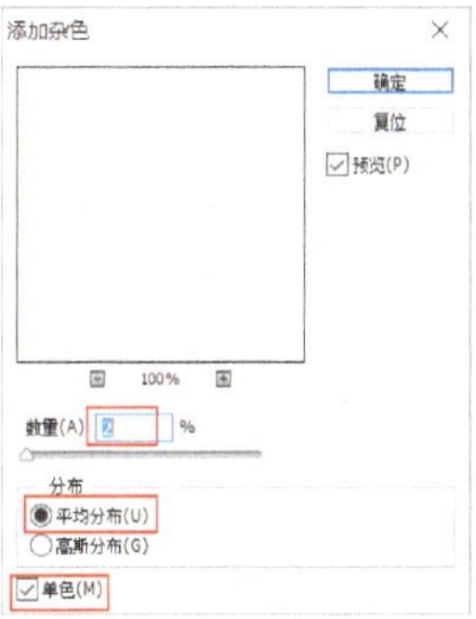

图7-5

图7-6

02. 接下来做头图的背景，头图的背景并没有使用噪点式的肌理，而选择的是一种纯色的展示，一是因为需要一种质感上的对比，二是头图的质感需要更华丽一些。新建图层，使用“矩形工具”绘制一个高度为“550 像素”，宽度为“1920 像素”的矩形形状，设置颜色为灰色（R:225，G:225，B:227），使用蕾丝作为头图与内容部分的分隔线。为了增加质感和立体感，为蕾丝增加一个“投影”的样式，设置混合模式为“正片叠底”，参数设置如图 7-7 所示，效果如图 7-8 所示。

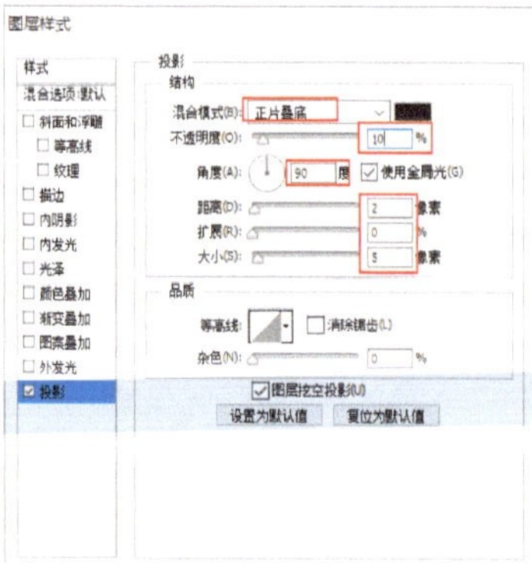

图7-7

图7-8

03. 把模特图放到合适的位置，并做进一步的优化。对模特图进行蒙版处理，擦除周围的背景，让模特图更好地融进背景，如图 7-9 和图 7-10 所示。要注意模特的投影和裙摆与背景的融合处理，裙摆处理好了会给人一种延伸的感觉。

图7-9

图7-10

04. 设计中发现模特的肤色偏灰和偏冷，因此，增加“色阶”和“色相 / 饱和度”，参数设置如图 7-11 和图 7-12 所示，处理后的效果如图 7-13 所示。

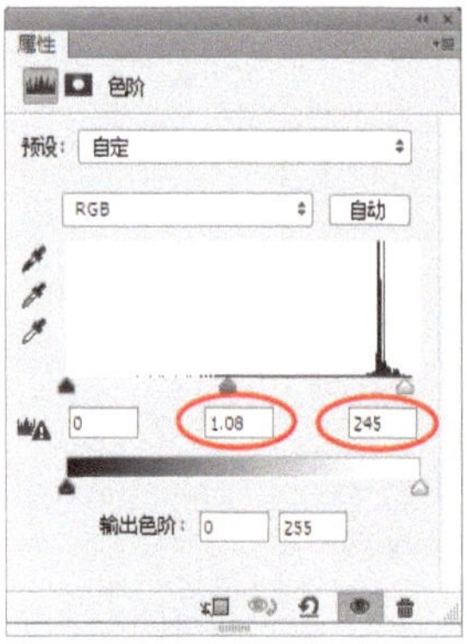

图7-11

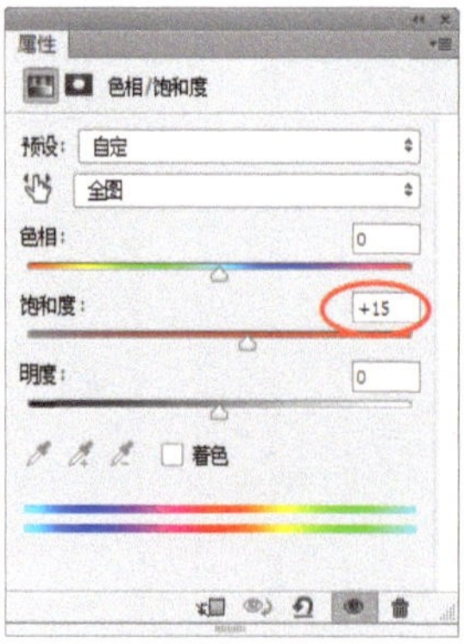

图7-12

图7-13

05. 进一步调节模特的肤色和投影的颜色。新建一个空白层，将图层样式设置为“变亮”，设置填充的颜色为（R:251，G:166，B:56），效果如图 7–14 所示。

06. 为头图的文字信息进行排版，并且为文字信息组添加“内嵌式”的效果，设置填充的颜色为（R:224，G:117，B:124），将图层“不透明度”设置为 60%、“角度”设置为 133° 、“距离”设置为 1 像素、“扩展”设置为 0、“大小”设置为 0 像素，头图完成的效果如图 7–15 所示。

图7–14

图7–15

» 内容部分设计

07. 内容部分的排版从版式上来说比头图更有难度，因为这种自由式的排版如果排不好会显得很乱。为了增加层次感，在背景层上再做一层窄背景，并且对其进行“投影”处理，参数设置如图 7–16 所示，效果如图 7–17 所示。

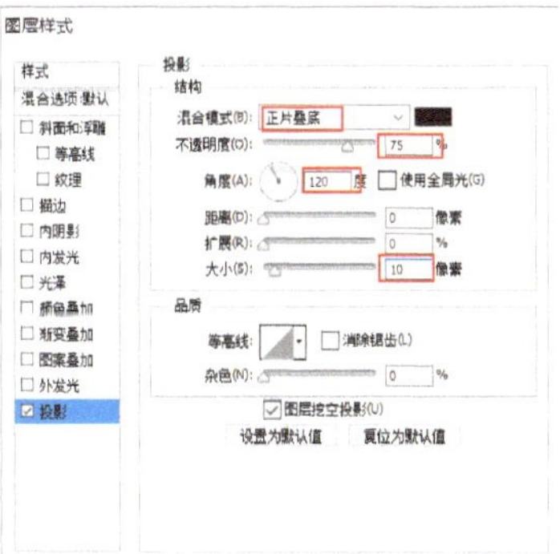

图7–16

图7–17

08. 内容一共分为 4 个部分，也可以称为 4 个楼层。对文字信息排版完成后，为楼层添加素材背景，目的是增加气氛，丰富画面。把图层模式设置为“颜色加深”，将图层的“不透明度”设置为 70%，并且为素材图创建蒙版，擦除周围部分，使素材与背景融合，如图 7–18 所示。商品排列上去的效果如图 7–19 所示。

图7–18

图7–19

09. 这里一定要注意商品的大小变化和摆放的层次感，另外的 3 个楼层使用同样的方式来设计，但是在版式上可以稍微做些变化，效果如图 7-20 所示。

图7-20

提示

这种自由式排版已经脱离了基本的网格系统的限制，但是必须在自由的同时达到视觉体量上的平衡，并且也需要有一种大小搭配的规则感，只有这样页面才不会显得乱。

10. 完整效果如图 7-21 所示。

图7-21

7.2 优雅妩媚风格——品牌内衣专题页面

图7-22

优雅和迷人、时尚和诱惑似乎是内衣类目特定的设计调性。蕾丝、花纹则是内衣设计师习惯使用的设计元素，象征神秘的黑色和性感的紫色系是这个品类使用最多的颜色方案，因为它们可以更好地表现出性感和神秘的气氛，效果如图 7-22 所示。

7.2.1 设计思路

1.分析术

从事设计工作这么久，第一次接触内衣商品的活动专题，对于本次专题的设计也尤为谨慎。

2.整理术

» 切入点

在前期的需求沟通中，策划说要做一个 ELLE 8 周年的品牌推荐专题，商品展示数量比较少，要突出品牌的调性，要看一眼就知道卖的是什么商品。

当我听到要突出商品特征的时候，就想到了内衣的特点，如常见的花边、黑色的蕾丝等元素。

» 关键词

这次的活动是 ELLE 品牌内衣 8 周年的推广活动，其中透露出几个点可供思维的发散：强调 8 周年的事件性、突出内衣的特征、烘托女性化的感觉。关键词整理如图 7-23 所示。

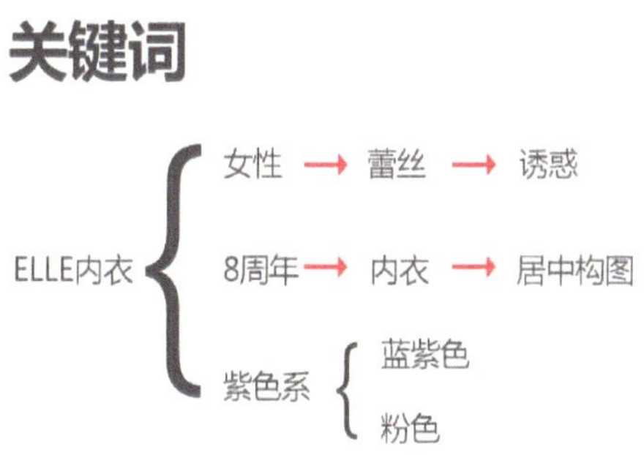

图7-23

7.2.2 页面分析

1.配色方案

如图 7-24 所示，整体风格以紫色系的优雅、妩媚感为主；主色用低明度、中纯度的暗紫色，突出女性产品的氛围；辅色以高明度，中纯度的浅紫色为主，搭配深紫色来突出产品推荐区；突出色用到了鲜艳的亮粉色，点缀整体画面的文案和折扣信息，使整体页面更加丰富。

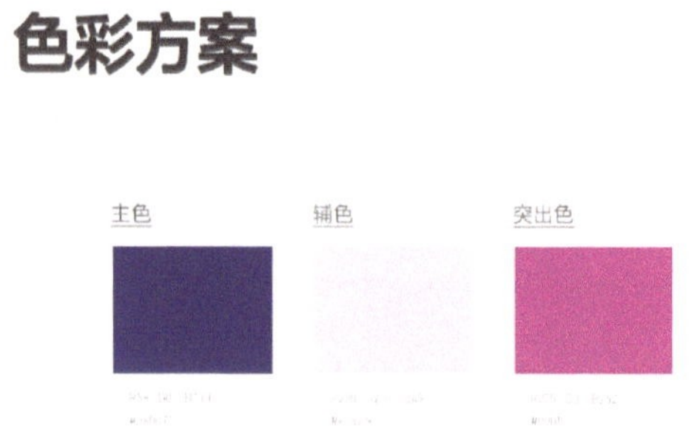

图7-24

2.页面布局

页面布局如图 7-25 所示。

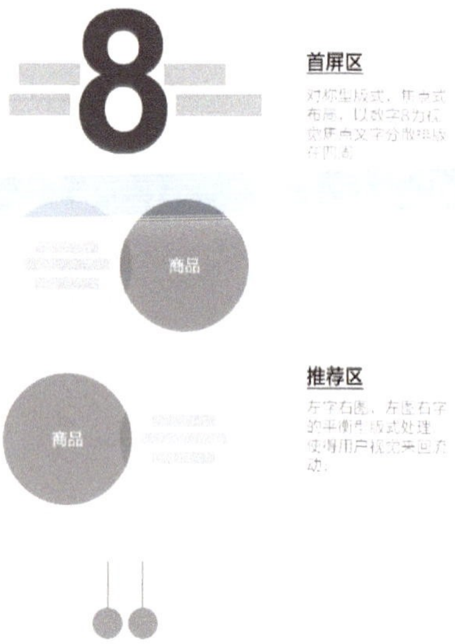

图7-25

7.2.3 绘制过程

实例位置：实例文件 >CH07>7.2 源文件 .psd、7.2 效果图 .jpg

素材位置：素材文件 >CH07>7.2 素材

» 主体背景的设计

01. 启动 Photoshop，新建宽度为“980 像素”，高度不限的画布，设置颜色为深紫色（R:58，G:0，B:113）。由于背景颜色的明度比较低，所以，比较适合使用在神秘、魅力的品类专题中。但也因为颜色偏暗，整体给人的感觉会比较沉重，需要用高光来提亮整体，加强画面的通透性。新建图层组，命名为“背景层”，使用“椭圆工具”绘制出一个高度为“500 像素”，宽度为“500 像素”的形状，对其进行“羽化”处理，羽化值为 140 像素，填充颜色为白色，再将该图层的混合模式设置为“叠加”效果，“不透明度”设置为 89%。此时画面中央的视觉中心点处就出现了一个高光元素。其目的是使用户更加集中视线，同时这块也是将来主体出现的位置，效果如图 7-26 所示。

02. 细化背景，新建图层组并命名为“光点”，使用“椭圆工具”绘制出一个圆点，填充颜色为（R:115，G:0，B:167），然后按照近大远小的透视规律，复制出多个大小不同的圆点。这里要注意的是，控制好每个圆点的大小和距离，避免因为圆点太多，聚在一起让此处显得拥挤不堪，然后将这一整组的图层模式设置为“划分”，“不透明度”设置为 42%，最后的效果如图 7-27 所示。

图7-26

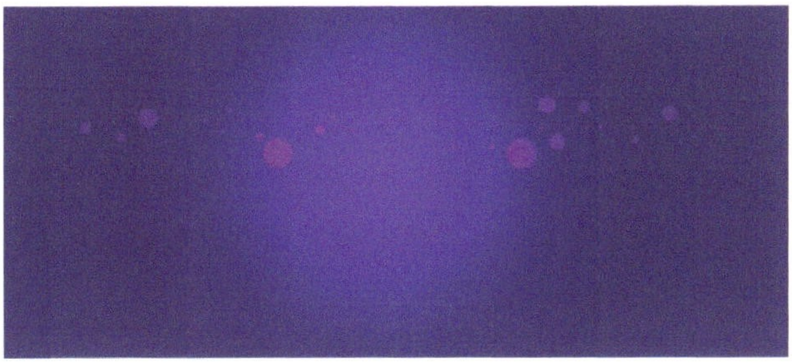

图7-27

03. 背景处理完后，把用于强调品牌感的 6 张海报素材放在页面的顶端。新建图层组并命名为“人物”，把拖进来的 6 张图片尺寸统一修改为宽度为“198 像素”，高度为“600 像素”，将图层模式统一调整为“正片叠底”，图层效果如图 7-28 所示。此时的 6 张素材图比较生硬，没有融入整体的背景，为了让这 6 张素材图更好地融合到整体背景中，使用图层面板中的“蒙版工具”来给人物组添加矢量蒙版，擦掉图片中生硬的部分，使图片更好地融入整体背景，前后效果对比如图 7-29 和图 7-30 所示。

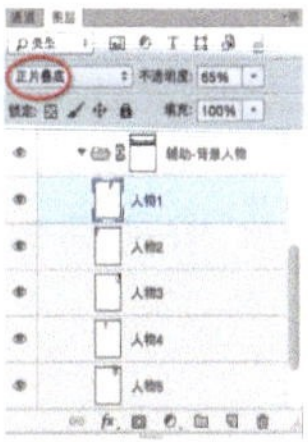

图7-28

图7-29

图7-30

提示

细节设计的处理是在完成前期风格确认基础上的调整，也就是说设计初期搭建的整体构思占设计工期的 50%，中期的执行占 20%，而后期的细节调整占 30%。

细节体现作品的质量，越是在细节上用心设计，越能提高设计师在完稿前的整体作品把控的质量，也能培养出自己对设计的认真态度。

» 元素的设计

04. 背景的刻画到此基本完成了，接下来设计数字“8”这个主元素。为了让数字“8”的内部有质感，使用了图案进行填充字体。首先，新建图层组并命名为“主元素”，使用“横排文字工具”在画面中央输入“8”，颜色设置为（R:115，G:0，B:167），字体为 Arial Bold，“字号”为 677.2 点，“粗细”为 Bold，参数设置如图 7-31 所示，初期文字的效果如图 7-32 所示。

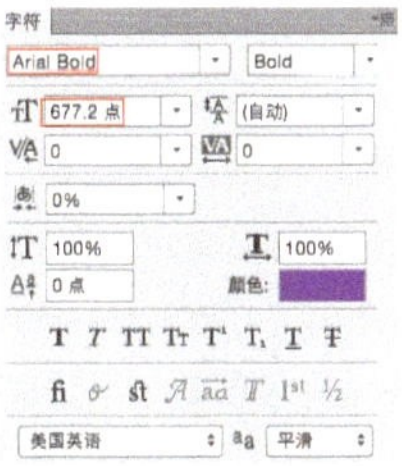

图7-31

图7-32

05. 居中的构图会使用户的视线更为集中，显得比较正式，现在的文字过于单薄，需要添加一些立体的效果，让它更有层次。通过添加“投影”样式和“描边”样式来丰富字体的细节表现，参数设置如图 7-33 和图 7-34 所示。加粗描边是为了对数字“8”的边界做光效处理，添加投影样式是为了让数字“8”更有层次感。有了投影的样式效果还不够，为了让立体感更强，需要再复制一层，然后向下移动 10 像素，加强立体感。按 Ctrl+J 快捷键复制数字“8”图层，填充颜色为（R:231，G:5，B:255），把图层模式更改为“点光”，效果如图 7-35 所示。

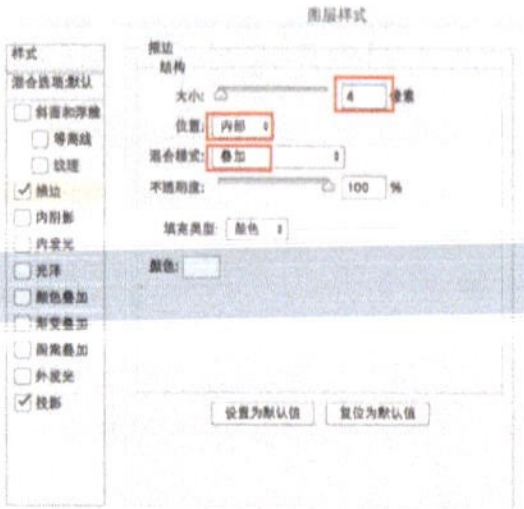

图7-33

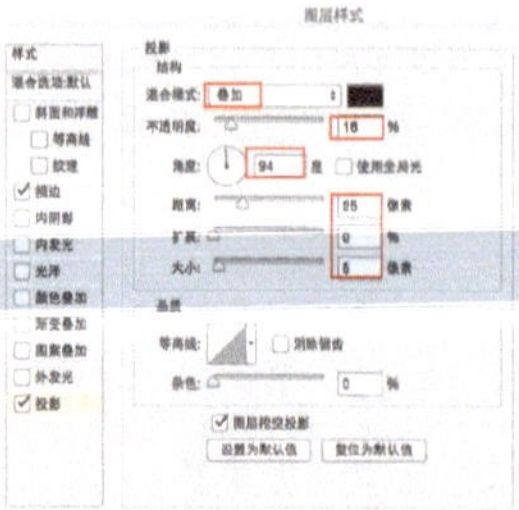

图7-34

图7-35

06. 加了投影后的数字“8”具有了立体感，接下来通过“定义图案”命令来给数字“8”添加一种类似钻石的璀璨效果，让主体更吸引人，这种效果多用于表现舞台或者炫光感的场景中。先新建一个空白的画布，用来设计图案。新建宽度为“30 像素”，高度为“30 像素”的透明画布，使用“椭圆工具”在画面正中央画出一个高度为“20 像素”，宽度为“20 像素”的圆形，填充颜色为（R:2，G:45，B:240），再使用“多边形工具”绘制出 4 个等边的三角形，颜色为白色，效果如图 7-36 所示。完成基本图案的设计后，将该文件存储在图案库中，方便后期在 Photoshop 中进行应用。执行“编辑 > 定义图案”菜单命令，在弹出的对话框中输入图案的名称，单击“确认”按钮即可，如图 7-37 所示。

图7-36

图7-37

07. 定义好图案后，还需要有一个画布来生成做好的图案。按 Ctrl+N 快捷键新建一个高度为“1000 像素”，宽度为“1000 像素”的透明画布，按 Ctrl+A 快捷键进行全选，执行“编辑 > 填充”命令，在弹出的对话框中选择图案填充，如图 7-38 所示。单击“自定图案”右侧的小箭头，出现图 7-39 所示的对话框，找到刚才所制作的图案，确定后关闭对话框。这时，整张画布都填满了刚才所定义的图案内容，如图 7-40 所示。

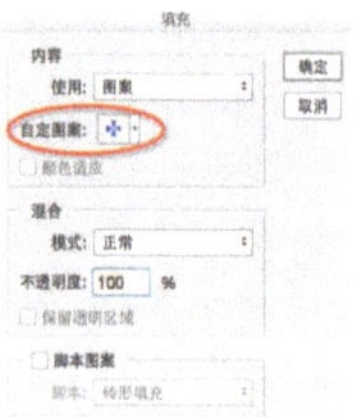

图7-38

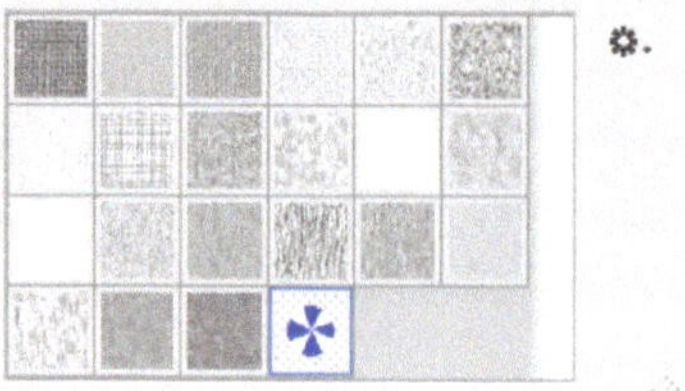

图7-39

图7-40

08. 上面两步是定义和生成图案，在别的文件中生成完图案后，最终要把生成的图片置入应用的场景。把刚才制作好的整张图案文件拖到专题设计中，并把它嵌入数字 8，按 Ctrl+U 快捷键进行“去色”处理，让图片成为单色，将图层的“不透明度”设置为 45%，按 Ctrl+T 快捷键将图案文件缩小到合适的比例，效果如图 7-41 所示。

09. 文字的效果基本上有了璀璨的舞台感，但是因为刚才“去色”的操作使原本蓝色的图案变成了单色，文字没有了亮点，缺乏炫酷感，所以，再给文字添加一些亮点，让文字更具光感。使用“柔边白色画笔”在“8”上添加几处高光，让文字有种发光的感觉，如图 7-42 所示。

10. 主元素数字“8”的效果已经初步完成了。为了更好地突出主题，同时也为了让设计在细节上更有层次感，可以在数字“8”的前面加上内衣的元素，让字与图之间拉开层次，同时也能更好地突出专题所推荐的商品，效果如图 7-43 所示。通过“色阶”命令或者“加深工具”处理商品的亮部和暗部，使商品的明暗部分加强。添加了商品以后，为其添加阴影细节。

图7-41

图7-42

图7-43

11. 至此，基本效果完成，为了更好地烘托出女性的柔美和线条，加一点细节的处理。加入一条非常飘逸的光线来让整体画面更加妩媚，加上后的效果如图 7-44 所示。

12. 主体元素制作完成，下面添加文案和折扣信息。根据现在的构图留给文案的地方只有左右两边了。由于文案的内容和表现形式不一样，可以让画面更加均衡，打破原本居中构图的呆板和沉闷。使用“横排文字工具”输入 ELLE 和“内衣”字样，放在画面左侧，再输入“周年”“品牌巨献”字样，放在画面右侧，效果如图 7-45 所示。

图7-44

图7-45

13. 如图 7-45 所示，画面中总觉得少了点什么，不够饱满。这时为了让版式更丰富，可以添加一些英文设计，分别放在画面的左、右两侧，效果如图 7-46 所示。

图7-46

14. 其实这些不同的文字中也存在着对齐的关系，这样能让整体看起来整齐、有规律，如图 7-47 所示。

图7-47

提示

什么时候可以在画面中加入英文呢？个人有以下两点建议。

①英文的添加一定要慎重，在做一些国外的大牌专题页面时，适当地加入英文或者以英文为主的设计是适合的，因为可以让画面更有表现力。

②当画面中中文的元素都添加完成后，发现画面很空时，可以适当添加英文丰富画面。

15. 把所有文字排上去之后，再看首屏整体的设计时，发现整体文字过于僵硬，与整体的效果不够协调，所以，需要对文字进行处理，减淡文字的生硬感。在文字图层上，单击“添加图层蒙版”按钮，使用适当大小的“柔边笔刷”对文字的局部进行涂抹，让文字的边角更柔和，但是涂抹的效果不可太过，以免影响文字的辨识度，效果如图 7-48 所示。

图7-48

16. 根据平面法则中点线的运用原理，把剩余的折扣内容使用线的形式去表现，让文字形成线的元素，去分割画面。使用“横排文字工具”输入折扣文字，然后在文字的下方添加一条细线，颜色为（R:245，G:43，B:247），之后将本次活动的官方 Logo 放在画面的右上角，首屏的设计就完成了，最终效果如图 7-49 所示。

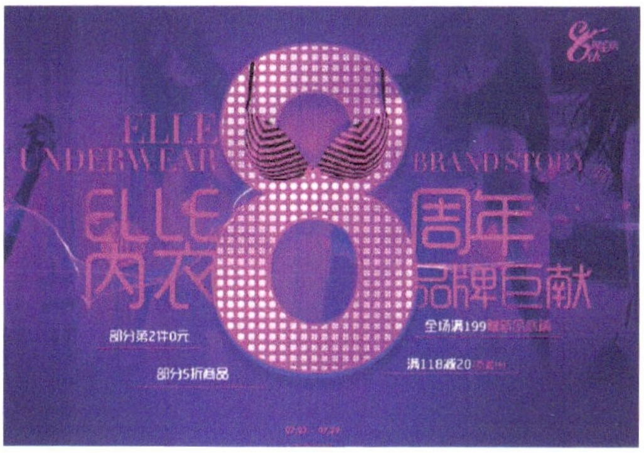

图7-49

» 内容部分设计

17. 新建图层，使用“椭圆工具”绘制一个高度为“597 像素”，宽度为“597 像素”的圆形，填充颜色为（R:251，G:242，B:255），添加“内阴影”样式，用来模拟罩杯的质感。将图层混合模式更改为“线性加深”，设置颜色为（R:58，G:0，B:113），“不透明度”为 18%，“距离”为 5 像素，“大小”为 172 像素，如图 7-50 所示。罩杯的外形已经初步完成了，下面再给其内部增加蕾丝花纹的素材，模拟产品的真实感，效果如图 7-51 所示。

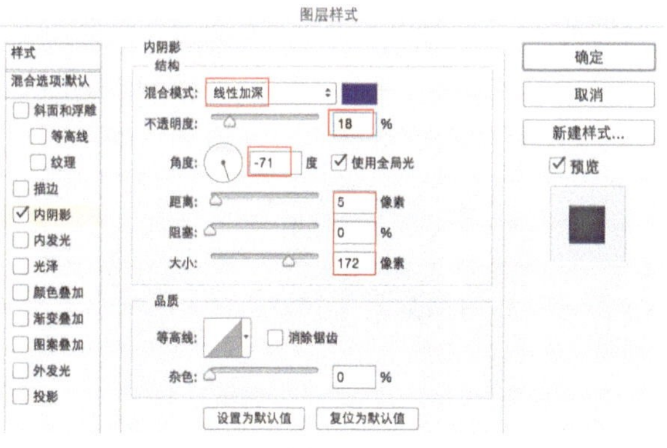

图7-50

图7-51

18. 这时效果就出来了，然后将推荐商品的图抠好，调整一下明暗并放在页面上。选择“横排文字工具”，输入相关的产品文字，将颜色设置为比较妩媚的蓝紫色（R:77，G:0，B:216），再输入活动价格，将字体颜色设置为亮粉色（R:228，G:25，B:235），效果如图 7-52 所示。

图7-52

19. 按 Ctrl+J 快捷键整组复制出另一半的圆形来，移动到左侧，填充颜色为（R:243，G:219，B:254），输入标题文字，颜色为（R:243，G:219，B:254），效果如图 7-53 所示。另一个推荐内容区设计方法与上述相同，这里不再赘述。

图7-53

» 返回顶部的按钮设计

20. 为了让返回顶部的元素和整体风格更为相近，元素的选择上也是围绕女式内衣来构思的。使用“椭圆工具”新建两个椭圆形状，填充颜色为（R:100，G:0，B:145），然后添加“渐变叠加”图层样式，“不透明度”设置为30%，“样式”设置为径向，“缩放”设置为93%，如图7-54所示。使用“横排文字工具”输入“返回”“顶部”字样，字体为“造字工房悦黑体验版”，“大小”为 35 像素，颜色分别为黑色和白色，效果如图 7-55 所示。直接在页面底部添加圆形按钮，似乎出现得有些突兀，与上面的页面没有任何呼应。通过给圆加直线的方法，让“返回顶部”的出现更像是垂下来的“内衣”元素，这样就与整体的构思更为密切了。

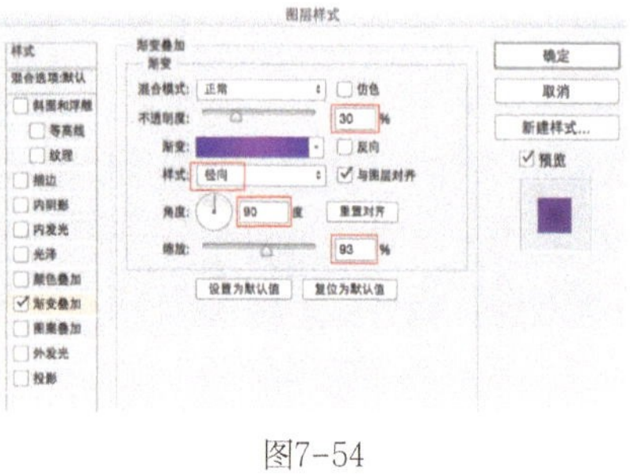

图7-54

图7-55

21. 最终页面的效果如图 7-56 所示。

图7-56

思考 如果内衣类目没有很性感的海报素材，该如何表现？

7.3 沉稳儒雅风格——绅士男装专题页面

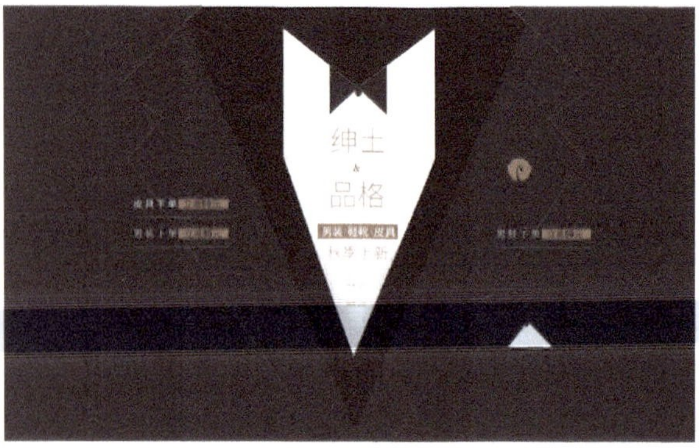

图7-57

“西装革履”常常用来形容仪表堂堂的俊男绅士，西装是体现男士绅士风度的一种衣橱必备品，如图 7-57 所示。

7.3.1 设计思路

1.分析术

品类部提报了一个男装的活动，主题是按不同场合推荐男装、鞋靴、皮具等商品。需求方给出的推荐商品不多，属于中小型活动，主要是想表现出绅士的气质，格调要紧扣主题。

2.整理术

» 切入点

拿到需求框架后，我觉得这个文案很有意思，可延伸的元素有很多，如西装、领结等。怎么能紧扣主题，是当时想得最多的。单纯选择一个气质出色的绅士模特直接去表现，未免太过普通。当时想着把整体页面做成比喻式的画面，联想出一个身穿黑西装白衬衣、戴黑领结的帅气男士的样子，这样更能贴合主题。这样的整体比喻一是可以很好地紧扣活动主题，二是可以树立独特鲜明的风格。

» 关键词

有了这样初步的想法后，将脑中闪现过的所有形容词都快速罗列出来，如图 7-58 所示。

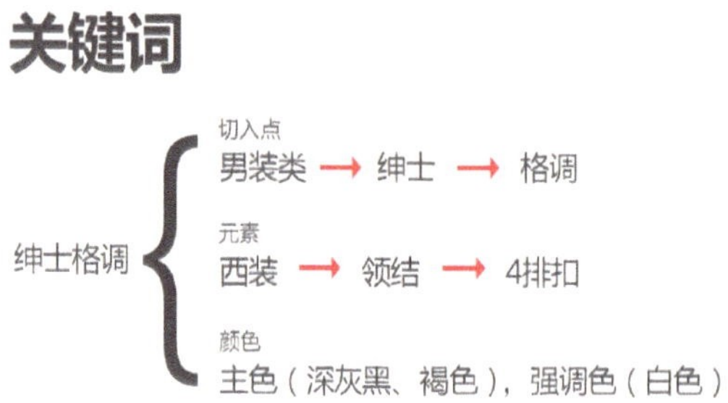

图7-58

7.3.2 页面分析

1.配色方案

如图 7-59 所示，整体风格以暗黑色为主；主色以西装颜色的深黑、深灰色为主，给人一种绅士沉稳、儒雅的感觉；辅色以中明度、低纯度的深咖色为主，给人一种品质、高端的印象；突出用对比比较强烈的纯白色。

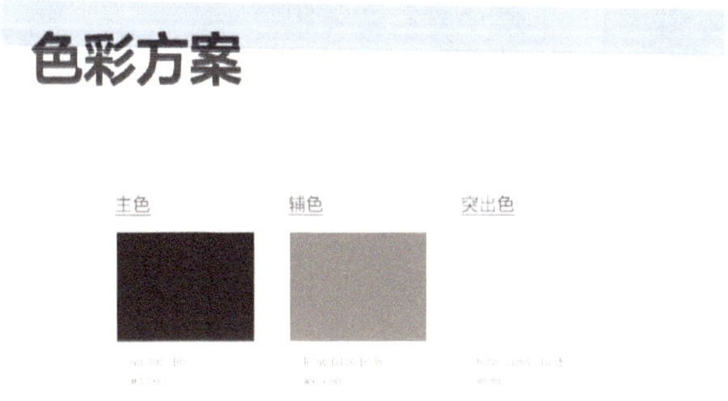

图7-59

2.页面布局

页面布局如图 7-60 所示。

图7-60

7.3.3 绘制过程

实例位置：实例文件 >CH07>7. 3 源文件 . psd、7. 3 效果图 . jpg

图7-61

» 西装与领结的绘制

01. 启动 Photoshop，新建一个宽度为“1190 像素”，高度不限的画布，将背景色设置为深灰色（R:22，G:24，B:26）。再新建图层，选择“直线工具”，设置“粗细”为 1 像素，颜色为（R:46，G:48，B:49），纵向绘制一条线。按住 Ctrl+Alt+Shift 快捷键连续复制出另外的线，对其进行分散对齐，保持距离的一致性。背景线的作用，一是模拟西装上的暗线，二是增加画面的细节和肌理，如图 7-61 所示。

提示

怎么让多根线条平均分布呢？

直接打开窗口中的“对齐”面板，单击“分布 > 按宽度平均分布”按钮进行操作，这样就会平均分布了。

02. 开始画西装领子的大轮廓。新建图层，选择“直线工具”，设置“粗细”为 1 像素，颜色为（R:148，G:115，B:94），从画布上方往下画出 1 条折线，红圈处需要注意的是，每条线的末端要与上一条线的开始端连接好，并且保持角度一致，如图 7-62 所示。按 Ctrl+J 快捷键复制这条折线，再按 Ctrl+T 快捷键进行调整，单击鼠标右键，选择“水平翻转”选项得到另一条折线，效果如图 7-63 所示。本案例中使用了对称式的构图去设计页面中的元素，给人以正式感和稳重感。

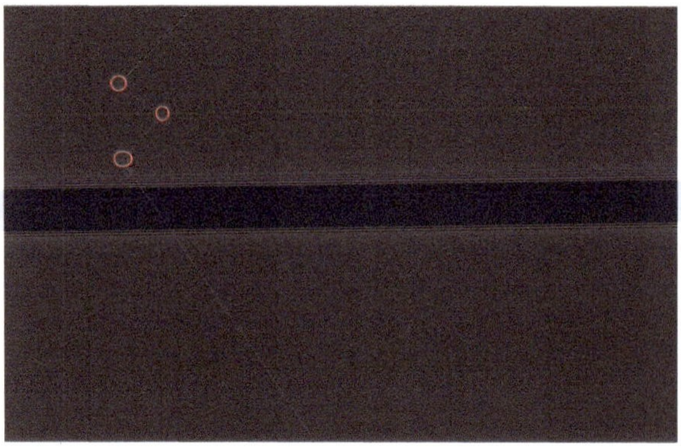

图7-62

图7-63

03. 使用“自定义形状”中的三角形绘制出衣服中深色的里料层，填充为黑色。接着绘制白色衬衣的领部。新建图层，选择“自定义形状”中的三角形，设置颜色为白色，在衬衣里子中间画一个白色的三角形，按 Ctrl+J 快捷键复制一个，再按 Ctrl+T 快捷键进行调整，水平翻转得到对称三角形，调整大小和位置，效果如图 7-64 所示。

图7-64

04. 参考图 7-65 中所示的虚线框形状，使用“钢笔工具”绘制出白色衬衣的形状，填充为白色，最终效果如图 7-66 所示。

图7-65

图7-66

05. 为了让白色衬衣显得真实，添加一个淡淡的投影细节。新建图层，使用“多边形套索工具”绘制出图 7-67 中所示的选区，设置颜色为黑色，将图层的“不透明度”调整为 12%。再复制一层，得到图 7-68 所示的对称图案。

图7-67

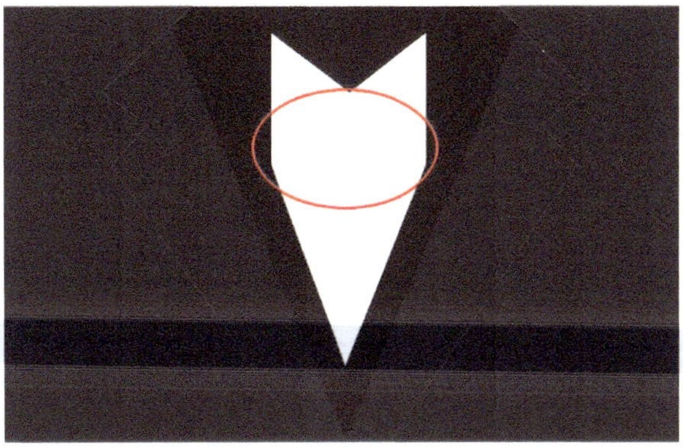

图7-68

06. 开始绘制领结元素。绘制两个对称的三角形，将白色三角填充为黑色，就得到了领结的图形，如图 7-69 所示。选择“圆角矩形工具”绘制领结中间的环扣，设置其“半径”为 10 像素，颜色为黑色，在黑色领结中间画出圆角矩形形状，如图 7-70 中的红圈处所示。为了模拟白色衬衣穿在西装里的阴影效果，使用图层样式中的“内阴影”效果来表现，设置混合模式为“正片叠底”，设置“不透明度”为 10%，设置“角度”为 120°，设置“距离”为 5 像素，设置“大小”为 84 像素。其中的大小选项是用来控制内阴影的虚化面积的，数值越大，投影就越模糊，效果如图 7-71 所示。

图7-69

图7-70

图7-71

07. 绘制西装上必备的口袋和方巾元素。选择“钢笔工具”画出口袋形状，设置颜色为浅灰色(R:22，G:24，B:26)，“描边”为 1 像素，颜色为黑色，得到图 7-72 所示的效果。为了更好地模拟方巾是被精心折叠过的，需要复制一份方巾的白色图层，按 Ctrl+T 快捷键适当缩小，设置颜色为浅灰色(R:202，G:202，B:202)，叠在白色图层的下面，如图 7-73 所示。

图7-72

图7-73

08. 整体已完成一半了，然后在西装上加一些点缀，把公司的 Logo 当成徽章放在上面，一是可以让西装的造型变得更加精致鲜活，二是起到画龙点睛的作用。至此，西装的整体元素绘制完成，最终效果如图 7-74 所示。

图7-74

» 主题文案排版与设计

09. 下面开始制作主文案层，选择“横排文字工具”，分两行依次输入“绅士”与“品格”4 个字，设置字体为 Noto Sans CJK SC，颜色为（R:155，G:120，B:100），“大小”为 65 点，效果如图 7-75 所示。

图7-75

10. 新建矩形形状，填充颜色为深灰色（R:22，G:24，B:26），使用“横排文字工具”输入“男装鞋靴皮具”字样，字体为“Noto Sans CJK SC”，保持统一字形。为了将男装、鞋靴、皮具这 3 个品类分开，在男装、鞋靴后面各添加一条竖线，设置“大小”为 1 像素，颜色为（R:156，G:120，B:100），继续添加“秋季上新”字样及活动时间，最终效果如图 7-76 所示。

11. 使用“横排文字工具”输入“皮具下单立减 50 元”字样，单独选中“皮具下单”这 4 个字，将它们的文字颜色调为白色，“大小”调为 20 像素，字体为 Noto Sans CJK SC。为了强调满减信息和金额，使用色块突出此部分内容，新建一个“矩形形状”，绘制一个比文字大的色块，填充颜色为（R:155，G120，B:100）。将数字 50 的字体改成 DIN Black Regular，“字号”为 20 点。将刚才的满减文字复制两份，并修改相应的促销内容，放置在画面的左右两边，在促销文字的下方添加一条 1 像素的浅咖色（R:156，G:146，B:133）线条，如图 7-77 所示。

图7-76

图7-77

12. 新建图层，使用“椭圆形状”画一个“180 像素 ×180 像素”的“圆 1”，填充颜色为深灰色（R:22，G:24，B:26），然后添加“渐变叠加”样式，设置“不透明度”为 29%，再添加投影效果，设置混合模式为“正片叠底”，设置“不透明度”为 45%，设置“角度”为 120° ，设置“距离”为 7 像素，设置“大小”为 7 像素，参数设置如图 7-78 和图 7-79 所示，效果如图 7-80 所示。

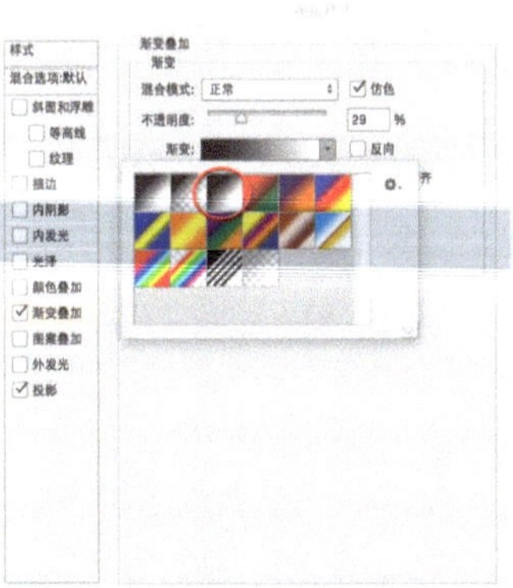
图7-78

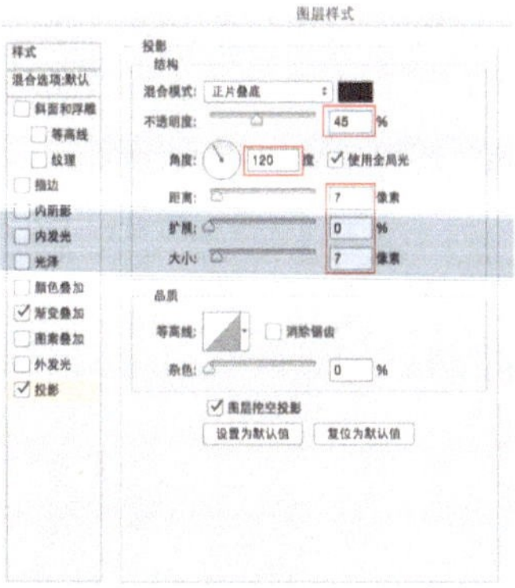
图7-79

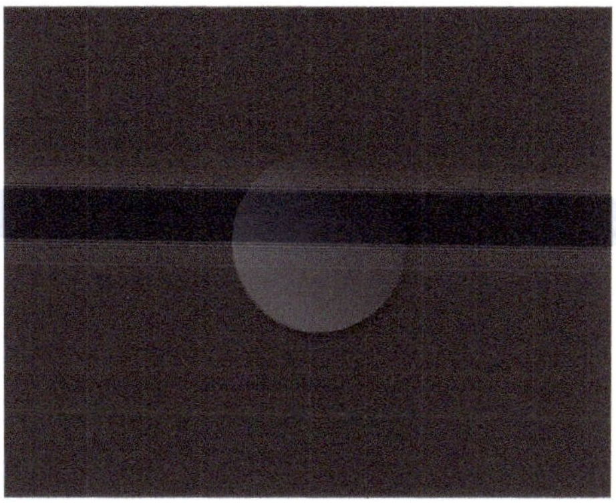
图7-80

13. 新建图层，使用“椭圆工具”画一个“140 像素 ×140 像素”的圆，保持居中对齐，设置颜色为深灰色（R:22，G:24，B:26），添加“描边”样式，再添加“内阴影”样式，参数设置如图 7-81 和图 7-82 所示。添加内阴影样式的作用是模拟排扣的明暗关系，效果如图 7-83 所示。

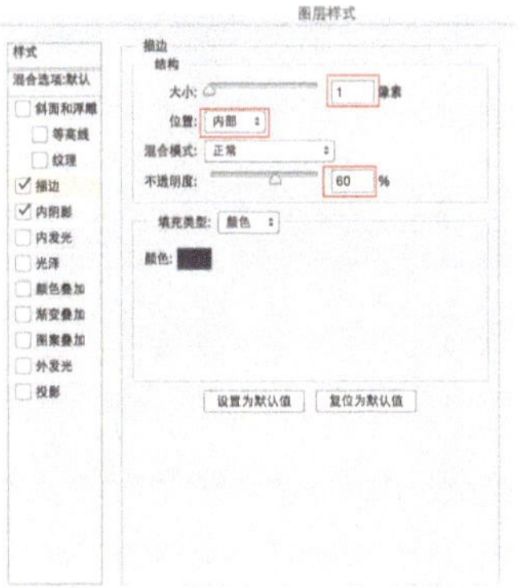
图7-81

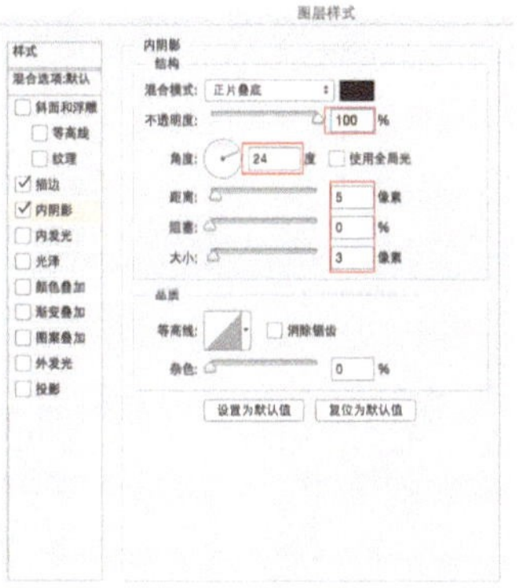
图7-82

图7-83

14. 新建图层，使用“椭圆工具”画 4 个“15 像素 ×15 像素”的圆，分两排摆放，填充颜色为黑色。使用“横排文字工具”输入“商务风范”字样，字体为“Noto Sans CJK SC”，“字号”为 20 点，颜色为白色。为了表现出排扣的高亮部分，在圆中使用白色的“柔边笔刷”在左侧刷出一个高光区域，将其“不透明度”设置为 10%，效果如图 7-84 所示。

图7-84

15. 新建图层，使用“矩形工具”画一个高度为“1190 像素”，宽度为“410 像素”的矩形，设置颜色为深灰色（R:22，G:24，B:26），作为商品区的背景色，再使用“直线工具”画一条高度为“1190 像素”，宽度为“1 像素”的线条，设置颜色为浅咖色（R:155，G:120，B:100）。按 Ctrl+J 快捷键复制该图层，下移到商品背景区的底端，然后将推荐的商品放置在画面中。注意，商品的大小和商品间距离的细节处理要有层次感，然后将商品信息排在右侧即可，效果如图 7-85 所示。为了让左侧的商品图与右侧的商品信息更好地联系在一起，使用数字加圆点的排版方式去处理，其中，加圆点的好处是能更好地聚集和指引用户的视线，如图 7-86 所示。

图7-85

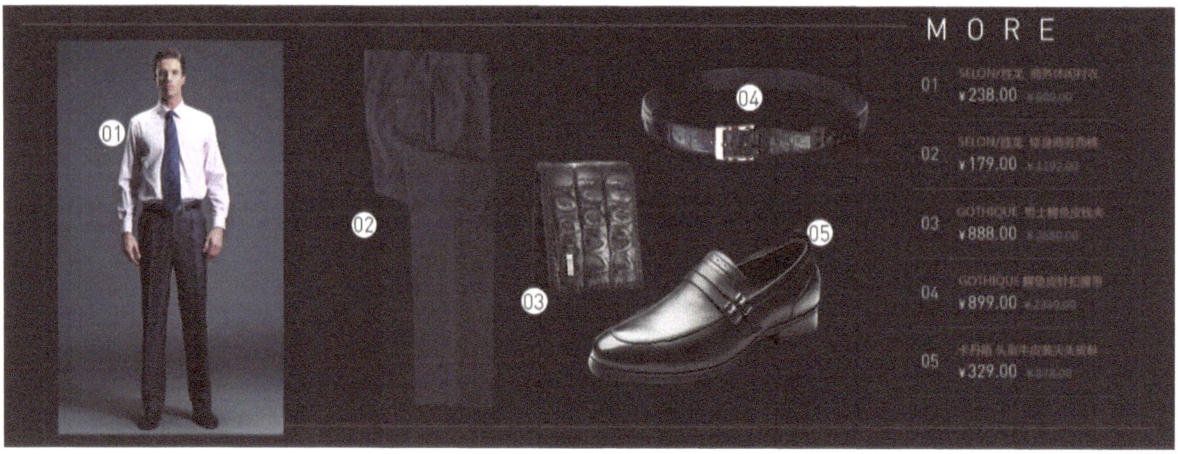

图7-86

16. 其他推荐区效果，直接复制图 7-86 中所示的样式并修改即可。最后在页面最底端加入返回按钮 TOP，方便用户直接跳转到页面顶端进行再次浏览与购买。为了让 TOP 更好地融进整体构思中，在画面的正中间画一条虚化的阴影，表现西装扣住时的效果。新建图层，选择“矩形选框工具”画一个高度为“500 像素”，宽度为“25 像素”的选区，设置羽化值为 15 像素，颜色为黑色，如图 7-87 所示。

图7-87

17. 最终页面的整体效果如图 7-88 所示。

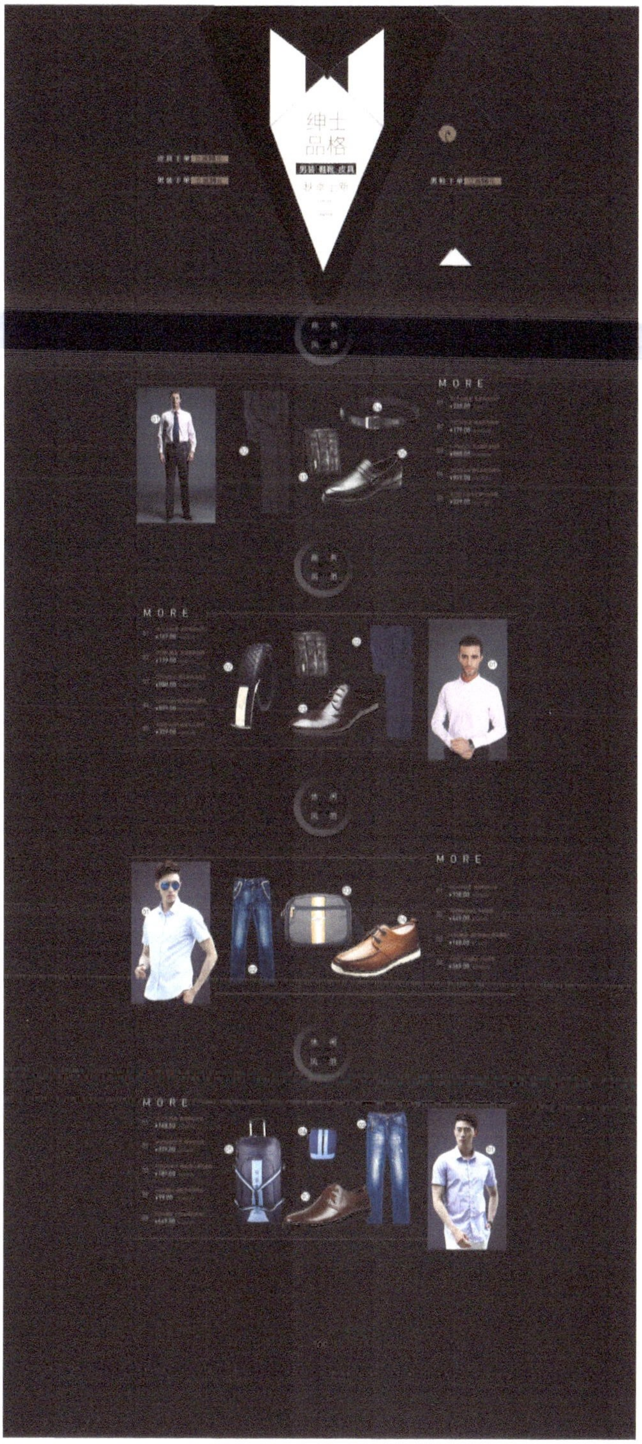

图7-88

思考 专题设计中比喻手法的应用。

文案的好坏会影响设计的表达吗?

7.4 动感炫酷风格——户外服饰专题页面

图7-89

运动类目在视觉表现上有一定的规律可循，“动”是其主要特点。这里的“动”并不是说画面要做成GIF或者Flash的动画，而是说画面的整体感觉要么是构图所求的不安定和不规则感，要么是模特姿势的动感，或是利用色彩和元素之间的对比，产生动感。在运动类目中找到一个合适的人物模特，其实就已经完成了25%的设计。当然，一味追求动感的表现并不意味着允许画面中出现各种琐碎和动态的元素，那样画面会显得很乱，而是要在整体页面中寻找动与静的平衡，效果如图7-89所示。

7.4.1 设计思路

1.分析术

带感的、炫酷的设计似乎是男设计师更钟爱的一种设计类型。

2.整理术

» 切入点

在和运营前期的沟通过程中，看到这个文案时，脑袋里就出现“一个人背着一袋运动商品，急速飞奔”的画面，感觉很符合这个文案所要传达的“动”和“抢”的概念，这和策划给的基本需求（画面要酷、整体要有动感）基本吻合。

» 关键词

从头到尾看完策划给的文案和框架后，关键词整理如图7-90所示。

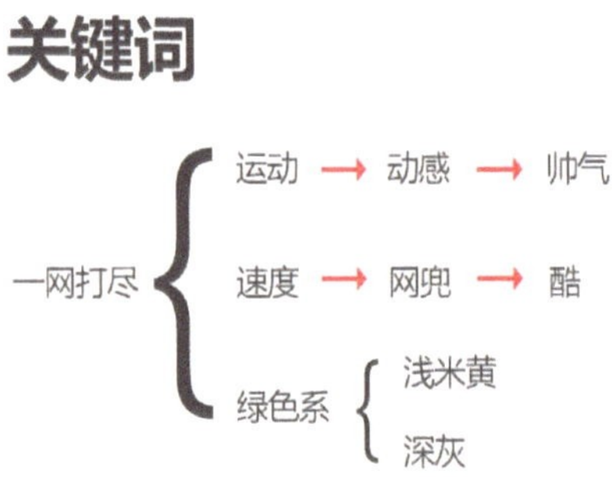

图7-90

7.4.2 页面分析

1.配色方案

如图 7-91 所示，主色以深黑色、深灰色为主，给人一种力量感；辅色以中明度、中纯度的绿色为主，给人一种动感和轻快的印象；突出色用到了浅米色，给人一种活力和年轻感。

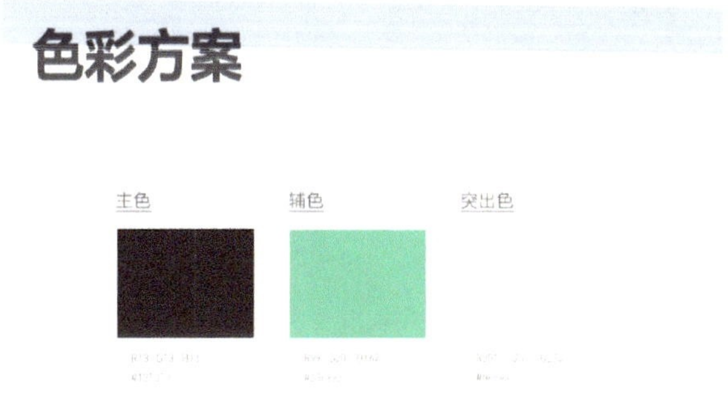

图7-91

2.页面布局

页面布局如图 7-92 所示。

图7-92

7.4.3 绘制过程

实例位置：实例文件 >CH07>7.4 源文件 .psd、7.4 效果图 .jpg

» 人物和网兜的处理

01. 在 Photoshop 中将人物抠成白底，然后进行前期的图像处理，包括调整明暗度、环境色等，让人物与整体感觉更协调。在抠好的人物图层上执行“图像 > 调整 > 曲线”菜单命令，用于提亮人物整体的亮度，拉开明暗层次，如图 7-93 所示。调整后的效果如图 7-94 所示，左图为调整前，右图为调整后。

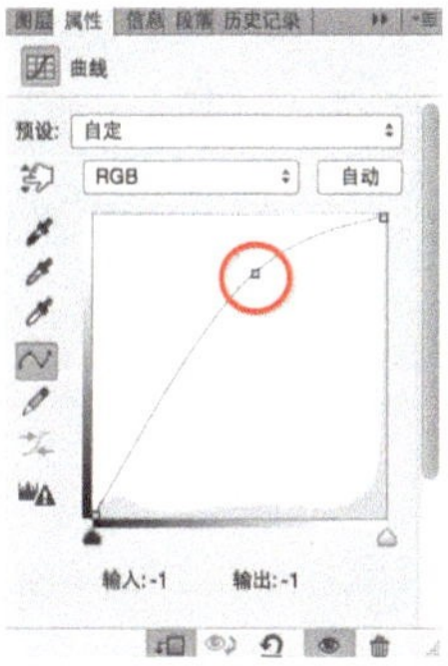

图7-93

图7-94

02. 对人物的明暗做了处理后，继续为其添加颜色，调整图层，目的是让人物的局部受整体环境色的影响，使人物看上去和整体更协调。将背景颜色设置为（R:72，G:227，B:168），设置该图层的图层模式为“深色”，设置图层的“不透明度”为 19%，为了擦除人物身上多余部分的颜色，为颜色调整图层添加“图层蒙版”，然后使用适当的“柔边笔刷”擦去不需要显示的颜色，图层如图 7-95 所示。经过调整明暗、添加环境色的处理后，人物的处理效果如图 7-96 所示。

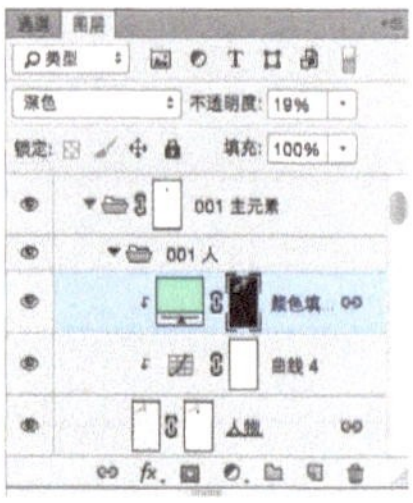

图7-95

03. 为了不让人物素材过于真实，通过增加黑色勾边的方式让它有一种插画的效果。按 Ctrl 键并单击人物素材，将人物载入选区，填充颜色为黑色。考虑到人物与场景的关系，增加人物的投影效果，使其与背景有种空间感的效果，选择“画笔工具”，找到大小适当的“柔边笔刷”，在人物的后背和胳膊处画出人物的阴影效果，如图 7-97 所示。

图7-96

图7-97

04. 如图 7-98 所示，此时，主视觉人物的效果基本上已经完成了，但是还有很多的细节有待完善，如人物与整体场景的协调感等。继续给人物添加网兜元素，一步步去给画面“添砖加瓦”，一般装满东西的网兜，给人一种要撑破、满载而归的感觉。新建图层，使用“钢笔工具”或者“画笔工具”画出如图 7-99 所示的形状，填充颜色为黑色。这里要注意网兜的形状和角度问题，因为要把网兜和人物的姿势结合，让二者看起来更像是一体的，所以，网兜的轮廓要尽量靠近人物后背的弧度。

图7-98

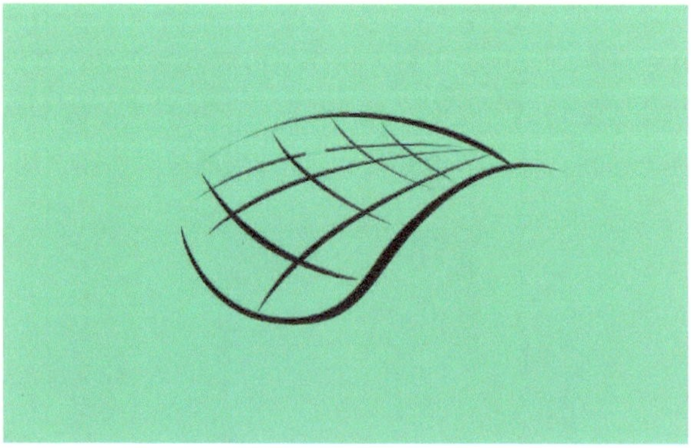
图7-99

05. 网兜画完后，就要给它里面加入不同种类的商品，如鞋子、帽子、衣服等，让它有种满满的感觉。为了更好地表现出商品在网兜中的自然效果，在添加商品时要注意角度、大小比例等，注意商品与商品、商品与网兜的顺序，这样填充的效果看起来比较真实，效果如图 7-100 所示。

06. 调整好后，把网兜挪到人物的后背处并调整位置和大小，效果如图 7-101 所示。

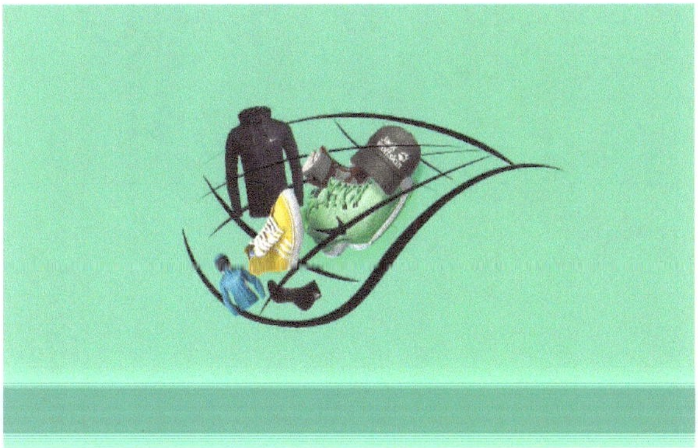

图7-100

图7-101

» 主题文案排版与设计

07. 运动类设计中的文字排版也是有其特定规律可循的，如使字体倾斜 45°，使字形粗犷厚重、结合速度与特效等。本案例中结合人物的动作和整体的动感，对文字进行倾斜处理，让画面更带感。使用“横排文字工具”输入“运动户外”字样，字体为“汉仪菱心体简”，颜色为黑色，斜体，再选中文字图层，按 Ctrl+T 快捷键进行调整，选择“斜切”命令拖动角点，向文字的右上方拖动，如图 7-102 所示。

08. 输入“一网打尽”字样，和前面的文字保持同样的角度，这里不再赘述，效果如图 7-103 所示。

图7-102

图7-103

09. 添加剩余的修饰文案和折扣信息，字体和角度同前面一样。折扣文字的颜色使用白色和米黄色(R:255，G:249，B:220)，为了与主文案进行区别，在色彩明度上形成对比反差，使人优先注意到颜色较浅的部分，再使用“形状工具”在主文案周围绘制出几个三角形，加强内容的聚焦和指引，效果如图 7-104 所示。

图7-104

10. 把设计好的文案放在人物的右侧部分，让人物的眼神和手势起到视觉指向的作用。在画面的左侧加上一些小细节，如粗犷的英文体、象征人物飞奔的线条等，用于补充画面的完整度，调整画面的平衡感，效果如图 7-105 所示。

图7-105

提示

电商专题设计中，仅做首屏的视觉是远远不够的，还要考虑商品推荐区整体的视觉连贯性。

图7-106

11. 由于素材人物的左脚没有任何元素支撑，所以，给人一种轻浮在画面上的感觉，这时要给人物一个背景，让人物更合理地出现在整体环境中。根据人物向右上方奔跑的动作，将人物奔跑的环境设想在一个充满崎岖岩石的户外。这里不是找一些写实的岩石素材放上去，而是在整体风格的简洁和扁平化上，使用写意的手法把岩石元素处理成剪影式的效果。把人物图层挪到背景层的上方，擦除人物右脚的多余部分，让人物和背景拉开层次感，有种跃出画面的感觉。至此，首屏的设计就全部完成了，如图 7-106 所示。

» 内容部分设计

12. 内容部分主要是推荐区中各种品牌形象图的罗列，属于重复性工作，设计时只要先做出一个基础的模板，然后复制更改相应的形象图即可。画一个高为“360 像素”，宽为“196 像素”的矩形，填充颜色为米色（R:255，G:251，B:234），把品牌形象图置入即可。控制图像的整体高度为 273 像素，把多余的部分删除，然后新建图层，选择三角形工具，画出图 7-107 中所示的形状，填充颜色为（R:99，G:201，B:162），最后使用“直线工具”画出一个向右指示的箭头，再添加品牌 Logo。

图7-107

13. 模板做完后，按照整体页面 1190 像素的宽度来算，一排可以显示 5 个商品块，如图 7-108 所示。整体品牌宣传图的显示比例为长方形，而不是正方形的块状，这样会显得更时尚一些。

图7-108

14. 下面来制作推荐区的标题部分，标题的细节设计也要与整体元素的倾斜角形成呼应。这里用有动感的线条去表示，其中，绘制的线条元素也要向右上倾斜。新建图层，使用“直线工具”按照首屏背景的倾斜角度绘制一条 1 像素的线条，填充颜色为（R:72，G:227，B:168），再选择“横排文字工具”，输入相关的标题内容，字体为“汉仪菱心体简”，“字号”为 40 点，斜体，颜色为（R:72，G:227，B:168）。按 Ctrl+T 快捷键进行调整，选择“斜切”命令并将角度调整到与主文案的倾斜度一致即可，效果如图 7-109 所示。

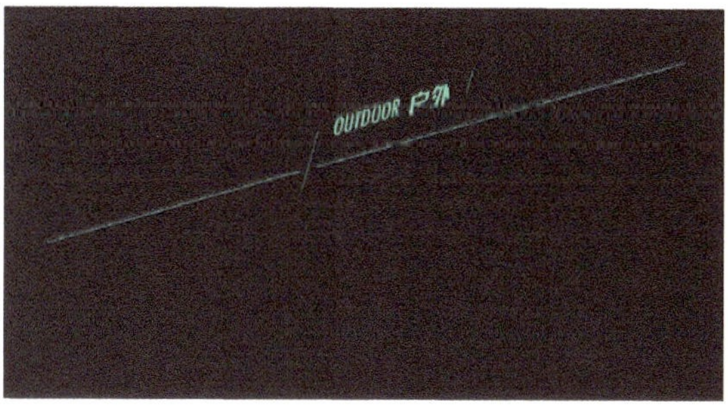

图7-109

15. 整体效果如图 7-110 所示。

图7-110

思考 动感的表现形式还有哪些？
运动和户外类商品传达的核心概念有哪些？

7.5 时尚简约风格——名品服饰专题页面

图7-111

人们常说，好图胜千言。在设计中，一张构图绝妙、色彩丰富的海报能很好地提升画面档次，尤其以名品、海淘等国外品牌为主的设计需求中，留白设计的处理、图像选择和后期调色都显得尤其重要。这些类目更多强调的是对整体设计调性的把握，而不是过分体现促销感，如图 7-111 所示。

7.5.1 设计思路

1.分析术

名品类的设计目的和前面所讲的案例大多一致，也是以展示商品为主的展示型风格，只不过此类商品给用户的感觉更显品质和档次感，而非其他普品类所要传达的促销感。

许多设计师最怕听到“高大上”这 3 个字，当然想给用户展示出商品档次和品质的基本诉求是没有错的，因为此类商品价值高、品牌好等特质，在包装上也应该很好地体现出此类商品的价值。当不知该如何表现出这样的风格时，个人建议利用大面积的留白设计去提升设计感。

2.整理术

» 切入点

通过前面的留白介绍我们学习到，有效的留白手法可以让画面更简洁、主体更明确。名品等大牌商品，因其高价的定位和优质的商品，决定了此类目的视觉调性。假如你的设计不能很好地凸显大气和档次，那么人们就会对你的商品产生不信任感，从而导致跳失率升高，购买量降低。

» 关键词

关键词整理如图 7-112 所示。

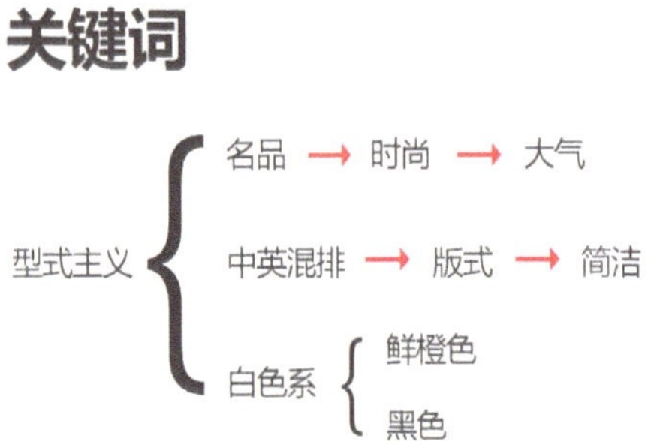

图7-112

7.5.2 页面分析

1.配色方案

整体感觉以大面积的留白及浅灰色调为主。如图7-113所示，主色以浅灰色为主，给人一种时尚、简约的感觉；辅色用深灰色对比浅灰色，使两种颜色相互呼应、相互衬托；突出色用到了亮橙色，用于点亮画面。

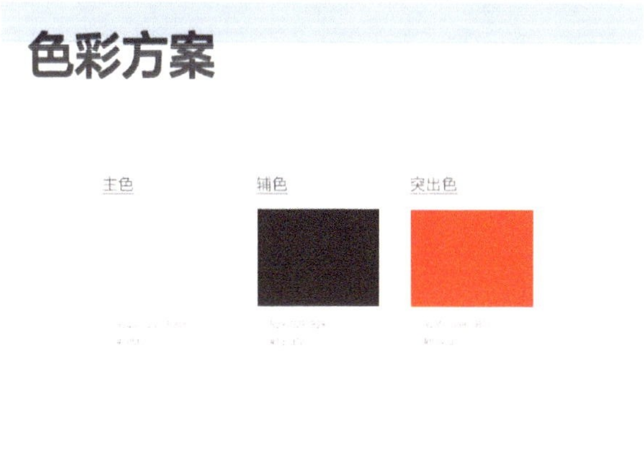

图7-113

2.页面布局

页面布局如图7-114所示。

图7-114

7.5.3 绘制过程

实例位置：实例文件>CH07>7.5源文件.psd、7.5效果图.jpg

» 头图设计

01. 启动Photoshop，新建一个宽度为"980像素"，高度不限的画布，填充背景颜色为浅灰色（R:245,G:245,B:245），让整体背景有一种时尚和雅质感。按Ctrl+R快捷键调出"标尺工具"，然后选择图像菜单栏中的"画布大小"命令，设置画布宽度为"1920像素"。新建图层组，命名为"首屏"，选择"矩形工具"，画一个宽度为"1920像素"，高度为"630像素"的白色背景，作为首屏背景，如图7-115所示。

图7-115

02. 新建图层，使用“矩形工具”画一个宽度为“1240 像素”，高度为“480 像素”的形状，填充颜色为白色，设置“描边”为 1 像素，颜色为黑色。首屏的一些基础设计已经完成了，这部分的重点在于通过首屏的白色与背景的浅灰色对比，让商品区与首屏区从整体设计上显得更有层次。可以把描边的线框元素看成整体画面中的点，起到聚集信息、集中用户注意力的作用，如图 7–116 所示。

03. 如图 7–117 所示，划分线框内部的网格结构，整体是基于三列式的布局，以文字和图像混排的方式去排版。

图7–116

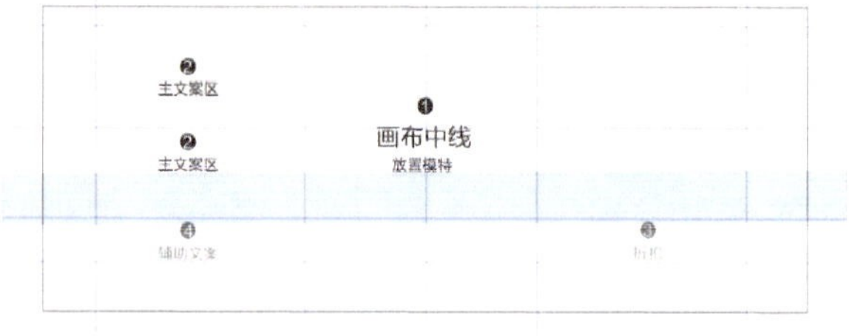

图7–117

提示

网格布局最大的优势是在有限的空间内合理安排不同的信息，对信息进行提炼并且优化每个空间。尽量做到内容排列有规律，有轻重。

04. 使用“横排文字工具”输入主文案“型饰主义”，参数设置如图 7–118 所示。为了让字与字间的关系不散，表明文字间还存在关联性，可以在字与字之间加上几条小细线，让人阅读起来不会因为分散，而出现视觉断档。新建图层，选择“直线工具”，设置其“大小”为 1 像素，颜色为浅灰色（R:245，G:245，B:245），按 Ctrl+J 快捷键复制一条到另一边，如图 7–119 所示。

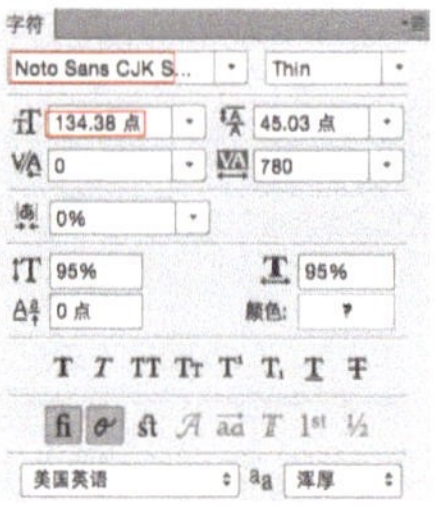

图7–118

图7–119

05. 为了让页面看起来更有“国际范”，可以在页面中适当加入英文元素，作为点缀或者主要元素出现。先对几处英文字母进行排版，使用“横排文字工具”输入英文文案，设置字体颜色为（R:29，G:29，B:29），“间距”为 478 像素，如图 7–120 所示。为了使中文和英文左右两侧保持对齐，这部分的间距可以灵活设置，效果如图 7–121 所示。

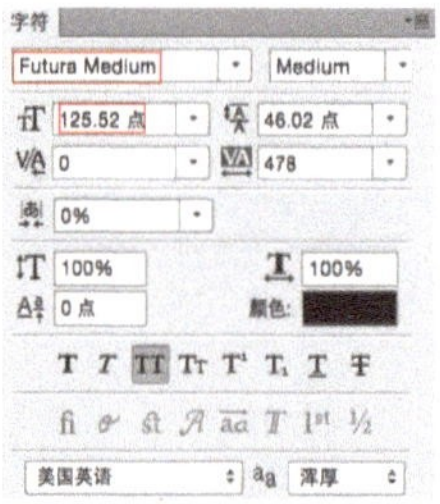

图7–120

图7–121

06. 在主英文的下面输入辅助英文，设置字体为“Futura Medium”，“大小”为 45 点，“间距”为 310 像素，颜色为（R:29，G:29，B:29）。再输入小英文字母，填空画面，设置字体为“Futura Medium”，“大小”为 12 点，颜色为（R:29，G:29，B:29）。为了更好地看到网格排版在文字中的应用，把辅助线调出来，看一下内部的文字划分，效果如图 7-122 所示。

图7-122

提示

文字版式中的疏与密关系：

如图 7-122 所示，字与字的间距比较大，在文字版式中属于“疏”。它可以让文字变成独立的文本符号存在于整体画面中，将其作为一种设计的元素出现。行与行的间距比较小，在文字版式中属于“密”。这两者在整体的对比关系中，就产生了疏与密的对比。

过于疏的应用会让画面很散，没有视觉焦点，而过于密的使用会让画面过于聚焦，形成扎堆的感觉，给用户一种喘不过来气的感觉。

07. 画面左侧和主文案已经添加完成了，继续完善右侧的版式。选择“矩形工具”，绘制宽度为“340 像素”，高度为“35 像素”的矩形，填充颜色为（R:255，G:58，B:12）。使用“横排文字工具”输入相关活动信息，设置字体为“方正兰亭纤黑简体”，“大小”为 22 点，粗体，再加上活动时间，最后的效果如图 7-123 所示。其中，首屏的排版网格线如图 7-124 所示。利用辅助线进行版面分割是一个不错的方法，在不需要时隐藏即可，就像前文所讲的设计理论一样，版式设计中也要注意大整体、小对比的原则。画面右侧的红色辅助线空间内，又存在着局部居中的版式关系。

图7-123

图7-124

提示

栅格是为了让信息更合理地出现在对应位置，用栅格划分页面，并不是限制发挥，用死板的分栏处理各式信息，而是在有规矩和无条框之外进行灵活组合和信息表达。

08. 主体框架已经设计完成了，剩余的就是对画面中间版面的设计，按照图 7-117 所示中的分割方式，让时尚的模特去丰富版面效果。对人物进行抠图并调整明暗后，摆放在页面中，再按照近大远小的透视规律，对模特的大小进行调整。其中黑白人物动势较大，眼神也具有明确的指向性，可以安排在画面前方；彩色人物动势较小，但因色彩较多，可以立即吸引用户的视线，所以，安排在画面的后方。这样形成一大一小、一高一低的对比关系，效果如图 7-125 所示。

图7-125

09. 首屏设计的主体已完成，最后添加细节元素“大括号”，用来丰富首屏页面安全区以外的区域。宽屏能让用户看到更多的页面细节，同时也是为了增加画面的整体设计感，效果如图 7-126 所示。

图7-126

» 内容部分设计

10. 由于篇幅有限，商品推荐区的详细制作过程就不一一叙述了，只大概介绍一下设计的出发点和需要注意的细节。商品区的设计原则是以“商品为主，设计为辅”为前提的，要最大化地为商品展示、商品信息服务。运用卡片式设计的布局来对商品进行展示，可以根据商品的大小差异，有针对性地对卡片进行调整，如图 7-127 所示。

图7-127

11. 背景的浅灰与白色块的颜色对比，会让整体画面看起来更为精致和时尚，块与块之间的分隔也更加明确。在大小不同的块内填入商品，输入相关商品名称和价格即可。价格的颜色以橙色为主，让价格更加突出一些。在名称与价格的中间，通过添加小横线的处理，区分名称与价格的信息层次，如图 7-128 所示。

图7-128

12. 添加推荐区名称和其他文字。为了保持视觉元素上的连续性，在商品区的左侧和右侧分别绘制出大括号，使整体风格更统一，如图 7-129 所示。

图7-129

13. 同理，男装区复制整组女装区的图层，然后移动到下方，更改大括号的颜色为黑色，并调整块与块的大小，效果如图 7-130 所示。

图7-130

14. 最终整体的效果如图 7-131 所示。

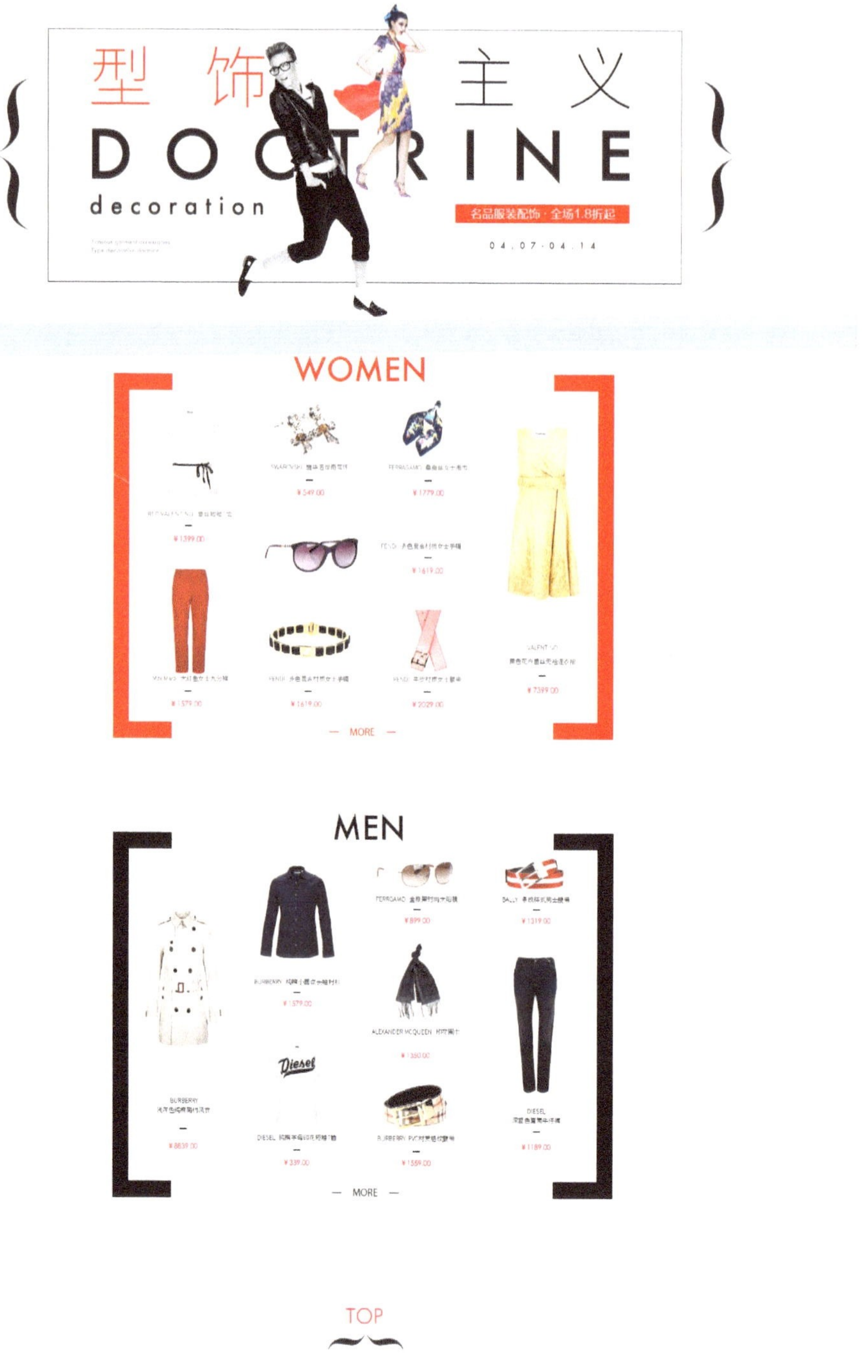

图7-131

思考 电商设计中版式设计的方法还有哪些？
版式设计在专题页、店铺首页使用得多吗？